増訂版

大衆とともに――

公明党50年の歩み

50 Years of KOMEI

公明党史編纂委員会

結党50年――風雪の年輪

公明新聞1968年1月1日号から
＝秋田県北秋田郡上小阿仁村内の秋田杉
（推定樹齢200年）

池田大作公明党創立者（創価学会会長＝当時）

1962年（昭和37年）9月13日の公明政治連盟（公政連）第１回全国大会（東京・豊島公会堂）で、
創立者である池田会長はあいさつのなかで、公明議員の在り方として、
「大衆とともに語り、大衆とともに戦い、大衆の中に死んでいく」との指針を示された。
その池田会長の言葉は、2年後の公明党結党に際し、党の根本指針として党綱領に明記された

「大衆福祉の公明党」「日本の柱　公明党」のスローガンが掲げられた公明党の結成大会
＝1964年11月17日　東京・両国　日大講堂

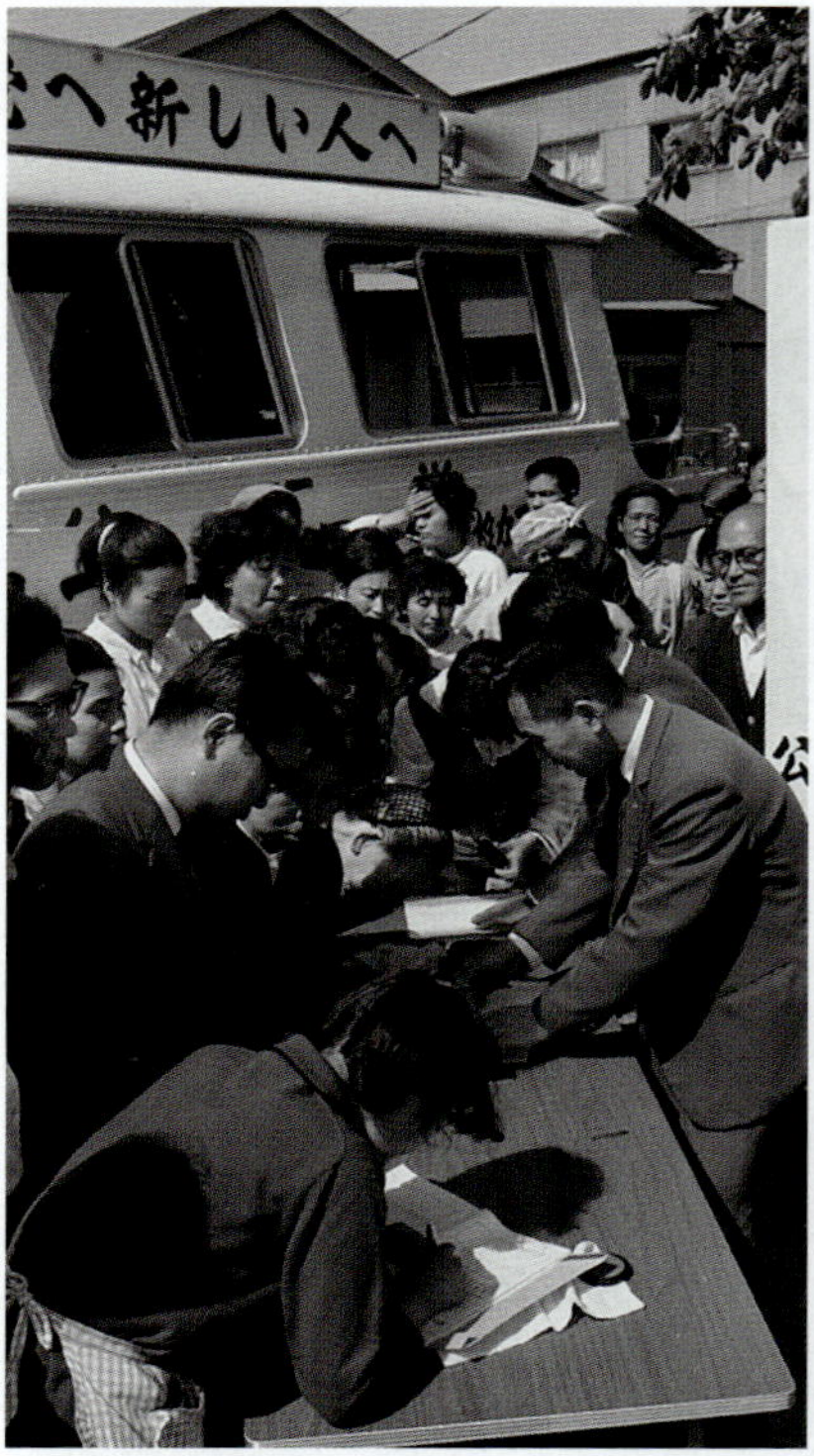

〝金権政治〟〝宴会政治〟が横行し〝伏魔殿〟と称された東京都議会での議長選をめぐる贈収賄事件で、都議会刷新へ向け公明党が主導してリコール運動を展開。出直し選挙の結果、公明党は大幅得票増で23候補全員当選。「清潔な政治」実現の金字塔を打ち立てた＝1965年5月13日　東京・江戸川区内での署名活動

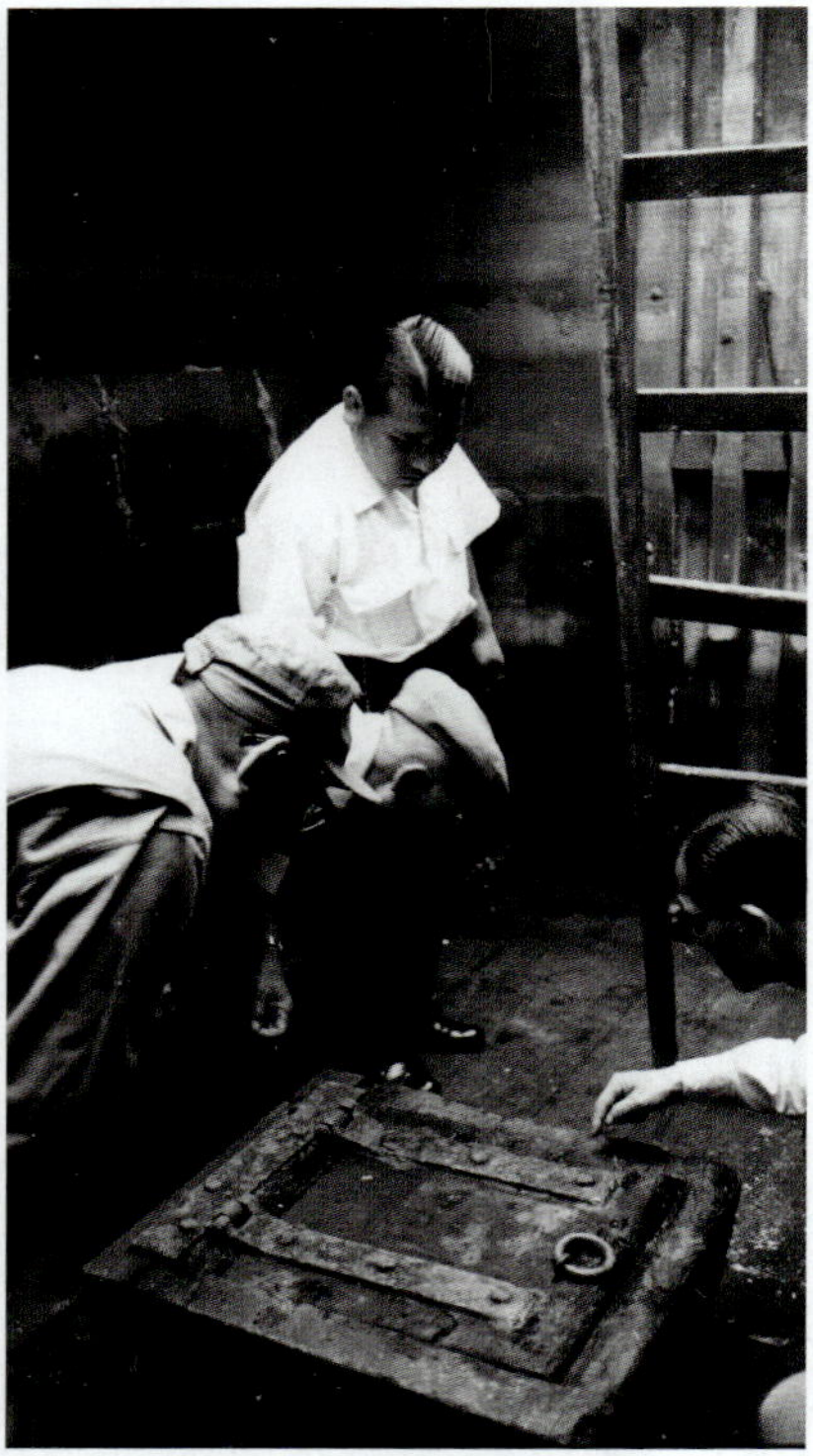

公明都議らは、隅田川でのし尿不法投棄摘発へ、運搬船の船底にまで入り込んで、動かぬ証拠をつかむなど「現場第一主義」の闘いを展開した＝1963年7月2日　東京・足立区

一刻も早く現地へ——新潟地震発生の翌朝には、公明国会議員らが新潟市の被災地へ急行。
地元公明市議らと共に救援活動に飛び回った＝1964年6月17日　新潟市内

憲法で定められた「義務教育は無償」実現のため、
粘り強い公明議員の主張によって教科書無償は1969年度からすべての小・中学校で完全実施された
＝写真は真新しい教科書を受け取る子どもたち　1967年9月　千葉・船橋市立塚田小学校

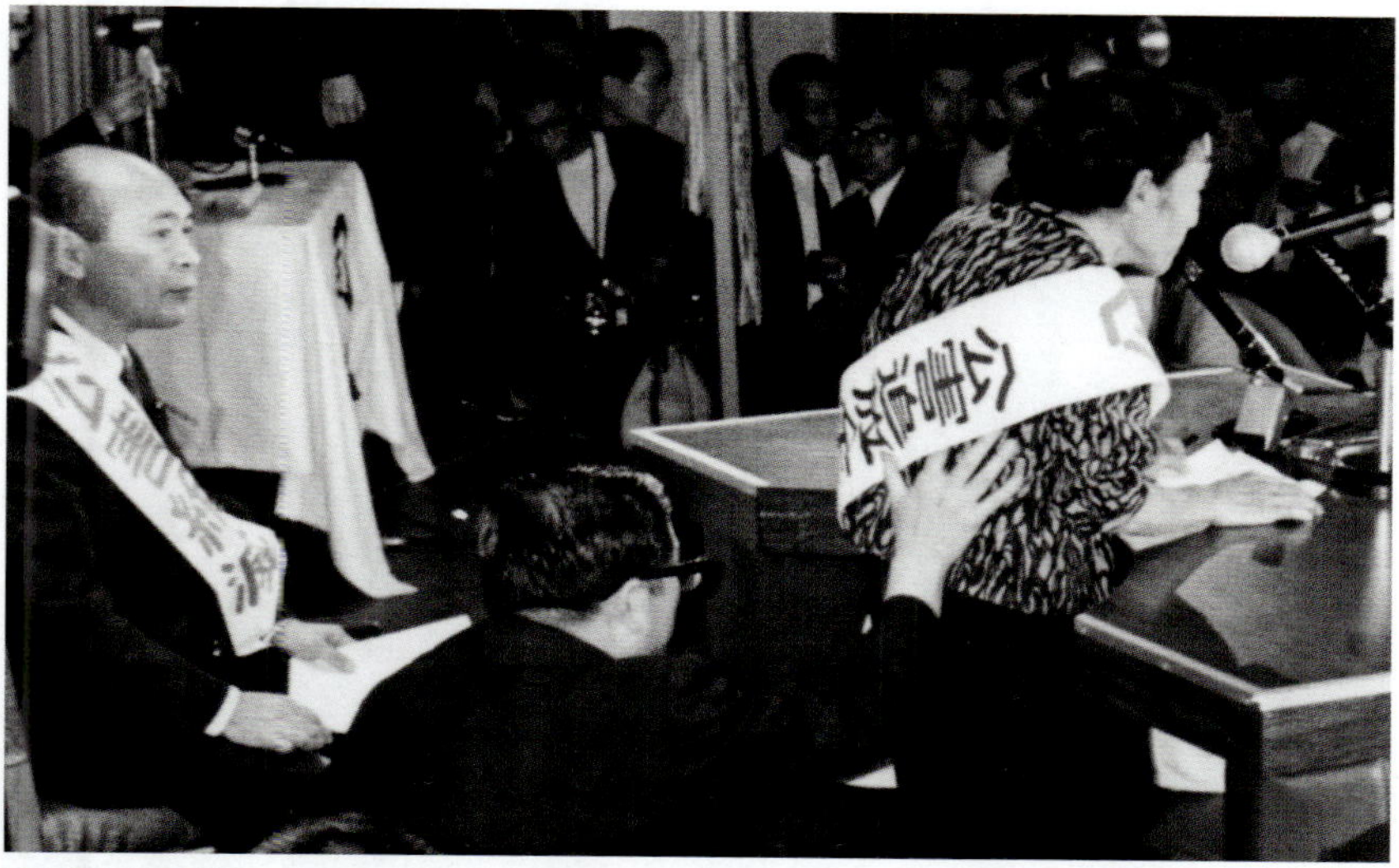

垂れ流されたカドミウムを含む鉱山廃水によるイタイイタイ病。公明党の矢追秀彦・参院議員が国会で初めて取り上げたのは1967年5月26日。12月には患者代表とともに厚生相に救済を申し入れ、翌68年5月8日、イタイイタイ病は初の公害病と認定され、救済の道が開けた＝写真は公明党の公害追放全国大会で公害の実情を訴えるイタイイタイ病の患者・小松みよさんを支える矢追参院議員　1970年9月20日　東京・千代田区　東条会館

核兵器持ち込み疑惑を明らかにするため行われた在日米軍基地への立ち入り調査
＝写真は1974年12月12日　沖縄・嘉手納空軍基地＝「調査なくして発言なし」の姿勢を貫き、
沖縄も含めた在日米軍基地総点検をはじめ、公害、物価などの各種「総点検」運動を活発に展開した

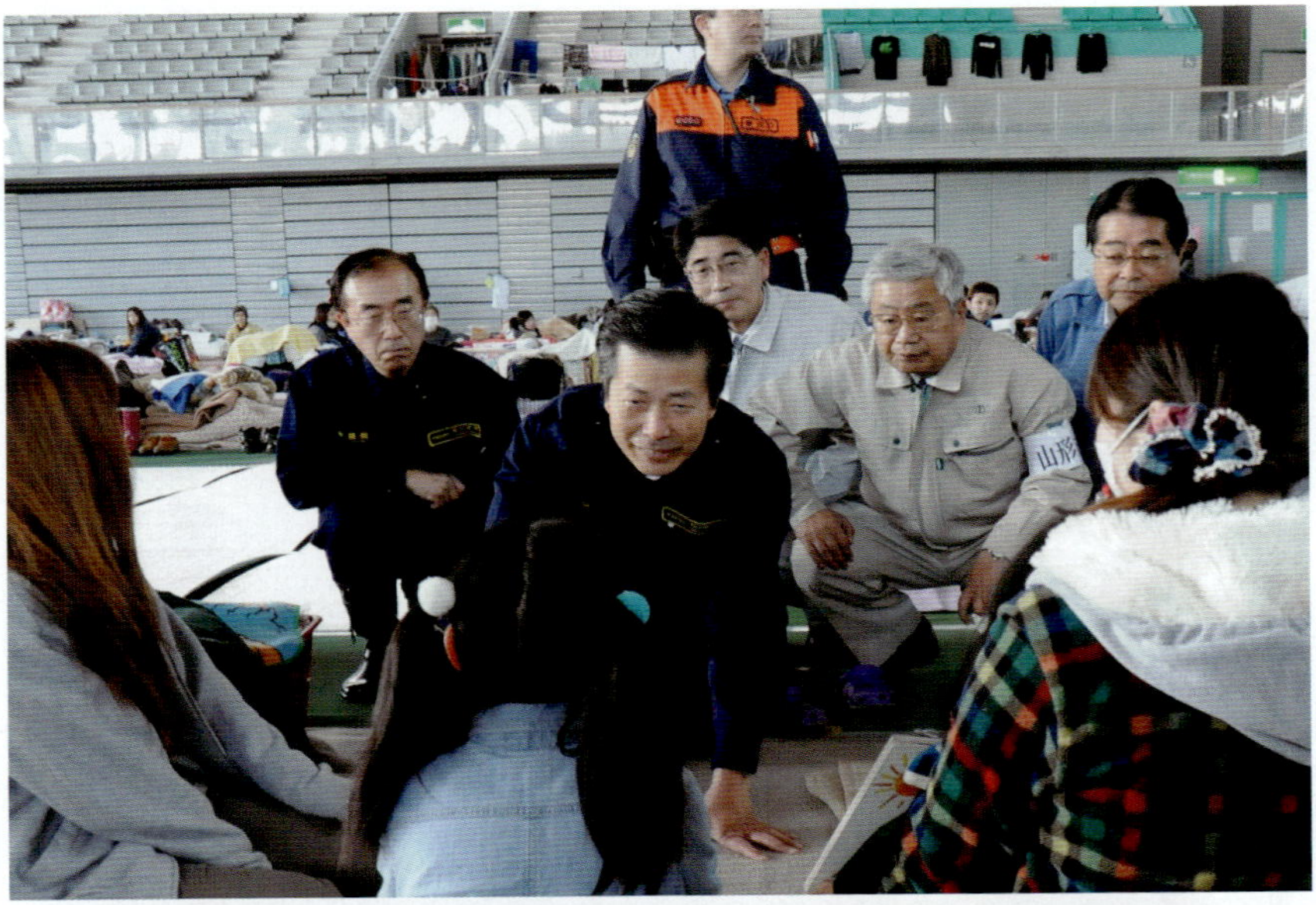

2011年3月11日に発生した東日本大震災。公明党は常に被災者の身に寄り添い、
党を挙げて被災地の復旧・復興の先頭に立ち、〝風化〟と〝風評被害〟の「2つの風」とも闘い続けていく
＝写真㊤は福島からの避難者を励ます山口代表　3月24日　山形市
／写真㊦は宮城・気仙沼市で被災住民から直接、要望などを聞く井上幹事長　3月19日

大衆とともに——

公明党50年の歩み

増訂版

はじめに　結党50年・風雪に耐えた年輪刻む

公明党は1964（昭和39）年11月17日に、池田大作創価学会会長（当時）の発意によって結成された。「大衆とともに語り、大衆とともに戦い、大衆の中に死んでいく」（池田大作公明党創立者）の指針のもとで、大衆福祉の実現をめざして、活発に活動を展開し、2014（平成26）年11月17日、結党50年の佳節を迎えた。躍進の時もあった。試練に立たされた時もあった。文字通り、風雪の年輪を刻んできた50年である。まずもって、長年にわたり公明党を支え支援し見守ってくださった党員、支持者、国民各位に心より厚く感謝申し上げたい。

この50年の間、日本の政治は、政党の合従連衡《がっしょうれんこう》と分裂、相次ぐ新党の誕生と消滅を繰り返してきた。公明党結党時点から限っても、国政に登場した政党は優に60以上に上るといわれており、政党名を一々挙げることは難しいだろう。それだけに日本政界に半世紀以上も厳として存立し、国民大衆の間に深く定着している公明党の存在は、歴史ある〝老舗《しにせ》の政党〟としての声望も高いと信ずる。

政党として、掲げる理想や政策実現のためには存続が必要だ。ただし党歴の長短自体に意味があるのではない。長く存続しても、旧社会党のように、野党第1党の地位に安住することを自己目的化し、健全な民主主義発展に不可欠な与野党政権交代実現を阻害し、戦後の日本政治を歪《ゆが》めてきたとの責めを負っている例もある。歴史の裁きとして、政党も政治家も、国や国民のために何を成し遂げたのかが問われ、結果責任を負わねばならない。政治の本質的属性は権力であり（マックス・ウェーバー）、その権力を行使して、国家や国民のために、何をしたか、何をしようとしているかが重要である。公明党はその点で、今に限らず「平和の党」「福祉の党」「環境の党」「クリーン政党」……としての世評が高い。本書に記されている党の歩みを辿《たど》るなら、それを物語る実績・証しは枚挙に暇《いとま》がないと自負している。

それに公明党が衆院に進出した1967（昭和42）年1月以降、中央・地方で「第3党」の地歩を築き、日本の政治をリードする役割を果たしてきた。当時は冷戦下でイデオロギー的な東西対決の真っ只中であり、国内政治も代理戦争的な「55年体制」の自社両党による対決型政治に明け暮れていた。その中で、「中道主義」を掲げ、「第三極」を担う公明党は、イデオロギー優先でなく生活者中心、対決一辺倒でなく合意形成の政治、党利党略優先でなく国民本位、政局第一でなく政策中心、観念でなく現実重視……といった発想と行動様式を貫いてきた。

特に89（平成元）年7月、政権与党が参院で過半数割れとなる状況下で、公明党が期せずしてキャスチングボート（決定票）を行使する立場に立ち、日本の政治の進路決定・政策展開のカギを握るケースが少なからずあった。93（平成5）年以降、わが国は連立政権の時代となり、公明党は政権の一翼を担う時期が増えた。その政権与党の一員としても、公明党は「中道」政党としての持ち味を発揮してきたことは周知の通りだ。野党時代を含め、公明党が日本の政治の「要党《かなめ》」「バランサー政党」と評される所以である。

むろん公明党の唱導する「中道」とは、足して2で割る中間主義や、単なる左右の折衷《せっちゅう》主義ではない。積極的で意味内容に富んだものであり、その理念は、〈生命・生活・生存〉を最大に尊重する人間主義である。また政治路線としては、上記の人間主義を基軸とし、日本の政治の「座標軸」の役割を果たすことをめざし、①政治的な左右への揺れや偏ぱを正し、政治の安定に寄与する②不毛の対決を避け、国民的な合意形成に貢献する③諸課題に対し、新しい政策進路を切り開くための創造的（クリエイティブ）な提言を行う――との役割を持つとしている。公明党50年の実践と行動は、まさしくそれを体現するものだ。

冷戦後既に四半世紀を経た今日の時代は、イデオロギー的な東西対立は過去のものとなっており、国際政治も、また国内政治でも限りなく中道志向に推移してきているといわれる。半面、縛りが解けた分、国際社会は19世紀的な国益追求・国家エゴむき出しの様相を呈している。国内政治も政治理念や信念・信条が曖昧《あいまい》化したこともあり、政党の流動化、政治の液状化と指摘される一面があることも否《いな》めないだろう。

時代は中道に収斂《しゅうれん》しつつあるというが、何もそれは単に左右の距離が縮まったという意味ではないだろう。冷戦後世界が得た真意は、「国家」とか「イデオロギー」のための個人や人間ではない。人間自身の幸福な生存こそが目的価値なのだ。「国家」「イデオロギー」「資本」、いかなる主義・主張も、機構も制度も、全ては人間に奉仕すべき存在だということではなかったか。それが「戦争」と「革命」の世紀といわれた20世紀の総括であり、21世紀への申し送り事項であったはずだ。中道への収斂とは、それが含意されていると思う。

そうした時代要請に合致しているのが公明党の掲げる中道主義=人間主義であり、その深化と拡大こそ今まさに求められていよう。その意味で、21世紀のこれからの時代こそ、「中道」の本家である公明党の新しい出番が到来しつつあることは間違いない。結党50年の意義は、有資格者として新たな時代への飛躍台に立ったことにこそあろう。次なる時代を築くのは我ら公明党であるとの自覚と決意を新たにしたい。「歴史は過去の政治にして、政治は現在の歴史なり」(山路愛山)という言葉を銘記したい。

公明党に対し、「日本政治の命綱」「地中深く打ち込んだ杭《くい》」の如き政党と評する政治学者もいる。一時的な「風」や「ブーム」に左右されず、常に一定勢力を維持し、右顧左眄《うこさべん》の人気取りや「迎合」政治とも無縁であり、政治全体が液状化するような状況でも微動だにせず屹立《きつりつ》している党、としての公明党の存在を譬えてのものだろう。「大衆とともに」を党の原点、普遍の信条、規範とする、我ら公明党は「地中深く打ち込んだ杭」の如き政党として、21世紀日本の未来を果敢に切り開いてまいりたい。

２０１４年11月17日

公明党代表　山口那津男

【目次】　大衆とともに―公明党50年の歩み

第1章　前史

―「地方議会から出発」が出自

公明党が呱々《ここ》の声を上げたのは１９６４（昭和39）年11月。２０１４年に結党50年の佳節を迎えた。この間、政党間の離合集散や新党誕生が相次ぎ、政党の興亡・消長はめまぐるしいものがある。公明党結党時点から限っても、国政に登場した政党名を一々挙げることはなかなか難しいだろう。それだけに日本政界に半世紀近くも厳として存立し、国民大衆の間に深く定着している公明党の存在は文字通り歴史ある〝老舗の政党〟としての声望が高いであろう。

●日本の政治のカギ握る「要党」と

むろん政治の世界は結果が全て。党歴の長短自体に意味があるわけでない。大事なのは、国家と国民のために、何をしたか、何をしようとしているかだ。公明党はその点でも、今に限らず「平和の党」「福祉の党」「環境の党」「クリーン政党」……としての世評は高い。党の歩みを辿るなら、それを物語る実績・証しは枚挙に暇がない。

それに公明党が衆院に進出した１９６７年以降、程なくして中央・地方で「第3党」の地歩を築き、日本の政治をリードしてきた。特に政権与党が参院で過半数割れとなる状況下で、公明党が期せずしてキャスチングボート（決定票）を行使する立場に立つことになるのに伴い、日本の政治の進路決定・政策展開は公明党がカギを握るケースが少なからずあることは周知の通りだ。公明党が日本の政治の「要党」と評される所以である。

２００９年9月から3年余続いた民主党政権下にあっても、例えば「……今や公明党でなければ日本を救えないというくらいの緊急事態にある。民主党はねじれ国会に翻弄され、国民も呆《あき》れる体たらくを示している。片や自民党は、政局第一主義でしか動けない。野田政権に対する公明党の対応は是々非々でよい。『非』について厳しくチェックするのは当然だが、今なすべき喫緊の課題については、『是』の立場で民主党と一緒に政治責任を果たしていくべきではないか」（山口二郎・北海道大大学院教授「潮」11年11月号）といった意見が出されていた。そうした声は何もこの時に限ったことではなく、これまでにも折に触れ繰り返されてきた。

現に、12年の通常国会における、社会保障と税の一体改革関連法成立に関し、公明党が果たした役割は、山口教授の言葉通りのものだったろう。同年６月21日の民主、自民、公明の３党合意で通常国会中の成立が合意されていたにもかかわらず、政府・民主党が参院での「お盆前」採決の先延ばしを図り、対する自民党は法案採決前に内閣不信任決議案や問責決議案を提出する構えを示したことから成立が危ぶまれた。そうした中で、公明党は法案が成立しなかった場合の内外への影響の深刻さを踏まえ、「（民主、自民の）両方を抑えて、土俵を壊さず話し合いを継続し、着地点を探そうとした。（不成立で）国際信用に関わる問題になりかねなかったのを未然に防いだ。その最大の功労者が公明党だ」（松田喬和・毎日新聞論説委員、12年８月16日放送のＢＳ11番組）と高く評価された。

「中道主義」を掲げ、「第三極」を担う公明党の政治。それは、党利党略優先でなく国民本位。政局第一でなく政策中心。多数を頼みとするゴリ押し・強行採決や、その一方での〝何でも反対〟と審議拒否乱発とは異なる、審議・討論を基本とする合意形成型政治。イデオロギー優先でなく生活者中心。大企業や労働組合偏重でなく庶民本位。観念でなく現実重視。現実と理想の架橋。「机上」ではなく現場第一主義。人間性重視……といった発想と行動様式を特徴とするものである。

昨今、日本の政治は衆院小選挙区制導入により人工的に作られた「二大政党制」が党利党略優先・政争主義を招いて行き詰まり、停滞・混迷の極にあった。こうした政治的危機を打開し、時代が希求する「新しい政治」を築くには、中道政治の拡大・発展こそ不可欠であろう。そのためにも結党50年を迎え、改めて今日までの公明党政治の軌跡を辿ることは意味があろう。公明党が新たな前進と挑戦を開始する上で、結党当初の「志」「魂」を確認することは、自らをリフレッシュする契機となり、今後の党発展への糧《かて》となるのではないか。「遠く過去を振り返れば振り返るほど、遥《はる》か未来が見えてくる」（ウィンストン・チャーチル）との言葉を銘記して。

◇

公明党の結党は1964年だが、その前身である公明政治連盟（公政連）は61年11月27日に結成された。まず公政連が誕生するまでの歩みを振り返ると、54（昭和29）年11月22日に創価学会文化部が設置されたことが原点だ。文化部長には鈴木一弘が就いた。後に参院議員、公明党副委員長を務めることになる。その第一歩の焦点は翌55年4月に行われた統一地方選挙で、創価学会から文化部員として任命された54人が立候補した。

●初の参院選（大阪地方区）で「〝まさか〟が実現」

創価学会として初めての選挙戦に臨んだ結果、東京都議会で小泉隆（大田区）、横浜市議会で森田悌二（鶴見区）が初議席を獲得。さらに東京特別区の20区に32人が立候補し、全員当選。また神奈川、埼玉、千葉、群馬の各市に13人、宮城県の仙台、塩釜市に3人、北海道函館市、秋田県秋田市、大阪府堺市、福岡県八女市にそれぞれ各1人と、市議選に合計20人が立候補。秋田市の1人が落選した他は、19人が当選した。初陣にもかかわらず、画期的ともいえる予想外の進出だった。候補者を擁立した各地域は当時の創価学会の勢力図を反映したものだ。なお立候補に当たって、都議会、横浜市議会をはじめ大多数は無所属だったが、7人が日本民主党から、1人が右派社会党からの出馬であった。

従来は、団体なり組織が政治進出を試みる場合、まず国政から挑戦するのが通例だった。その方が世間やマスコミの注目度も高く、政治宣伝の上でも効果的だからだ。しかし学会においては地方議会から出発を開始した。その点が公明党と他政党との出自の違いでもある。地方自治は福祉・教育・交通・衛生・環境など住民の暮らしに直結しており、住民に一番身近な存在だ。そこでの〝住民のための、住民による政治〟の場である地方議会を最初に選んだことは、スタート時からの「住民生活重視」の姿勢を端的に示すものだ。

続いて、翌56（昭和31）年7月の第4回参院通常選挙に、東京地方区から柏原ヤス、大阪地方区から白木義一郎、全国区から原島宏治、辻武寿、小平芳平、北条雋八《しゅんぱち》の6人が推薦されて臨み、結果は辻、北条、白木の3人が当選、あとの3人は惜敗した。このとき、大阪地方区の白木は、当時わずか3万世帯の学会員を基盤として、21万8915票を獲得。社会党現職や自民党元職を打ち破って3位当選。「〝まさか〟が実現」（「朝日」56年7月9日付大阪版夕刊）と伝えられ、異例事として大きな注目を浴びた。

学会を母体として初めて国政に進出したこの56年の流行語は「もはや戦後ではない」。一人当たりの実質国民総生産（GNP）が55年に戦前の最高水準を突破し、この年7月に発表された「経済白書」（年次経済報告）の結語として使われた。また年末には悲願だった国連加盟も実現した。作家の半藤一利は「昭和三十一年は、戦後が終わって次の新しい時代が始まるのだと、国民の気持ちがあらたまるような、『戦後が終わった』という意識がいろんな面で出てきた時代だった」（「昭和史」戦後篇）と述べている。その時代の転機となった年に、国政への第一歩を印すことになった。

翌57年参院大阪地方区補欠選挙は、戦いに利なく落選。越えて59年4月の統一地方選挙には前半戦で都議3人、県議3人、政令市議（五大市議）7人の議席を獲得。後半戦では東京特別区議76人全員当選、一般市議185人の当選を勝ち取り、一挙に261人の議員の誕生を見、全国で合計293人の議員数を擁することとなった。

●学会締め出しの「夕張炭労事件」起きる

続いて59年6月に行われた第5回参院選に6人が立候補し、東京地方区の柏原ヤスが最高点で当選、前回選の雪辱を果たした。全国区の5人も揃って上位当選し、大勝利した。その結果、参院で9人の陣容となった。この選挙結果に対し、マスコミは大々的に書き立て、「創価学会は全員当選」「国会に新小会派　創価学会」(「朝日」)、『安国』唱えた唯一の組織　創価学会進出の背景」(「読売」)などと伝えたほか、海外でもイギリスの「ロンドン・タイムス」紙や米誌「タイム」等が大きく取り上げた。

そのようにメディアも大注目する急進出に対し、既成勢力は警戒感を募らせていた。その一つが炭労(日本炭鉱労働組合)だ。当時、炭労は「昔陸軍、今総評」といわれた総評(日本労働組合総評議会)の中核的な組合であり、「日本最強の組合」(中村隆英・東大名誉教授「昭和史」Ⅱ)といわれた。炭労は57(昭和32)年5月19日、東京・港区の中労委会館で行われた全国大会で「新興宗教団体への対策」を決めた。「炭労は5月の17回大会で、創価学会は労働者の団結を破壊し、会社側の政策を有利にするだけであるとして、これを排除する方針をうちだした」(夕張炭鉱労働組合「労働組合史」１９６６年刊)とあるように、創価学会を対象とするものであった。この項目は当初の本部案にはなく、北海道の最大の炭鉱の組合であった夕張炭労(夕炭労)が働きかけ、炭労の中央を動かしたといわれる。

これを受けて北海道炭労(道炭労)は6月18日の第10回定期大会で、組織の問題として学会と対決することを決定した。道炭労はさらに6月27日には創価学会締め出し指令を出し、7月中は学会員の活動状況や人数の把握など「対決準備期間」とし、8月いっぱいは「創価学会撲滅期間」として学会員の改宗に当たるなど行動を起こし、9月までの3カ月で学会を組合から排除しようとした。特に学会員が急増している夕張をモデル地区とした。

当時、炭労といえば「泣く子と炭労には勝てない」といわれるほど、組合員に対しては絶大な権力を誇っていた。夕張は炭鉱開発によってできた町。炭鉱が地域社会そのものであった。従って会社と組合の意に反した行動をとれば、生活万般にわたり〝村八分〟同然の差別的扱いを余儀なくされた。また炭労は会社側と「ユニオン・ショップ」制の労働協約を結んでおり、従業員は組合員でなければならず、組合除名で組合員の資格を失えば、即会社から解雇されることになる。しかも全国的なつながりを持つ炭労の組合から除名されれば、他の炭鉱での就業もできなくなる。このため炭労に異を唱えることは、組合からの除名と同時に仕事も失う覚悟が必要だった。

●炭労の弾圧攻勢を学会側が打破

そうした中で、夕張炭鉱の学会員は56年の参院選で、道炭労が支持決定した社会党候補者ではなく、学会推薦候補者を応援した。夕張市での選挙結果は社会党候補が２万１４６５票であったのに対し、学会推薦の辻武寿候補はその１割強の２５６７票を獲得。社会党の地盤といわれた北海道全体でも辻候補は約４万６０００票を獲得した。この選挙結果に道炭労が脅威を感じたことは想像に難くない。このため選挙後の同年10月頃より、夕炭労の学会員は組合側から事務所に呼び出されて「学会をやめなければ、組合をやめてもらう」との圧迫を受けた。親ばかりでなく子どもまで除《の》け者にされ、悪質なビラが電柱や家の壁に張られ、有線放送でも非難・中傷が流された。そして上記の如く道炭労が組織として創価学会締め出し指令を出したのだ。

これに対し学会側は、憲法で保障する思想・信条・信教の自由を破壊する憲法違反の人権侵害として強く抗議し、７月１日に札幌大会、２日に夕張大会の開催日程を決定した。また6月27日に道炭労側からの提案で、７月４日に両者の討論による「対決」を行うことになった。

ところが道炭労は２日後の29日、７月にストを構えることを理由に討論会の無期延期を突然申し出て、結局「討論対決」は行われなかった。事実上の白紙撤回だ。学会は1、2日の抗議集会を予定通り開催。2日の夕張大会に先立ち、同市内で学会の男子部員約200人が抗議のデモ行進を行った。夕刻からの抗議集会には組合側が傍聴を申し込み、夕炭労の書記長らが参加して学会側の主張に耳を傾ける一幕もあった。対決方針は引っ込められ竜頭蛇尾《りゅうとうだび》に終わった。

道炭労が学会との対決回避の方針転換を行ったことについて、夕炭労の前記「労働組合史」では、「……その後道炭労は、いたずらに糾弾に力をついやすことなく、組織内の教宣活動や組織体制の強化に力を注いで、創価学会の進出をくいとめ、表面的な対立をみることはなかった」と説明している。対決回避の豹変《ひょうへん》は東京の炭労本部からの指示だと目されている。「憲法違反」に該当する事態と認識したからだろう。結果として学会側が炭労の弾圧攻勢を打ち破った形であった。

●〝庶民・大衆のための政治〟実現めざす

公明党の前史に残るこの「夕張炭労事件」は57年6月から7月に起きた出来事である。むろん夕張以外でも、学会の政治進出に対し、陰湿な中傷・妨害・嫌がらせ・圧迫が全国各地で引き起こされた。なかでも同年4月下旬の参院大阪地方区補欠選挙の違反事件では権力による学会中枢への不当な弾圧が画策された。いわゆる「大阪事件」である。学会を陥れ、イメージダウンを狙う動きは至る所で公然化してきていたのである。

公明党、公明政治連盟のいわば揺籃《ようらん》期に当たるこの50年代は「政治の10年」(中村政則・一橋大名誉教授「戦後史」)と称され、「西側中心の多数講和か、ソ連や中国を含む全面講和か」の講和論争、破壊活動防止法(破防法)反対闘争や基地反対闘争、原水爆禁止運動、総資本対総労働の戦いといわれた三井三池争議、日米安保条約改定をめぐる闘争……など激しい政治闘争に国内が明け暮れた。「政党レベルでも、五〇年代は自民党内の派閥抗争が熾烈《しれつ》を極め、かつ保革の対立が戦後史のなかでも最も激化した時代だった」（中村政則・前掲書）とされる。

そんな国民不在、左右両勢力の不毛な対決構図下で、庶民・大衆の利益は省みられず置き去りにされた。それ故に、国民本位の政治の実現、そして庶民・大衆の手に政治を取り戻すべく、それを担う勢力の台頭が切に望まれていた。学会としての地方・中央への政治進出はまさにそれに応えるものだった。

61年5月に、文化活動の多角化に伴い、創価学会の文化部は文化局（局長・辻武寿）に昇格。その下に政治部、経済部、教育部、言論部が設けられ、そのうち文化局政治部が中心となって議会活動、議員活動の充実・向上が図られ、さらに大衆に直結する政治体制を築くため、公明政治連盟の結成へと向かっていった。

歴史的な「大衆とともに」の指針
―党創立者が、党と議員の在り方示す（公政連大会で）

●公政連結成、公明新聞発刊へ

公明党の前身である「公明政治連盟」（公政連）が結成されたのは１９６１（昭和36）年11月27日。公政連結成を提唱したのは、池田大作創価学会会長（当時）である。池田会長が公政連結成に踏み切ったのは、宗教団体の中での政治活動と宗教活動との組織的な立て分け、すなわち政治活動は政治団体が主体的に行い、宗教団体としての創価学会はその支援をするという方向性で、宗教団体と政治団体との組織的な分離を図るためであった。学会の議員からも、政治の世界にあっては政治団体という立脚点が必要との声が上がっており、61年の春ごろから打ち合わせが行われ、基本要綱、基本政策の検討がなされてきた。

公政連の初代委員長には原島宏治、副委員長に北条浩、幹事長に辻武寿を選出した。結成時の議員勢力は参院議員9人、都道府県議7人、市区議268人の計284人である。

公政連は翌62年1月に基本要綱と基本政策を発表。すなわち、基本要綱では、政治理念として、「社会の繁栄が即個人の幸福と一致する」諸政策を推進して、国民の幸福、繁栄、世界人類永遠の平和実現を期す、としている。そのためにも、「立正安国」の精神を持ち、仏法の哲理と慈悲を基調とし、民主的政治団体として活動する、と宣言した。

また、基本政策は、①核兵器反対（いかなる核兵器の製造、使用、実験のいっさいに反対）②民主的平和憲法の擁護（主権在民、戦争放棄の現憲法を擁護し改悪に反対）③公明選挙、政界の浄化④参議院の自主性確立——の4項目からなっている。

この基本政策4項目は、当時の政治状況に対応するものだ。まず、核兵器反対については、第二次大戦後、大国による核軍拡競争のし烈化に対し、被爆国・日本において原水爆禁止運動は50年代後半には国民的運動へと発展した。しかしその後、イデオロギー的偏重が持ち込まれ、運動は混乱・分裂した。運動組織の一員である日本共産党が「資本主義国の核兵器は侵略的で、社会主義国の核兵器は防衛的」という立場に立ち、ソ連や中国の核実験を擁護したからだ。

例えば、米英ソ3国間の〝モラトリアム〟（自発的核実験禁止）協定に反してソ連が61年8月に核実験を再開したことに対し、日本共産党は「たとえ『死の灰』の危険があっても、核実験の再開という非常手段に訴えることはやむをえないことです。『小の虫を殺して大の虫を生かす』というのはこのことで、核戦争を防ぐという大きな目的のためには、目先の不利益もしのばなければならない」（野坂参三議長）、「われわれは、ソ連の措置を断固支持する立場に立っている」「ソ連の核実験再開は戦争の危機を回避させ、正しかった」（61年9月の「アカハタ」に掲載されている同党幹部発言など）などと言明。また中国が核実験を行ったことに対しても「防衛的措置」として弁護した。

これに対し、公政連は資本主義国・社会主義国たるを問わず、「いかなる国の核兵器にも反対」との立場を明確に打ち出したものだ。創価学会の戸田城聖第二代会長は57（昭和32）年9月8日、全世界に向けて原水爆禁止宣言を行っている。公政連の政策は、この宣言を反映したものとなっている。

また、平和憲法擁護についても、当時自民党は憲法第9条「改変」を意図し、そのための衆院3分の2以上の改憲勢力確保を狙って、小選挙区制導入を画策するなど余念がなかった。それを念頭に置いて打ち出したものだ。参議院の自主性確立では、政党化で第二院としての本質が失われつつあるとし、良識の府としての使命達成を訴えている。

公政連は62年3月に政策の細目を発表。さらに4月2日、機関紙として「公明新聞」が発刊された。当初は月2回刊の2ページ建てで、半年後の同年10月には週刊6ページ建てとなり、3年後の65年6月から日刊となった。2012年4月には創刊50周年の佳節を迎えた。日刊の機関紙発行は文字通り党の前進・発展の原動力となっている。

●第6回参院選で第3党（会派）へ躍進

公政連は1962年前半に政治団体としての基盤を固め、同年7月の第6回参院選に臨んだ。これには地方区（東京・大阪）に2人、全国区に7人が公政連公認で立候補。7月1日投票の結果は9人全員当選を果たした。全国区では7人の総得票数は412万4267票。得票率は11・53％に及んだ。その結果、公政連は非改選の6

議席を加えると15議席に達し、民社党の11議席を超えて、参院で自民党（142議席）、社会党（66議席）に次ぐ第3党（会派）へと躍り出た。

また、各勢力の議席が確定した7月3日、公政連として直ちに参院の院内交渉団体「公明会」の結成を発表した。15議席を確保したことで本会議での代表質問権や法案提出権を持つ院内交渉団体の資格を得ることになった。

公政連の躍進に対し、マスコミ論評は宗教への無認識による偏見の類や、当時の東西冷戦対決の影響をもろに受けていた国内政局下での「右か、左か」「保守か、革新か」の識別論議が目立った。その中で7月3日付「読売」は、「第三党になった創価学会」との特集記事を組み、「一宗教団体を背景に、これだけの議席を占めたことは憲政史上初めて」と伝えた。また同4日付「毎日」社説は「学会が党利党略による国会運営を排撃する方向へ、まじめな努力をかたむけるなら、それだけでも創価学会の進出に意味がある」と論評した。

●警戒感露わの既成政党・勢力

一方、既成政党は警戒感を露《あら》わにした。「参院の第三勢力　創価学会」と題する7月4日付「朝日」夕刊記事には、特に社共両党の革新政党が深刻視しているとし、労組に創価学会が食い込んでいると見て、社会党内で「創価学会に対する対抗策の検討が続けられている」と報じた。実際、社会党は選挙直前の同年3月下旬、党内通達で「創価学会員である党員および同調者の奪還に努めよ」「党員で学会員の者は学会を脱会させよう」との指令を出した。公政連の議員から「憲法に保障された『信教の自由』の侵害だ」と抗議され、補足通達を出して先の指令を修正する一幕があった。

また一部の労働組合は参院選前後、組合所属の学会員に陰湿な圧迫を加えてきた。秋田の尾去沢鉱山や長崎・佐世保の中里炭鉱では、組合の決定に従わず、公政連推薦の候補者の支援活動を行ったとして統制委員会にかけ、

「組合除名」処分を決定した。同労組では「ユニオン・ショップ」制を取っているため、従業員は組合員でなければならず、組合除名で組合員の資格を失えば、即会社から解雇されることになる。57年の北海道・夕張炭労でも、前年の参院選で炭労に所属する学会員が学会推薦の候補者を推したことを理由に組合側は学会員の排斥に動いたが、憲法に保障する「信教の自由」を破壊する人権侵害であるとの学会側の強い抗議を受け、撤回した経緯がある。それと同様なケースであった。

尾去沢では除名処分を受けた学会員が除名処分撤回を求めて提訴し、結果、組合側は地裁の和解勧告を受け入れ、上告から4カ月後に処分撤回を組合の臨時大会で決定した。しかし中里炭鉱の場合は地裁で除名決議を無効とする判決が出されたのに対し、組合側は不服として控訴。最終的に、上告してから4年後に最高裁で「組合員の政治活動を制限することは、組合の統制権の限界を超えるものであり、違法である」との趣旨の判決が出され、組合の除名処分を無効とした。尾去沢鉱山や中里炭鉱の例は氷山の一角であるが、こうした敵対・妨害勢力による弾圧、嫌がらせを一つひとつはね除ける党員、支持者の必死の戦いを通して今日の公明党の基礎が築かれてきた。

ところで、公明政治連盟、そして公明会の「公明」という名称の由来だが、学会が初めて国政選挙に候補者を立てて臨んだ56年の参院選後に、戸田城聖第二代会長が当選した辻武寿、北条雋八、白木義一郎らを前に、「もし将来、国会に会派をつくる時には、『公明会』としてはどうか」と述べ、さらに「学会の選挙運動は『公明選挙』だ。宴会政治のような、腐敗した政治を正すのが使命だからだ」と語っていた。この戸田会長の言葉を踏まえ、池田大作第三代会長が「政治団体としての名称は『公明政治連盟』としてはどうだろうか。各議会で会派をつくる時には、『公明会』にすればよい」と提唱。そして64年11月の「公明党」結成に受け継がれた。

●党創立者「団結第一」「自己研鑽」も強調

公政連は62年9月13日、結成後初の第1回全国大会を東京・豊島公会堂で行った【写真】。これには全国より2000人の代表が集った。その席上、池田会長（当時）は来賓あいさつで、公政連の議員の在り方として次のように語った。

「……最後の最後まで、生涯、政治家として、そして指導者として、大衆に直結していってもらいたい。偉くなったからといって、大衆から遊離して、孤立したり、また組織の上にあぐらをかいたりするような政治家には絶対になっていただきたくないのであります。大衆とともに語り、大衆とともに戦い、大衆のために戦い、大衆の中に入りきって、大衆の中に死んでいっていただきたい。どうか公政連の同志の皆さん方だけは、全民衆のための、大衆の中の政治家として一生を貫き通していただきたいと、切望するものであります」と。

その池田会長の言葉は、2年後の公明党結党に際し、党の根本指針とすべく、党綱領に明記され、結成大会で発表された。「大衆とともに語り、大衆とともに戦い、大衆の中に死んでいく」とのフレーズに要約された指針は、公明党の原点として、党そのものの在り方はもちろん、公明党議員一人ひとりの在り方・生き方の重要な指針として重く受け止め、深く銘記すべきであろう。

池田会長は公政連大会の席上、この「大衆とともに」の指針のほかに、「団結第一」であれと述べ、「派閥や反目がもしあれば公政連は解散すべきだ」、また、様々な勉強と、あらゆる知識の吸収、各界の指導者と会っての勉強など「自己研さんを怠らず、大指導者、大政治家にふさわしいよう大成長を図って欲しい」、さらに「後輩を育て、後輩に道を譲っていく政治家、指導者になっていただきたい」と語り、公明議員の自覚を促した。

当時、日本の政界は冷戦の代理戦争的対立構造に加え、自民党では8個師団と称された派閥抗争が総裁選を軸に常態化しており、一方の社会党も左右の「佐々木派対江田派」の党内対立を抱えるなど、国民そっちのけの不毛なイデオロギー的対決や党内派閥抗争に明け暮れていた。新勢力の公政連にはその混迷を打破する突破口としての役割が期待された。

●市民相談開設「政治と国民を結ぶ」

翌63年の統一地方選挙では東京特別区で自民党に次ぐ〝第2党〟になるなど公政連は各級選挙で大勝利し、議員総数１０７９人を数える陣容を整え、参院に続き、地方議会においても〝第三勢力〟となった。それを受けて、統一選後に「生活と政治を結ぶ直接ルート」として全国各地に「市・区民相談」「暮らしの相談」を開設した。公明党の政治活動の原点として名高く、75（昭和50）年に年間受理件数１００万件を突破。以後、今日までずっと活況を呈するに至っている。一人ひとりの住民の生活上の悩み、政治に対する意見・要望等を議員が膝詰めで聞き、解決に向けて研究・調査し、連携プレーで地方議会から国会へ上げられるなど、市民相談は〝庶民を守る要塞〟であり、政治と国民を直結させ、政治を国民の身近なものとする公明党ならではの取り組みであった。

この市民相談活動が契機になるなどして公明党の手により実現した施策は数限りない。例えば、義務教育の教科書無償配布をはじめ、児童手当、パート減税、交通災害共済制度、乳幼児の医療費無料化、小児医療の負担軽減、分娩費給付アップ、救急救命士、育児・介護休業制度の拡充、白内障眼内レンズ挿入手術への保険適用、マンモグラフィーの導入拡充、さい帯血移植への保険適用、子宮頸がん検診の無料クーポン、不妊治療助成制度の創設、保育所待機児童ゼロ作戦実施、ジョブカフェの設置拡充、バリアフリー法の制定……など福祉・教育・医療・介護・中小零細企業対策などあらゆる面に及んでいる。国民のナマの声を政治に反映していく、文字通りの〝草の根民主主義〟を体現するものである。

党愛知県連が実施した移動市民相談＝1969年11月

第2章〝庶民・大衆の党〟公明党結成

―「日本の柱」「大衆福祉の公明党」のスローガン

1964（昭和39）年は、日本の風景が変わった年であった。戦後日本は敗戦・占領・講和の時期を経て復興・発展の道を歩み、同年4月、経済開発協力機構（OECD）に加盟し先進国への仲間入りが果たされた。10月1日には当時世界最速の東海道新幹線が開業。そして10月10日には94カ国の選手5541人が競ったオリンピック東京大会が開催された。このオリンピックを区切りとして、「ここからもう一つの〝違う戦後〟が始まっていく」（半藤一利『昭和史』戦後篇）と見なされるが、その新たなスタート時の、オリンピックの余熱がまだ冷めやらぬ11月17日、公明党は結成された。

●池田会長が党結成を提案

公明党結成を提案したのは創価学会・池田大作会長（当時）である。池田会長は同年5月3日の本部総会で、「公明政治連盟（公政連）を一歩前進させたい」とし、「時代の要求、大衆の要望に応えて、政党にするもよし、衆議院に出るもよし、このようにしたいと思いますけれども、いかがでしょうか」と提案、参加者全員の了承を得た。その際、宗教と政治は次元が異なるとし、従って学会の政治部は解散され、公政連は独立した政治団体として歩むべきであるとし、宗教団体としての学会は、公政連の支持団体、推薦団体として自らを位置づけていく旨も表明された。学会としての「宗教と政治の分離」宣言がなされたものだ。

さらに本部総会から8日後の11日、男子部幹部会の席上で、池田会長は公明党の結成を正式に提案した。「秋に公政連の全国大会が行われますが、その時に、公政連、公明会を一歩前進させて、公明党にすべきではないかと考える次第でございます。……わが男子部の決議として、公明党を結成することを要望していきたいと思いますが、よろしいでしょうか」と。大賛同の拍手をもって決議され、秋の党結成に向けて本格的準備が開始された。

党結成を半月後に控えた11月2日、党本部となる公明会館が完成。同15日に開かれた公政連の全国代議員大会で公明党の初代委員長には原島宏治、副委員長に辻武寿、書記長に北条浩が就くことが決まった。

結成大会前日の16日、原島委員長らが池田会長にあいさつに行ったが、その際の池田会長の直言は党にとって後々の教訓とされた。例えばそれは、結成大会の会場として日大講堂を選んだことに対し、「日大講堂といえば、日本で最大級の会場です。歴史のある大政党の党大会でも、そんな大きな会場は使いません。その大会場を、これから発足しようという、何の実績もない、小政党の公明党が使うというのはどういうわけですか。格好ばかり考え、大きな会場に派手に人を集め、華々しく、結成大会をやろうとする。それ自体、虚栄ではないですか！ 実績を積み重ね、本物の力をつけてからなら、どんなに豪華な大会場を使おうがかまいません。しかし、最初から、そんな考えを持つのは、思い上がりであり、傲慢になっているからです」等々の戒めの言葉であり、忠告であった。

党大会で発表される政策や方針については公政連で検討されてきたが、政策について池田会長が提案したことはただ一つ、党の外交政策の骨格として「中華人民共和国を正式承認し、日本は中国との国交回復に努めるべきである」ということであった。

そして公明党結成大会。場内正面には「公明党結成大会」の横幕。その右横縦に「日本の柱　公明党」、左横縦には「大衆福祉の公明党」のスローガンの大文字が掲げられた。大会は経過報告、結党宣言、綱領発表と続き、北条書記長から活動方針、最後にあいさつに立った原島委員長は冒頭、党の創立者である池田会長から寄せられた祝電を披露した。それは「公明党の結成大会、まことに、まことに、おめでとうございます。私は、この壮挙が、かならずや日本の政界の黎明《れいめい》となることを信じております。どうか民衆の幸福のため、日本の安泰のため、世界の平和のために、勇敢に前進されますことを祈っております」と。

●大衆とともに前進する大衆政党へ

採択された党綱領は、①宇宙時代にふさわしい世界観、恒久平和への新しい指導理念としての王仏冥合の理念と地球民族主義により、世界の恒久平和の礎を築く②豊かなる人間性の尊重を基調とする人間性社会主義によって、個人の幸福と社会の繁栄が一致する、大衆福祉の実現③仏法民主主義、すなわち人間性尊重を基調とした民主主義基盤をつくり、現代社会のあらゆる階層のいっさいの民衆を包含しうる大衆政党として、大衆とともに前進する大衆政党を建設④腐敗選挙を徹底的に追放し、腐敗政治と断固戦い、公明なる議会制民主主義の確立――の4項目（要旨）からなっている。また結党宣言は、「王仏冥合・仏法民主主義を基本理念として、日本の政界を根本的に浄化し、議会制民主主義の基礎を確立し、深く大衆に根をおろして、大衆福祉の実現を図るものである。こうして、広く地球民族主義の立場から、世界に恒久的平和機構を確立することを最大の目標として勇敢に戦うことを、国民の前に堅く誓うものである」と謳《うた》った。

活動方針では、具体的には人間性尊重の福祉経済理念に基づく国内の当面の重点政策として減税、物価引き下げ、社会保障の充実、中小企業振興、農漁村の近代化促進などを打ち出すとともに、平和憲法擁護、沖縄・千島・小笠原の即時返還、そして中華人民共和国の承認とその国交回復を謳った。さらに焦点となっていた日米安保条約に対しては、国連警察軍による国際的平和保障体制の実現をめざす立場から「当然解消されなければならない」としつつも、「しかし冷厳な現実を見ずして、ただ理想論、観念論を振り回すことは責任ある党としてはできない。

憲法によって軍備を放棄した日本は、現時点では絶対に他から侵略されないという保障はない。故に日米安保条約をいま直ちに破棄するわけにはいかない」とし、この問題については「国民の総意を結集することこそ急務」とする現実的態度を示した。自民党の「長期堅持」、社共両党の「即時廃（破）棄」論と一線を画する対応だ。

さらに結成大会での「経過報告」の中で、参院公明会が取り組んできた「教科書無償配布、義務教育費の負担軽減」の実績が紹介されたことに対し拍手が起こった。教科書無償法は62年3月に成立していたが、現実には予算措置が伴わず実施は進んでいなかった。これに対し参院公明会の柏原ヤスが63年3月、参院本会議質問で時の池田勇人首相に対し「中学3年までの教科書無償配布の早期実現」を強く迫り、66年までに中学3年までの無償配布完全実施の確約をとったことはよく知られている。草創期の大きな実績である。

●政界に新風、「日本政党史上、記念すべき日」

公明党の結成は内外の耳目を集めた。結成大会には外国メディアも14社17人の記者が取材に訪れた。そのうちの一人、ニューヨーク・タイムズのエマーソン・チェビン記者は「日本の政界浄化のために、民衆のために、公明党の結成はよいことであります。公明党は、こんごの日本のカギを握るものといえます。現在、公明党が持っている力をじゅうぶんに発揮して、民衆のための政治を行うならば、既成政党は、自分たちの誤りに気づき、反省心を起こすでありましょう。それは、大衆のために、よい結果を及ぼすことになります。……日本に仏教を根底にした政党が、現われたことはよいことです」(「公明新聞」64年11月20日付）と感想を語った。

また結成大会を傍聴した政治学者の池田清・大阪市立大教授は、こう期待を寄せた。「昭和三十九年十一月十七日は、日本政党史上で長く記念すべき日になるだろう。というのは、この日、初めて日本で最初の宗教政党が誕生したからである。……『新しい時代、新しい人、新しい政治』という公明党のスローガンは、まことにこの結成大会にふさわしい。……今日の日本の政治は、生き生きとした未来へのイメージを見失って、まったく平板化している。それは政界が人的にも思想的にも老朽化しているからである。公明党の出現は、この古く、よどんだ政界に新風を吹き込むであろう」(同)と。

公明党が創価学会を母体として誕生した政党であることから、上記コメントのように、一般には宗教政党と受け止められた。ただし公明党自身は綱領で「あらゆる階層のいっさいの民衆を包含しうる大衆政党」をめざすことを謳った。一部の利益のための党ではなく、国民全体に奉仕する党であることを標榜《ひょうぼう》した。

●自社体制に風穴。多党化時代の幕開ける

公明党が綱領で「あらゆる階層のいっさいの民衆を包含しうる大衆政党」とあえて強調したのは、当時の政界は、片や自民党は〝財界・大企業の代弁者〟と見なされ、一方の社会党は〝労働組合中心の党〟と目されていて、庶民・大衆の利益を第一とする政党が存在しなかったからだ。しかも自社両党は東西冷戦の国内代理戦争的なイデオロギー対決や政治闘争に明け暮れており、国民の暮らし・国民にとって身近な問題は脇に置かれてきた。

それ故に、公明党結成の意義は何よりも庶民・大衆の手に政治を取り戻すことにあった。公明党結成を論じた「読売」社説で「……公明党が政党として登場した背景には、既成政党が社会の変化に追いつけず、政界の現実が大衆の願いとかけ離れているといった事情も横たわっていると思う」(11月18日付)と言及したのは、その間の事情を物語っていよう。

また結成大会で公明党が打ちだした理念・方針、例えば「地球民族主義」は冷戦の只中にあった時代・社会の中で、全人類に「地球人」との自覚を促し、人類共同体意識を育み、共存・共生の世界平和実現をめざす理念である。普遍妥当性を持つ先見性に満つものであり、今日においてもその意義は少しも変わりない。創価学会・戸

田城聖第二代会長が提唱し、公明党が党の基本理念として継承した。あるいは「仏法民主主義」そして「人間性社会主義」という概念も、既成政治の中では異色のものであるが、その上に「人間性尊重を基調とする」との言葉を冠したように、西側＝資本主義陣営の自由民主主義、東側＝社会主義陣営の唱えるプロレタリア（人民）民主主義のそれぞれが孕《はら》む人間疎外、また人間抑圧の矛盾・欠陥を克服し、人間主義に基づく新たな政治進路を切り開かんとするものである。

公明党の登場は、文字通りの〝庶民・大衆の党〟の誕生として政界に新風を吹き込んだ。そして従来の自社二大政党制のいわゆる「55年体制」に風穴を開け、「多党化現象の有力な一翼を担うようになった」（中村政則「戦後史」）と評され、停滞・閉塞していた政治を打破する、新たな活気と活力をもたらした。

「政界浄化の公明党」の真価発揮

―国、地方で金権腐敗政治の一掃に総力

●汚職と疑獄まみれの戦後政治史

戦後日本政治の裏面史は汚職と疑獄の歴史といわれ、金権腐敗事件が相次いだ。主だったものだけを見ても、昭電疑獄、炭鉱国管疑獄、砂糖汚職、造船疑獄、陸運疑獄、全購連汚職、売春汚職、武州鉄道疑獄、吹原産業事件、田中彰治事件、バナコン汚職、信濃川河川敷事件、共和製糖事件、日通事件、ロッキード疑獄、ＫＤＤ事件、撚糸工連事件、平和相互銀行事件、リクルート事件、東京佐川急便事件、ＫＳＤ汚職……と枚挙に暇《いとま》がない。続

発する政治汚職の根はカネのかかる選挙につながっている。日本政治の積年の課題は政治汚職と腐敗選挙の禍根をいかに断つかにあった。

公明党の結党当時はとりわけ金権腐敗政治の極にあった。それ故、党綱領で「わが公明党は、腐敗政治と戦って、公明なる議会制民主政治を確立することを誓う」と謳い、中央・地方で〝黒い霧〟〝積年の病弊〟の一掃に総力を挙げた。民主政治は政治に対する国民の信頼を基礎とする。その信頼を傷つけ、失わせ、民主政治の土台を突き崩すのが金権腐敗政治だからだ。「清潔な政治」は党のスローガンであり、「政界浄化の公明党」は自他共に認める金看板である。公明党が衆院に進出するまでは、その主舞台は参院と都議会だった。

公明党発足後、最初に迎えた1965（昭和40）年の参院選では地方区で東京、大阪で議席を確保（初挑戦した愛知、兵庫、福岡は次点で惜敗）。全国区で9人当選を果たし、改選数4に対し11人が当選、大躍進した。その結果、改選前の13議席から一挙に20議席となり、参院第3党の地位を確固とした。全国区の得票数は509万7682票で、前回より97万3000余票の得票増だった。

●〝公明党の独壇場〟参院決算委での追及

公明党が第3党になった参院では、特に決算委員会を舞台とした国有財産払い下げをめぐる不正追及は〝公明党の独壇場〟といわれた。旧虎ノ門公園払い下げにからむ不正転売、旧陸軍経理学校跡地の不正転貸し、旧高輪御用邸跡の国有地払い下げに絡む疑惑、日本住宅公団が行った大阪・光明池の用地買収をめぐる疑惑……など次々糾弾し、そこに政治家や利権屋が暗躍している実態を浮き彫りにした。

例えば、旧陸軍経理学校跡地の不正転貸しは、元自民党国会対策委員長である中野四郎が関係する社会福祉事業団体に国が賃貸し契約したとされ、その借地を中野は禁止されているのに都に転貸しして利ザヤを稼いでいた行為だ。しかも国の賃貸し契約自体も実はインチキだったことが暴露された。この旧陸軍経理学校跡地はその後、〝国有財産を有効に活用せよ〟との公明党の主張を国側が受け入れ、そこに4階建ての都営住宅が建設されるに至った。

●共和製糖事件追及。黒い霧解散の引き金に

参院公明党の追及により「黒い霧解散」の引き金となったのが共和製糖事件だ。66(昭和41)年9月1日の参院決算委員会で二宮文造は共和製糖を中心とする共和グループの不当融資問題を追及した。二宮は大阪府高槻市の国有林が3500万円足らずと評価されて農林開発興業(株)に払い下げられ、その土地を担保に農林開発興業と兄弟会社である共和グループが農林中央金庫から23億7500万円、(株)東食から15億6250万円、計40億円もの融資を受けているのは「奇怪至極だ」と糾弾。

また元農相の重政誠之が大臣就任直前まで共和製糖の重役であったこと、払い下げ申請のあった63年1月には、この重政が現職の農相であった事実を指摘。さらに共和グループの共栄糖化(株)の会長には後に5度も閣僚を務め税制のドンといわれた山中貞則が顔を連ねており、共和グループから自民党関係者に膨大な政治献金がされていると糺した。

時価40億円もの国有地が不当な安値で払い下げられたとの疑惑に対し、マスコミが騒ぎ、地検も動き出した。参院決算委は二宮質問を口火として事件を掘り下げていった結果、共和グループがニセ領収書を発行して融資を受けていたことも分かり、七十数億円の過剰融資や、1億円もの大口脱税も発覚した。

そして11月17日の同決算委で、後に〝参院の爆弾男〟と称される黒柳明が追及した事実は政界のみならず全国民にもショックを与えた【写真】。それは共和グループの政治団体「新友会」から、自民、社会の両党本部と、

自民、社会、民社の各党議員にも献金がなされていることを暴露。「その実態を明らかにせよ」と迫った。黒柳質問を受け、政府は翌18日、共和グループの政治献金の実態を発表。その結果、自民5、社会5、民社1の計11人が個人として献金を受けていた。中でも社会党の相沢重明参院議員は共和グループから事件の〝もみ消し料〟と反対業者から〝火付け料〟をもらい、「マッチ・ポンプ」のダブル収賄で起訴された。社会党は決算委で公明党とともに「共和」問題を追及していたが、自党議員も関与していた醜態をさらしただけに、〝社会党よ、お前もか……〟と世論の厳しい批判にさらされた。

また献金が行われた日時と、国有財産の払い下げ、政府関係金融機関からの融資、あるいは砂糖業界を保護するための「糖価安定法」の審議などと符節があっていることも判明した。まさに「政治家と業者が結託した汚職・不正の典型的なモデルケース」だった。共和製糖からの政治献金は自治省に届けられたものだけでも８１００万円。闇から闇に流れたものを加えると数億円に上るといわれた。

佐藤栄作首相は、この共和製糖事件や、恐喝・詐欺の疑いで逮捕され辞職した田中彰治自民党代議士事件、荒船清十郎運輸相が自分の選挙区に急行を止めさせるように指示して大臣を辞めた公私混淆《こんこう》事件、さらに山口喜久一郎衆院議長が不正金融会社に肩入れしていたことも明らかになるなど一連の不祥事で、66年12月、衆院を解散した。通称「黒い霧解散」である。

●都議会リコール解散主導。議長選汚職で

一方、都議会公明党は、63（昭和38）年4月の統一地方選で改選前の3議席から一挙に17議席へと大躍進（当時は都議会公明会）。議会での発言の機会と場を確保したことを機に、〝伏魔殿〟と呼ばれていた都政の大掃除に取り組んだ。中でも65年3月に行われた東京都議会の議長選をめぐって自民党議員が相次ぎ収賄容疑で逮捕され、さらに議長（自民）までが贈賄容疑で逮捕される都政始まって以来の不祥事が起きた。この議長選汚職が起きる前年の64年7月に、事実上の首相を選ぶ自民党総裁選が行われた時、「忍者部隊」「ニッカ（二つの候補者派閥から金をもらう）」、「サントリー（三つの～）」、「オールドパー（全ての～）」「一本釣り」などという隠語が登場する不透明な裏面工作が激しく展開された。この悪しき風潮が地方政治にも伝播《でんぱ》した形だった。これに対し公明党は都政から金権腐敗を一掃すべく直ちに闘いを挑んだ。

公明党は臨時都議会の開催と都議会解散を要求する党声明を発表。都議会解散には議員全員が辞職しなければならないが、十数人の逮捕者を出した自民党は当初これに反対。野党第1党の社会党もあいまいであった。そこで公明党は4月24日、中央幹部会で地方自治法第76条に基づく「都議会解散請求」のリコール署名運動を行うことを決定。これを受け、社会党も総辞職による解散に同調。4月28日に自民党もようやく総辞職を承諾したが、何人かの同党議員は辞表提出に応ぜず、リコール運動に賛成していた共産党議員2人も辞表提出を拒んでいた。

公明党によるリコール運動は都民の絶大な支持を得て急速な広がりを見せた。公明党は5月26日、「都議会解散を効果的に行うため、リコール統一運動に踏み切る」と発表。各種市民団体などと一体となり、これに社会、民社、共産の各党も加わった。臨時都議会は5月30日午前2時過ぎ、公自社共の共同提出による解散決議案を可決。国会での「地方公共団体の議会解散に関する特例法」（議員の4分の3以上の出席で、5分の4以上の同意が

あれば自主解散が可能との趣旨）の成立と公布・施行（6月3日）を待ち、6月14日の臨時都議会で「特例法」に基づく解散決議案が可決され、都議会は解散。7月に都議選が実施された。

その結果、都政刷新をリードした公明党は解散時の17議席から23人が立候補して全員当選、大きく議席を伸ばした。一方、自民党は2年前の統一選での69議席（定数１２０）から38議席へと転落、過半数を大きく割り込んだ。このリコール解散を機に、以後、都議選は統一地方選と異なる選挙日程で実施されている。

●都議会公明党が「宴会政治追放」の口火切る

また結党時、地方議会公明党が全国的に取り組んだ政治浄化の一つに「宴会政治追放」がある。血税を食い物にし、議員の倫理マヒを物語る一典型だが、公明党が声を上げるまでは誰も疑問に思わず、ごく当たり前の慣例とされていた。その宴会政治追放の口火を切ったのも都議会公明党だ。63（昭和38）年4月の統一選で、都議会第3党へと大躍進したことを機に実行された。それ以前は議会の委員会終了後、また管外視察後に「一席」設けられるのがお決まりだった。公明議員が、これは大事な問題だからと、じっくり質疑などしようものなら、たちまちヤジが飛んだ。「時間がないぞ、早くしろ」と。だから以前は公明党がいくら宴会政治追放を叫んでも、耳を貸すどころか、余計なことをしてくれると、くってかかる始末だった。当時の金で、ひと晩でざっと50万円かうの、都民の血税が宴会につぎ込まれていた。

しかし都議会公明党が17人となり、各派幹事長会に出席する資格を得ると、その発言を無視できず、選挙直後の6月定例会を前にした各派幹事長会で、公明党の提案により都政史上初の「宴会政治自粛申し合わせ」が行われた。

●全国で「宴会政治追放」の大きな足跡

この都議会での快挙は、一波が万波を呼ぶように、全国の地方議会に波及していった。大阪府でも、63（昭和38）年度決算によると、企業局だけで年に600回もの宴会が行われていた。公明議員の追及で明らかにされ、昭和40年度予算に計上されていた各部局の宴会予算の全廃に向けた闘いがここに開始された。

北海道議会でも「119対1」の闘いが始められた。4月の統一選で公明議員1人が誕生。選挙後初の道議会一般質問で宴会自粛の質問通告をしたところ、道当局のみならず、他党議員から「1人なんだから、そんな問題に首を突っ込むと、これからやりにくくなるぞ。そんなことを提案して、なんになる」と半ば脅かされた。

周囲の大反対の中、公明議員は質問に立ち、昭和38年度の食糧費約5億円が3年前から比べて2億円も増額されている事実を指摘、宴会政治を廃止し削減された経費を民生安定のために振り向けるべきだと主張。「検討を加え善処する」との知事答弁に対し、再質問でさらに追及し、「新年度予算編成でムダに使われている食糧費などは削減する」と知事が確約。翌39年度予算で食糧費は1億円削減された。

東京・品川区では公明議員が「食糧費全廃・宴会政治追放」を叫んだ途端、議場は怒号と罵声《ばせい》で大混乱。公明議員への懲罰委員会が2日間にわたって開かれた。〝議場混乱〟で陳謝はしたが、「発言撤回」には応じなかった。北海道室蘭市でも公明議員への「発言取り消し」「陳謝」が要求され、応じなければ懲罰動議を出すと脅かされた。「懲罰動議を出すなら出しなさい。市民大会を開いて是非を問う」と反論。それを聞いて攻撃も腰砕けとなった。

そうした公明議員の取り組みは、全国的に世論を喚起し、悪名高い食糧費は遂に撤廃された。公明議員が全国各地で実現させた「宴会政治追放」は、悪弊渦巻く地方政治刷新の金字塔となった。

第3章　衆議院に進出

―衆院初舞台で自民党の国対費追及

●衆院選初進出で一躍25議席獲得

公明党が衆院初進出を果たしたのは、1967（昭和42）年1月総選挙。通称「黒い霧解散・総選挙」と呼ばれたこの総選挙で、公明党は32人を擁立。一躍25人が当選した。同選挙では総定数を19増加したにもかかわらず、自民党は前回から6議席減の277、社会党も4減の140、民社党7増の30、共産党5、無所属9の色分けとなった。自社両党とも改選前議席を割り、「多党化時代の到来をはっきり示した」とメディアで伝えられた。

公明党の衆院初進出については、それまでに地方議会、参院と着実に地歩を築いてきただけに、既に織り込み済みというのが一般的受け止め方だったろう。ただし衆参両院に議席を持つ政党となったことから、マスコミも「責任重大な公明党の今後」（「毎日」社説67年2月1日付）と論評。また民社党と合わせると55議席を有することから、中道勢力の両党の連携如何では、50人以上の議員の連署が必要な予算を伴う議案の発議および不信任案の提出権を持つことになるため、〝第三勢力〟として、「自社両党の動きのつかぬ対立関係の調停者として、潤滑油の役割を果たすこと」（「読売」同2月3日付）を期待する、といった旨の論調が散見された。

また、「朝日」（同2月3日付）は「衆院の新勢力――公明党の素顔」と題する1ページ大の特集記事を掲載。公明党の政治理念、政治路線に焦点を当て、その中で巷間にある疑念「日蓮正宗の国教化」「国立戒壇目的」といった問題も取り上げた。むろん党側も、また創価学会側も池田大作会長（当時）がインタビューを受け、明確に否定する見解を同記事中で表明している。さらに同特集の中で、篠原一東大教授は、「国政のひのき舞台」である「衆院進出には責任が伴う」とし、「二十五人とはいえ、衆議院第四党ともなれば、今後とも何かにつけて批判をうけざるをえまい」と述べている。

衆院は政権を争う権力闘争の場。その衆院への進出は、篠原教授の指摘を待つまでもなく、公明党と支持団体の学会に対する風圧が陰に陽に増すこととなった。現にその例として、まだ衆院進出前の、衆院選出馬のニュース（当時・公明政治連盟）が街に流れた途端に出始めたのが、後々まで尾を引くことになる党と学会に対する集団移動の悪質デマだ（52ページ参照）。そうしたデマ、中傷を含む批判は以後どっと増えることになる。

●法案審議で〝与野党ヤミ取引？〟疑惑糾す

衆院選後の2月13日、公明党は第4回党大会を開き、衆院進出を機に党人事を一新し、委員長に竹入義勝、副委員長に北条浩、白木義一郎、書記長に矢野絢也を選出した。

衆院初進出の公明党が最初に迎えた予算委員会（3月23日）で行った爆弾質問が「自民党の国会対策費」をめぐる疑惑糾明である。自民党の国会対策費については、従来からとかくのウワサがあった。野党との〝ヤミ取引〟に使われているのではないかというものだ。永田町の〝悪しき慣習〟視され、それを取り上げることはタブー視されてきた。

総括質問に立ったのは書記長になったばかりの矢野絢也。矢野質問の要旨はこうだ。「自民党の国対費は（昭和）40年度、41年度上半期のわずか1年6カ月間で、支出は2億5千万円にのぼっている。その明細を明らかにすべきだ」。矢野はさらに国対費が支出された日と、その前後の重要法案をめぐる国会の動きを照らし合わせ、こう糺した。「……例えば、40年の日韓国会の最中、40年12月20日に田中角栄氏を通して三千万円。翌21日に三千三百万円を支出。この19日に自社両党の話し合いがついて、衆議院の船田、田中（伊）正副議長が辞表を提出した。また41年1月31日、同じく田中角栄氏を通して九百九十万円の支出。この前日の30日には国鉄運賃の値上げをめぐって国会は紛糾している。6月7日、25日に、五百五十万円と五千万円。これは祝日法改正案が衆院で可決されたのが7日、五千万円が支出された25日には同法案が成立している。こうした一連の事を考えるとき、このカネが、巷でウワサされているように法案の審議、国会の運営について、このカネが何らかの意味を持つものであるかどうか、佐藤総理の答弁を願いたい」と。そして、使途明細を明らかにする「資料提出」を要求した。

●議事録から発言削除、「クサイものにフタ」

国会は紛糾し、予算委理事会で資料提出要求の取り扱いなどをめぐって協議が続けられ、翌3月24日の衆院予算委は終日開かれなかった。結論として、公明党を除く自民、社会、民社の3党側は同日夜には「矢野委員が発言を取り消さず、陳謝を拒否したら、場合によっては懲罰委員会にかける」ことを決めた。一日半たった25日午後、委員長（自民）職権で予算委を強行開会し、同委員長から3党理事間で資料提出要求は拒否することになったとし、さらに「矢野発言の取り消しと、議事録から削除」を求める提案を行って採決に付し、〝賛成多数〟で押し切ってしまった。懲罰という事態はなかったが、矢野質問は議事録から削除されてしまった。

公明党は直ちにこれに抗議する党声明を発表。「資料提出の拒否は国民の期待を裏切る暴挙である。社会、民社の両党が自民党と組んで、国会の正常化をはばむ結論になったことは、誠に遺憾であり、国民の疑惑はますます深まるであろう」と訴えた。

国民世論、マスコミ論評は公明党の追及を高く評価し、逆に自社民3党側を厳しく批判した。例えば作家の松本清張は、こう論評した。「こんどの事件は、日韓、祝日など重要法案が国会に出た前後のトラブルと関係がある。

その混乱収拾のためにカネが動いたのではという疑惑をいっそう深めたといってよい。公明党がこの問題を追及できるのは、この事件に関係がない清潔な政党の強みだ。与党も野党も、そろってクサイものにフタをしていることは、すでに保守も革新も区別のつかない姿である。ことに予算委員会の裁断は暴力である。とにかく公明党の手柄だった」(「公明新聞」67年3月28日付)と。

この「自民党の国会対策費」糾明の質問は衆院公明党が一丸となって取り組んだものだ。懲罰覚悟で「やる」と最終的に決めたのは質問前日の22日正午頃。同僚議員が資料集めに奔走し、正木良明が支出金額と国会の動きを丹念に調べて一覧表にし、竹入と矢野との間で想定問答を繰り返し、準備を終えたのは明け方だった(足立利昭「太陽と潮」)。そして矢野が質問に立った。国会史に残る爆弾質問だった。

衆院では続いて、政策審議会長の浅井美幸が67年12月13日の衆院予算委員会でタクシー汚職を追及した。同事件は65年12月の第51国会で成立したLPガス税法の立案・審議をめぐって発生したもので、これに反対するタクシー業界が多額の政治献金を自民党中心にばらまいた贈収賄事件。現・前の自民党代議士2人と業界側2人の4人の逮捕者を出し、調べを受けた国会議員三十数人、タクシー業界、陸運関係者は200余人に及んだといわれる。浅井や参院内閣委員会での多田省吾らの追及の結果、業界と政官界のなれあい運輸行政、業界から政界へ流された多額の政治献金の実態などが明るみに出された。また参院でも政府の食糧輸送の利権をめぐる日本通運による政治献金疑惑追及など、〝政界浄化の公明党〟の真価発揮の取り組みが果敢に行われた。

その当時、時事漫才で人気を博していたコロムビア・トップ・ライトはテレビ寄席で「いまの国会議員で清潔なのは、総理大臣と公明党議員くらいのものじゃ」とやったほどだった。トップ氏が、「総理」といったのは、「現職の総理が、汚職などするようでは、もう日本もおしまいだ」という意味だったという(石原石根「公明党の政治—国会記者の眼」)。

遺憾な話であるが、それから22年後、爆弾質問を行った矢野は現職の党委員長であったが、明電工株取引疑惑の不祥事で委員長辞任に追い込まれた。その際出された矢野に対する記事「その金銭感覚は『政界の根本浄化』を目指した結党時の精神からかけ離れてしまった」(「朝日」89年5月10日付)と指摘されるなど、公明党のクリーン・イメージや党への信頼感を失墜させた責任は重いものがある。

公明党は衆院選直後の67年4月の統一地方選でも大躍進した。道府県議84人、政令市議(五大市議)61人、東京特別区議124人、一般市議839人、町村議326人の議席を獲得。この結果、非改選を含めた公明党の地方議員数は都道府県議107人、政令市議(同)61人、東京特別区議129人、一般市議1100人、町村議476人で、合計1873人となり、改選前の1309人を43%も上回って、地方議会第3党の地位を一層強固なものにした。

地方議会では、都議会公明党が特に都の「外郭団体」にメスを入れ、〝高級公務員の天下りの温床〟〝伏魔殿に食い込むシロアリ〟との実態を次々明らかにし、不要な外郭団体の整理を強く主張、調査特別委員会の設置にまでこぎつけるなど乱脈都政に一大鉄槌を加えた。

●追及した不正浪費額・国の予算の12%分

公明政治連盟(公政連)発足後の63年6月から、69年3月までの国会、地方議会で公明党が指摘した不正、浪費の総額を調べた公明新聞は、衆院、参院、都議会、他の地方議会に分け、一覧表にして報告している(第1弾は68年5月14日付、第2弾は69年3月25日付)。それによると6年間で本会議、委員会で指摘した事例は主なものだけでも約840件、総額8152億円に上るとしている。これは69年度の国家予算6兆7395億円の実に12%に匹敵する金額だ。もし公政連、公明党が存在しなければ、これだけの不正、浪費が野放しにされていたことになる。公明党が取り組んだ、この政界浄化の厳たる実績は中央、地方の政治・行政に対し大きな警鐘を鳴らすこととなった。

コラム

根も葉もない集団移動の悪質デマ

●党と学会のイメージダウン狙い

公明党と支持団体の創価学会のイメージダウンを狙う、根も葉もない「住民移動」の悪質デマが、国会で最初に騒がれたのは1964（昭和39）年4月。衆院公選法調査特別委員会で島上善五郎、畑和（いずれも社会党）ら3人の代議士が〝選挙対策で学会員が集団移動している〟と発言した。公明政治連盟（公政連）の衆院進出のニュースが街に流れた直後のことである。

このデマに対し、当時の公政連の議員、公明新聞記者が本人に直接問い糾したところ、3人とも「ウワサを口にしたまで。事実は知らない」とウソを認め、発言を撤回した。この件では東京都選挙管理委員会事務局長も事実調査を踏まえ、島上発言は「事実無根」と公式答弁している。4年後の68年にも、当時の赤沢正道自治大臣（自民党）が集団移動説を口にし、公明党議員が厳重抗議したのに対し、〝根拠は何もない。恐縮している。今後、根拠のない発言は慎む〟と謝罪した。

しかしその後も、この悪質デマは繰り返された。主だったものだけでも81年の沖縄・那覇市議選では、11人の有権者が選管によって選挙人名簿から抹消されたことに対し、共産党が「創価学会員による不正の手口」などと大々的にデマを流したが、公明新聞の11人全員に対する事実調査で、真相は保守系候補陣営の集団移動であったことが明らかにされた。

83年12月の衆院選の最中にも自民党の代議士がデマ演説し、公明党が名誉毀損で告訴すると、本人は〝発言はウワサに基づいたもの〟〝無責任な言動だった〟と謝罪した。この件では当時の中曽根首相も「公明党が、いやしくも、そのような不正行為、集団移動をやる、選挙目当てのそのようなことをやるとは思っておりません」(84年4月10日の参院予算委での答弁)と明言している。

また、85年の都議選・中央区において公明党を狙い撃ちした〝組織的架空転入の疑惑〟なるものを同区の「有志」団体がデッチあげ、一部週刊誌も取り上げたことに対し、公明新聞が実名を挙げられた23人全員に面接取材したところ、実態は選挙とは無関係な「子どもの教育寄留」であった事実も明らかにされた。

あるいは「朝日新聞」徳島版が93年7月20日付で〝県内の創価学会員の住民票が、東京都議選のために大量に異動されている〟などとウソを書いた。学会側が直ちに厳重抗議し、同紙は綿密な裏付け取材を行った結果、翌日付で「うわさのような事実はありませんでした。十分な裏付け取材をせず、掲載したことで、関係者並びに読者にご迷惑をおかけしました。お詫びします」と全面的に謝罪・訂正をしている。

さらに共産党の不破哲三議長が2001年6月の東京都議選で同党が大敗北した言い訳として、同党自身に問題があったと分析するのではなく、〝他人のせい〟つまり公明党がいかにも「票の移動」なる不正工作を行ったかのようにデマ演説した。公明党は直ちに冬柴鉄三幹事長名で、党の名誉を毀損するものとして厳重抗議するとともに、その「根拠」を示すよう求める抗議書を送付したが、不破からの回答はなくダンマリを続けたため、「再抗議書」を送った。しかしその後も未回答のままだった。

●〝いつ、どこで、誰が〟が不明な憶測・ウワサ

近年では、民主党の衆院議員だった永田寿康が05年7月に国会で公明党の支持団体が都議選に絡んで住民移動

を行ったかのようなデマ発言をした。これに対し国会でも、「都議選の選挙人名簿に対して異議申し立てが一件もなかった」との東京都選挙管理委員会の確認報告が、総務省当局を通じてなされ、永田の明白なデッチ上げが判明。民主党幹部が「遺憾の意」を表明したが、自民、公明両党から謝罪と議事録削除を要求されたことに対し、永田本人は拒否したため、懲罰動議が提出された。加えて永田は偽メール事件を引き起こし、これについても懲罰動議が提出され、結局、永田は議員辞職に追い込まれた。

このように選挙の度に執拗に繰り返される住民移動の妄説は、いずれも「いつ」「どこで」「誰が」が不明な、根拠のないウワサ、憶測に基づくデッチ上げであることが当初から明白となっている。悪質なデマで他者を陥れる、反民主主義の卑劣行為という以外にない。

第4章　現場主義の「総点検シリーズ」

―大反響呼んだ「在日米軍基地総点検」

「現場主義」「調査なくして発言なし」――公明党のトレードマークとなっている政治手法であり、公明党議員のモットーだ。とりわけ国会議員・地方議員が一体となって取り組む「総点検」「実態調査」は公明党の政治スタイルの代名詞となっている。その公明党の現場主義の名を一躍高からしめたのが、〝総点検シリーズ〟の第1弾として、1968（昭和43）年に党を挙げて取り組んだ「在日米軍基地総点検」だ。

●安保体制の「段階的解消」目的で

その契機は、68年4月の党大会で「日米安保体制の段階的解消の方途」を発表。その中で安保体制の実質的形骸化を図るため、在日米軍基地の総点検運動を行い、不要・遊休の米軍基地の返還を求めることとし、実際に一部基地の返還実現や整理・縮小につながった。

当時の国会は十数年来、日米安保をめぐる与野党間の論争が大きな焦点となっていた。特に「70年問題」への対処、すなわち70年6月23日以降は日米両国のいずれか一方が廃棄通告をすれば、それから1年後に条約が失効することになる安保条約再検討期を控えて、どう対応するかが政治・政党にとっての重要課題となっていた。これについて、自民党は長期堅持（自動継続）の立場、対する社会、共産両党は「反米親共（＝親ソ連・親中国）」のイデオロギー的偏重も絡んだ即時廃棄・破棄論で、両陣営は激しくぶつかり合い、二者択一の選択を迫っていた。対して公明党は不毛の対決、国論の分裂を避ける〝第三の選択〟として段階的解消論を唱えた。

ちなみに、この段階的解消論は国民世論の圧倒的支持を受けた。読売新聞が行った世論調査（68年4月22日付）によると、自動延長（自民党）支持8％、有事駐留論（民社党）15％、即時破棄論（共産党）支持13％、即時廃棄論（社会党）9％、段階的解消論（公明党）支持33％、その他の意見1％、わからない18％、無回答3％、という結果だった。同時期に行われた他メディアの世論調査でもほぼ同様な結果となっており、国民の多くが公明党の安保政策に支持と期待を寄せていることを示していた。

●総点検で全基地の〝基地台帳〟作る

日米安保条約は別名〝基地貸与条約〟と称されるように、基地問題は安保体制の中核的存在。その基地に対する各党の姿勢は安保条約への態度そのままに、自民党は基地確保・現状維持であり、一方の社・共両党は即時撤去を叫んでいた。対して公明党は不要・遊休の基地を手初めとして段階的に撤去・縮小するとした。

この68年は、1月の原子力空母エンタープライズの佐世保寄港をはじめ、3月の米陸軍野戦病院の王子キャンプ（東京・北区）への移転、5月の米原潜ソードフィッシュによる放射能汚染問題（佐世保）、6月の米軍板付基地所属の米軍機九大墜落事故（福岡市）、それにベトナム戦争激化に伴う横田基地へのB52頻繁飛来による騒音問題など相次ぎ、基地公害による住民生活被害が各地で深刻視されていた。それだけに基地問題の解決は、大きな政治問題となっていた。

深刻な基地公害や事件・事故が起きた地域では周辺住民が中心となっての「基地を返せ」の運動は盛んになっており、基地の実情もそれなりに把握されていたが、しかし全国にわたる在日米軍基地の実態については公式・非公式を問わず、一度も公表されたことがなかった。防衛施設庁が持っていた基地資料は、基地名と所在地と面積だけだった。

公明党の在日米軍基地総点検で中心的役割を果たした黒柳明外交委員長（後に党沖縄基地問題特別委員長、基地対策特別委員長）は、政府や防衛施設庁には「安保条約のもとに米軍に基地を貸与したのだから、基地問題にいっさい関与しないんだという姿勢、日本の国土を割譲しても当たり前だという態度」があり、「基地の実態すら認識しようとしなかったし、認識する必要もないといったような、非常に怠慢な態度であった」「あまりにも知らなすぎるのにあきれた」（「公明新聞」68年12月10、26日付）と当時、述べている。

公明党が行った総点検で全国の在日米軍基地の全容が初めて明らかにされたのだ。基地全体を掌握するいわば〝基地台帳〟がつくられたのである。それにより全国的に世論を喚起し、在日米軍基地の返還・縮小・整理・統合への大きな突破口を切り開くこととなり、大きな成果を収めることとなったのである。

●基地周辺住民2万人の意識調査も

公明党は党大会1週間後の4月18日、党内に「基地問題特別委員会」を発足させた。同特委の本格的活動は参院選（7月7日）直後の同9日から開始。調査項目の検討や動員体制など約2カ月間の準備期間を経て、総点検は9月1日から全国各地で開始された。

現地調査は、北は日本の最北端の北海道ノシャップ岬にある稚内通信施設と同通信所、また南は日本の最南端の米軍基地・沖永良部島のオキノボルタック基地に至る全国145カ所（硫黄島通信所、南鳥島通信所など3カ所を除く）にわたった。調査員は議員、党職員、党員を合わせ延べ二千数百人が参加。基地実態調査は10月30日に、また基地周辺の約2万人の住民を対象とした意識調査は11月18日までに全て完了した。調査は先入観や党の主観的意図、イデオロギー抜きに厳正中立、純客観的に、洗いざらい調べ上げていくという姿勢で行われた。ただし72（昭和47）年に本土復帰の沖縄の米軍基地については、この時は含まれず、翌69年に実施された。

●全基地の3分の2が返還可能と判明

この総点検結果について、まず第1部として「在日米軍基地の実態調査」を12月5日に、第2部の「基地周辺住民の意識調査」は12月24日に発表した。第1部の「実態調査」はB5判391ページに及ぶ膨大なものだ。

同実態調査によると、当時、実際に使用されている基地はわずか36・1%で、目的外に使用されているもの、例えばゴルフ場などに使用されている遊休施設は38・7%に上っている。また使用状況が適当でないもの、一部縮小および全面返還可能なものなどを合わせると、返還可能な基地は全米軍基地3億6124万4000平方メートルのうち、2億3079万4000平方メートルと、実に3分の2の63・9%にも及ぶことが明らかにされた。戦後23年もの長期間、それを放置してきた政府・自民党の怠慢がここに浮き彫りにされた。

例えば、使用されていない基地で最大の面積を有していたのが大分県日出生台十文字原演習場。約5348万4000平方メートルもの土地が米軍に接収されたまま放置されていた。キャンプ千歳補助施設（北海道）は約6000万平方メートルもの広大な土地に、たった36本の通信鉄塔があるのみだった。また東京都と埼玉県にまたがっている朝霞キャンプは395万平方メートルのうち、300万平方メートルがゴルフ場になっている。あるいはグランドハイツ住宅地区（東京都）は181万4000平方メートルに、米軍住宅1284戸が建設されていて、一戸当たり1412平方メートル、つまり427坪の敷地を使っている。同基地にはゴルフ練習場、テニス場、夜間照明付きの野球場まで整備されている……といった実態であった。

同調査では、さらに①板付飛行場、佐世保海軍施設など91の基地を地元が返還を希望している、②51の基地が公害を発生している、③当面の都市計画に支障がある基地が36に上っている、なども報告された。そして全145基地についての詳細——所在地、土地・建物、米軍・日本人労務者の人員、基地の今日までの経緯、使用状況、基地公害の有無、住民と地元自治体当局の考え方、返還後の利用計画などが記載された。

●各紙、戦後初の全基地調査を高く評価

反響は大きかった。発表翌日の12月6日付各紙は1面で大きく報道、さらに関連として、他ページを全面、もしくは大幅に割いて内容も詳細に紹介するなど、一政党の活動に対する報道としては、まさに異例の扱いであった。例えば、「朝日」は1面で報道、4面で全ページを使って内容を紹介し、その前文で「こうした全基地についての資料が公表されるのは戦後初めてであり、こんごの基地問題、安保論争にとって大きな材料を提供することになろう」と評価している。「読売」は1、4面の他に5面トップで「公明党の基地調査―意義を考える」とし、こう述べている。「公明党の投げた一石がすでに一つの波紋を描きはじめ、これが七〇年をひかえて基地問題論争の新たな起点になりそうな形勢である。……戦後二十三年、政党として『全基地調査』と取り組んだのは、これが最初であり、また、かなり冒険的とはいえ具体的に百か所近い基地名をあげて返還の可能性を指摘したのも、これが最初のケースだ」。

「毎日」は1面報道で、山上信重防衛施設庁長官の「公明党の精力的な調査には敬意を表する。……この調査は、有力な参考資料になるものと考える」との談話を掲載。また4面1ページで内容を紹介。その解説記事で、「基地のある二十一都道県連が動員され、調査員七百九十七人、補助員延べ千五百人の手で、調査・集計が三ヶ月で終わった」とし、「その精力的な仕事ぶりは他党の注目を引いている。……目立たない地域についても、付近住民の要求が地道に調査された点、また基地公害の実態についても二十二種類の細目にわたって類型的に調査された点は初めてであり、評価されてよい」と伝えた。

各紙は「社説」でも一斉に取り上げ、改めて基地総点検を高く評価し、公明党の意欲と実行力を称賛した。中

でも9日付「毎日」社説は、「……政権を担当している自民党や、野党第一党としての長い経験と実績を持つ、社会党のマンネリ化した政治活動に対し、一撃を与えたものでもある」と論評した。

●米側が直後に、一部の返還に応じる

公明党の「実態調査」により、基地問題がにわかに国民的注目の的となり、基地返還要求は周辺住民のみならず全国民的要求にまで広がった。公明党も国会で政府に強く迫った。12月16日の参院予算委員会で有田防衛庁長官は答弁の中で「公明党の基地総点検の資料も十分、検討した上で、近く日米安保協議委員会を開き、基地返還について最高レベルで話し合う」ことを明らかにした。こうした機運の中で、実態調査発表から18日後の12月23日に開かれた日米安保協議委員会で、米国側は初めて約50カ所の米軍基地について、①全面、一部返還②自衛隊との共同使用③移転による整理縮小のリスト、を発表した。公明党の実態調査が大きな契機となったことは確かであり、その後順次、返還実現、整理・縮小へと実を結んでいった。

さらに公明党は、日米安保条約の固定期限切れを迎える70（昭和45）年のその年、在日米軍基地の〝再総点検〟を行った。それまでに返還された27基地を含め、その時点での基地の使用状況、地元自治体や住民が望む返還後の跡地利用計画などについて調査をまとめ、同年4月28日に「在日米軍基地の再総点検」として発表した。

同再総点検では、返還された米軍基地の面積にして実に95％以上が自衛隊に継続使用されている現状を指摘。これでは地元民はもとより国民の公共利益に還元されない、として「国民生活に寄与する方向で利用することを原則とすべき」と訴え、返還された基地を含め全基地の返還後の有効的な跡地利用について地元の意向を踏まえた提案を行った。さらに「現状でも返還できるものがまだ多くある」として、「使用されていないもの」5基地、「ほとんど使用していないもの」4基地、「一部しか使用していないもの」6基地、「一部縮小可能と思われるもの」

23基地――と具体的に基地名を列挙した。そのように、一層の返還実現を図るため政府の基地施策に対し明確な提案を行い、改めて注目を集めた。

●公明党は〝元祖・総点検の党〟

こうした公明党の一連の在日米軍基地総点検は、基地返還への機運を全国的に高めたことは確かである。同時に、それまで抽象論、観念論に終始していた基地問題に対する国会論議を、現実的・具体的な審議へと質的転換を図る大きな役割を果たしたといえる。

中日新聞・東京新聞の国会担当記者である足立利昭は、「〝基地総点検〟という言葉は、このとき公明党によって初めて政策用語として使われ、以後この〝総点検〟という言葉はあらゆる場合に常用語として使われるようになった」(「新生する公明党」71年1月15日刊)と述べ、公明党が〝元祖・総点検の党〟であることを告げている。

●米統治下での沖縄米軍基地総点検

基地総点検シリーズの第2弾として実施されたのが、沖縄米軍基地の総点検。69(昭和44)年7月下旬から約3カ月にわたって行われ、調査結果は大反響を呼んだ。この69年は日米安保条約の再検討期を迎える70年の前年として、国会内外で安保・防衛論争と沖縄返還問題がピークに達した。特に沖縄の72年返還実現の見通しがついたことで、返還時の基地の在り方が政府、与野党間の論争の焦点となった。いわゆる「核抜きか、核付き返還か」で国会は激しく揺れた。

当時、沖縄は米国の施政権下にあり、本土から渡沖するのにも米国政府発行の旅券が必要とされた。基地内への立ち入りも許可なくしては不可能であった。そのように障害が多く、従って困難を極めた調査には「党沖縄基

地問題特別委員会」が当たった。同委の委員長の黒柳明国際局長が文字通り中心となり、大車輪となって、沖縄の公明党議員24人と党員66人の計90人が、これに参加した【写真は沖縄県本部での会議】。

●核兵器の存在など基地の全容判明

公明党は69年11月8日、その調査結果である「沖縄米軍基地の実態調査」を発表した。それまで沖縄の米軍基地についての公式情報は、米軍が発表している117基地という数字のみであり、その基地名も、駐屯する米軍人数もすべて不明であった。

ところが総点検の結果、基地が148カ所あることが判明し、その所在地から、米軍人数、日本人従業員数、使用状況なども詳細に報告された。特に核・CB（化学・生物）兵器について、従来はその存在がウワサされているだけで確認されたものではなかったが、その所在と配置数も明らかにされた。すなわち、メースB（有翼核ミサイル）基地4カ所（読谷、恩納などの各村）、核弾頭搭載可能ミサイルのナイキ・ハーキュリーズ基地3カ所

（知念村、那覇市など）、地対空ミサイルのホーク基地5カ所、知花弾薬庫の毒ガス、核の貯蔵、辺野古陸軍弾薬庫のサブロック（核魚雷）貯蔵などが指摘され、傍証として写真と米軍作成の書類まで添付された。

また米軍人数は常識的に4万8000人といわれていたが、それが5万3000人と発表された。つまり5000人の増加が指摘されたのだ。さらに電波障害など公害発生基地32、弾薬の爆発や放射能汚染など危険性のある基地50、あるいは使用していない基地など全面返還可能57、一部返還可能43……と、沖縄基地の全容が初めて発表されたのだ。

●多くの障害・困難克服の調査に高評価

この公明党の沖縄米軍基地総点検に対し、マスコミや有識者から高い評価が寄せられた。

例えば、「戦後、初めて体系的に明らかにされた沖縄の米軍基地の実態は、内外に大きな反響を呼ぶことは必至の情勢だ。この総点検の最大の功績は、何といっても核およびメースB、ハーキュリーズなどミサイル兵器の存在を明らかにしたことだろう」（「読売」69年11月9日付）、「公明党の沖縄基地総点検は、これまで政府でさえも手をつけられなかった沖縄の基地の実態に正面から挑戦し、沖縄基地の〝戸籍謄本〟ともいうべき詳細なデータをまとめ上げた意味で大いに評価されてよい」（「朝日」同）、「日本の一野党がはじめて沖縄基地の〝すべて〟を国民の前にさらけだした事実は評価してよい」（「毎日」同）などと報じられた。

また香西茂・京大教授は「（今まで不明確だった）沖縄基地の実態を明らかにしたことは、大きな意義を有する……基地の実態調査に当たっては、様々な困難と障害があったろう。その障害を乗り越え、キメの細かい作業をここに完成されたことを高く評価する」（「公明新聞」69年11月11日付）とコメントした。関寛治・東大助教授は「沖縄の基地論議に貴重な資料を提供するものとして高く評価してよい」とし、「沖縄公明党と本土の公明党がガッチリ連絡し合って沖縄米軍基地総点検を行ったと聞くが、こうした調査は、いろいろな障害がつきまとうものだが、それをよく克服して調査を完了できたと思っている。……沖縄米軍基地問題を究明する手がかりが与えられたもので、ここから新しい問題提起がなされるものと期待している」(同)と語った。

現地の太田昌秀・琉球大教授は「沖縄の復帰が近いといわれながら、米軍基地は逆に強化されつつあったことに疑惑を抱いていたが、二、三年前までは百十七と発表されていた基地の数が、この調査で百四十八にふえていることがわかり驚いている。同時に、もっと早くこのような精緻《せいち》な実態調査をまとめることができなかった我々自身の怠慢を恥じ入らざるを得ない」(同)と地元としての率直な感想を述べ、公明党の総点検を評価した。

●米国との返還交渉に〝公明調査〟が貢献

この「沖縄基地総点検」発表から2日後の11月10日、日米首脳会談(11月19~20日)に臨むため訪米を前にした佐藤栄作首相との自民、公明の党首会談が行われ、公明党側は首相にこの調査資料を手渡した。その際、政府のいう沖縄の「核抜き・本土並み」返還が実際に実現できるのかと厳しく追及した。政府が沖縄の基地を調査したという話はそれまで一度も聞かれず、従って「核抜き・本土並み」といっても、核がどこにあるか分からなくては実際に核が撤去されたかどうかも分かるはずがなく、また基地の将来をどうするかとの青写真もない状態では、満足な返還交渉などできるはずもないからだ。

現にこの党首会談において、佐藤首相は「政府が外国の基地の実態を点検することは礼儀上からいってもできない。しかしニクソン大統領との会談を前にして、日本の一政党がその実態を点検してくれたことは、大変参考になる」と発言。同席した愛知外相も「公明党にして初めてできることだ」と述べ、これまで実態調査をしてこなかった政府の怠慢・無責任さを自ら認め、いうところの「核抜き・本土並み」があくまで希望的観測にすぎないことを暗に肯定する形となった。

それだけに公明党の沖縄基地総点検が、日本側にとって、米国との返還交渉に少なからず貢献することになったのは確かである。

●国是の「非核三原則」を実現

沖縄返還に当たっての最大焦点は〝核抜き、基地の縮小・撤去〟であった。これについて沖縄返還協定が審議された71（昭和46）年11月の衆院本会議において、公明党は不備欠陥の多い同協定には反対したが、公明党提案をもとにした「非核兵器ならびに沖縄米軍基地縮小に関する決議」の成立を勝ち取った。佐藤首相も「これを厳粛に遵守する」と言明。ここに、〝核兵器を持たず、作らず、持ち込ませず〟の「非核三原則」を日本の国是とすることとなり、沖縄を含め日本の全土にそのワクがはめられることになった。

この「沖縄国会」では自民党が返還協定を衆院特別委員会で単独強行採決。野党側は一致してこれに厳重抗議し、国会は１週間にわたり紛糾、空転した。さらに自民党が衆院本会議でも単独強行採決をめざす中で、公明党は事態収拾に努め、返還協定のうちの最大の問題点である核兵器の撤去、再持ち込みの拒否、ならびに沖縄米軍基地の縮小についての国会決議を提唱した。

もし全野党が社共両党のとった本会議欠席戦術のままであったならば、原案通り返還協定のみ素通りする結果となったが、公明党は社共両党が欠席する中、衆院本会議に出席して返還協定に反対を貫きつつ、捨て身の交渉で自民党に最大譲歩させ、返還協定の付帯決議として非核三原則を盛り込んだ決議を実現させたのだ。

この「国是としての非核三原則」実現は公明党史に輝く成果である。そもそも非核三原則という言葉自体、国会議事録に最初に載ったのも、67年12月の衆議院本会議での公明党の代表質問においてだ。米国からの小笠原返還に当たり、「小笠原の返還に当たって、（核燃料、核廃棄物を）製造せず、装備せず、持ち込まずの非核三原則を明確にし得るか否か」と糺《ただ》し、その履行を強く迫ったのだった。

● 〝現場発〟の政治手法、公明が開拓・導入

公明党の総点検運動――沖縄も含めた在日米軍基地をはじめとして、それ以降、「税制」「公害」「海洋汚濁」「物価」「民間木造賃貸アパート」「通学路」「学校給食」……と続き、近年（２００９年）でも「介護」「若者の雇用」などが行われた。

そのような全国一本の調査とは別に、都道府県または市区町村単位で「学校図書」「離島の生活」「中小企業」「公園」「障害者福祉」「父子家庭」「独居老人」「交通渋滞」「街路樹」「行政の無駄」「避難場所・避難経路」「防災体制」等々、あらゆる分野で地域に即した総点検運動がきめ細かく公明党の手で無数に実施されている。文字通り公明党の良き伝統として定着している。

こうした各種総点検に象徴される徹底した実態調査活動、現場主義は、官僚の「机上」のプランや、従来の野党に顕著だった「イデオロギー」「観念」発とは違う、政治を事実に即した現実的、具体的なものへと大きく変えることになった。

中央・地方の政治に〝現場発〟という手法を公明党が開拓・導入した意義は大きなものがある。

公害撲滅の先頭に立つ
―イ病を国会で取り上げ、「公害病」の認定迫り患者救済図る

日本の高度経済成長期は、１９５５年から65年まで（昭和30年代）の前期と、66年から73年秋の石油ショックまで（昭和40年代）の後期へとまたがる、約19年間を指す。中でも公明党の結党当初に当たる昭和40年代はその本格的な時代であった。

高度成長の「光」とされる部分は、68（昭和43）年に国民総生産（ＧＮＰ）が西独を抜いて米国に次ぎ世界第2位に達した。国民生活も三種の神器（テレビ、洗濯機、冷蔵庫）が急速に普及し、さらに3Ｃ（カラーテレビ、クーラー、マイカー）へと耐久消費財が充実するなど豊かになった。その一方で、「陰」の部分としては、自民党政権の産業優先、経済成長一辺倒の施策下での超スピードの工業化・都市化による環境破壊が深刻化。水俣病やイタイイタイ病、四日市ぜんそく、といった公害病や光化学スモッグを発生させ、大気汚染や水質汚濁、土壌汚染の産業公害が各地で告発され、わが国は〝公害列島〟と化すほど後々まで深い傷痕を残すことになった。

公明党はこの高度成長の「陰」「歪《ひず》み」に正面から向き合い、取り組むことになった。中でも特筆されるのはイタイイタイ病への取り組みだ。

イタイイタイ病は大正以来、富山県の神通川流域で多発した病気だ。骨が脆《もろ》くなり、身長は脊椎《せきつい》の圧迫骨折のため10センチから30センチも短縮する。悪化すれば、せきをしただけで骨折し、全身各部に激痛を訴えて夜も眠れず、命名通り「痛い、痛い」と叫びながら死に至る病気だ。〝風土病〟あるいは〝奇病〟といわれるなど偏見も強く、「痛い、痛い」と布団の中で嘆くしかない患者は、社会の片隅に置き去りにされていた。

その原因が神通川上流にある三井金属神岡鉱業所から排出された廃水からの鉱毒によるものだ、と地元の開業医・萩野昇医師が告発したのは57（昭和32）年。だがそれ以後、なぜかこの悲惨な病気の原因を究明し、患者の救済に手を貸そうとする者がいなかった。イタイイタイ病の原因が鉱毒によることは、地元民には暗黙のうちに分かっていた。が神岡鉱業所に鉱毒を流さないように何度訴えても取り合ってくれず、県に訴えてもラチがあかなかった。大企業に弱い政府当局や地元関係議員が、患者の悲惨な状況を横目で見ながら黙視してきたのだ。

●現地に何度も足。〝悲惨さ〟初めて国会に

そうした中、66（昭和41）年10月、参院公明党の鈴木一弘が渡良瀬川の現地調査を行い、「足尾銅山と農民の九十年戦争」といわれる渡良瀬川・鉱毒問題を国会で取り上げ、政府に対策を迫ったことが一つの転機となった。当時公明党は公害絶滅へ全国各地に調査団を派遣し、被害者の立場に立った追及を国会で展開していた。そのうちの一つである渡良瀬川の問題を、新聞紙上でたまたま知った岡山大学の小林純教授が「鉱毒問題でもっと悲惨なのが富山県にある」と公明党に電話で知らせてきた。小林教授も63年以来、イタイイタイ病は鉱毒が原因であると各種学会などで主張し続け、萩野医師と一緒に調査も行ってきた。だが萩野医師と同様に、鉱毒説を否定する企業側からの圧力や無責任な脅迫電話、無理解な政府から白眼視され、前進できない厚い壁に突き当たったままだった。

公明党は小林教授からの電話に「訪問する」と即答。早速、ドクター（歯学博士）でもある参院公明党の矢追秀彦らが岡山へ飛んだ。水質分析で世界的権威者といわれる小林教授は「原因は神岡鉱業所が排出していたカドミウムです」と断言。矢追はさらにこの病気と23年間にわたって取り組んできた萩野医師にも会い、イタイイタイ病の悲惨な実態をつかんだ。萩野医師がスライドで患者の悲痛な症状を説明すると、矢追の目に涙が光り、「こ

んな悲惨なことがあるか！　これは公害だ。これを追及するのが私たち政治家の責任だ」と心に決めた。

67年５月26日の参院産業公害及び交通対策特別委員会で、矢追が「こんなことが許されてたまるか！」と国会で初めてイタイイタイ病問題を取り上げ、小林、萩野両氏の主張するカドミウム原因説をもとに、政府に対し「公害病認定」を迫り、速やかに患者救済の措置をとるように強く訴えた。が政府は「原因が分からない」の一点張りだった。しかし矢追らは一歩も退かなかった。公明党は党内に矢追を委員長とする「イタイイタイ病対策特別委員会」を設置、全党挙げて取り組んだ。現地に何度も足を運び、患者の話を一人ひとり聞いて回った。

公明党の質問者の陣列に衆院で岡本富夫、参院では原田立も加わり、衆参両院の委員会で毎回のようにイタイイタイ病問題を取り上げた。その懸命な姿に、地元の人々も次第に心を動かされていった。「おい、公明党の調査団を見たか？」「ああ、おれが見たときは、神通川の水を飲んでたぞ」――。年末の12月６日には、小松みよら患者代表の３人の婦人が公明党の仲介で上京。霞が関の厚生省（現厚生労働省）で、矢追と一緒に園田厚相に救済対策を直訴するまでになっていた【前頁に写真】。

この結果、厚生省は68年5月8日、委託研究班（班長＝重松逸造・国立公衆衛生院疫学部長）の「（原因は）鉱業所の諸施設からの排出が主体」との最終結論をもとに、ついにイタイイタイ病を公害病と認定したのだった。

「厚生省が『イタイイタイ病は公害』と断定しました」――新聞、テレビがトップニュースで伝えた一報は全国を駆けめぐった。富山県婦中町（現富山市）の萩野病院。待合室のテレビ前には、イタイイタイ病の患者らが集まっていた。ニュースが放送された瞬間、「わあっ！」と歓声がわいた。「今、ようやく光が差してきた感じですちゃ」。患者の中心的存在だった小松みよは、そう言って安堵《あんど》の表情を浮かべた。「ここまでこられたのも、公明党が国会で取り上げてくれたおかげですちゃ」。この公害病認定「第一号」のイタイイタイ病に続き、同年9月には熊本県水俣市の「水俣病」と新潟県の「阿賀野川水銀中毒」も公害病認定された。

公明党の取り組みに勇気づけられたイタイイタイ病患者は、68年3月に訴訟に踏み切った。国民的な支援もあって公害裁判としては3年3カ月という短期間で71年6月に第一審判決が出され、原告の患者側全面勝訴となった。72年8月の名古屋高裁・控訴審判決でも原告側完全勝利の判決となり、これが全国各地の公害裁判で住民勝訴の道を開く結果となった。さらに75年には世界保健機関（ＷＨＯ）も「イタイイタイ病の原因はカドミウムである」との統一見解を出し、全世界に発表した。

当時の関係者は、後に公明新聞の取材にこう述懐している（２０１０年6月10日付）。

裁判を闘った高木良信・イタイイタイ病対策協議会副会長「私たち患者、遺族らは68年3月、原因企業の提訴に踏み切りました。それは『その企業は１００人を超える国会議員に影響力を持っている』とウワサされる中、裁判に負ければ、土地を追われることも覚悟しての決断でした。そんな私たちの取り組みに対し、公明党の故・矢追議員の国会質問がきっかけとなり、全国的な支援が広がり、提訴2カ月後の5月8日に『公害病』と認定されました。強大な企業との裁判闘争のさなか、国が認定したという事実が一番の力になり、全面勝訴への大きな後押しになりました」

厚生省委託研究班の班長だった重松逸造・放射線影響研究所名誉顧問「より早く運動が広がっていた水俣病などよりも先に、イタイイタイ病が『公害病』に認定されたのは、公明党の尽力にほかなりません。現地に入って原因究明に当たる中、私自身も公明党議員が現場に深く入り込んで調査活動を行っていたことをよく耳にしました。私たち研究班は当時、そのことを心強く思っていたことを今も覚えています」

この頃、環境問題の著作をまとめるため全国各地を自分でも歩いた作家の有吉佐和子はイタイイタイ病に触れ、「この問題を国会で取り上げ政府の無為無策をきびしく追及したのは（昭和四十二年五月）公明党だった」とし、「公害に最も大きい関心を寄せ、熱心に勉強し、実績をあげている政党は、どの革新政党よりも公明党だと、住民運動をしている人たちは口を揃えて言う」と、ベストセラーとなったその著（『複合汚染』下）に記した。

政党で初の全国「公害総点検」
―海洋汚濁調査で国会議員自らヘドロの海に潜る

有吉佐和子がそのように紹介したように、公明党はイタイイタイ病に限らず、党結成に至る以前の時代から公害問題には真剣に取り組んできた。

公明党として、さらに全国的な実態把握のため、１９６９（昭和44）年1月の第7回党大会で「公害総点検」の実施を決めた。準備、検討を進めて同年7月15日から着手。全国を７５０調査区に分け、対象総数を3万世帯

とし、10月1日から党の地方議員約1500人が参加して一斉に調査に当たった。調査する公害の種類は大気汚染、水質汚濁、騒音・振動、地盤沈下、悪臭などとし、公害の現状と被害の実態に関する住民の意識調査を行った。同月末に回収し、その後分析・分類して、翌70年4月18日に調査結果「公害総点検第一次（国民生活の中に意識される公害）」を発表した。これにより全国初の〝日本列島公害地図〟が作成され、後の各種の公害規制実施に役立った。

関係者の間で大きな反響を呼んだこの公害総点検に対し、専門家や有識者は高く評価した（いずれも「公明新聞」70年4月23日付）。

「政党では公明党だけがこうした全国的規模にわたる調査を行ったわけで、資料という点から見ても、極めて役立つものである。……地域社会の意識の向上に強い影響を与えるものだ」（後藤達夫・岩手大教授）、「公害総点検は多くの人を動員して、多角的というよりも立体的に調べ上げたもので、この調査報告を作った人の労苦は大変なものだったと思う。今まで、こういう良心的調査がなされていなかったのだから、この公害総点検の第一次報告はじつに立派な仕事だと思う」（作家の新田次郎）等々。

公明党は、公害問題を70年代内政上の最大課題として、より本格的に取り組むため、70年5月に「公害対策本部」（本部長・小平芳平）を設置。資料収集、分析研究、実態調査、地域住民との連携――を中心に総合的な公害防止対策を進めることとなった。この対策本部の下、調査団が全国各地に頻繁に派遣された。

その実態調査の一環として、海洋汚染調査も行われた。70年8月17日の東京湾汚染の調査を皮切りに、9月5日には大阪湾、10日に伊勢湾、12日に瀬戸内海、14日には洞海湾で実施された。これには委員長、書記長をはじめ地元選出の国、都府県、市区町村議員が参加。学者など専門家も加わった。東京湾の調査では、参加した議員235人が3班に分かれ、湾内50カ所でヘドロ、海水採取、海底調査、工場排水、汚泥を採取し、水中カメラで海底状況や魚介類の生息を調べ、PH測定も行った。大阪湾では湾内の工場排水口をしらみ潰しに調べた。

公明党ならではの調査として、東京湾でも、大阪湾でも専門家にまじって国会議員が悪臭・異臭を放つ海中に自ら潜り、肌身で汚染の深刻さの把握に努めた。東京湾第6台場内側でアクアラングを身につけて潜った衆院議員の中川嘉美は船上に戻って「普通の海の感触ではない。何ともいいようのない、気持ちの悪いものだった。悪臭が鼻を突き、思い出すと、食事もノドを通らないほどの気持ちの悪さだった」と表情をこわばらせた。大阪湾の調査では、潜水服に身を包んだ参院議員の矢追秀彦が木津川運河河口付近に潜り、「真っ黒で一寸先も見えない」とインターホンを通して海底の様子を知らせてきた【写真】。採取された海水、ヘドロなどは各地の公衆衛生研究所や大学の専門家に分析を依頼した。

●身を挺《てい》し摘発の〝隅田川し尿不法投棄〟

公明党の海水・河川汚染調査は上辺の水面・外側から挑める通り一遍、おざなりなものではない。議員自ら海中に潜るなど身を挺してのものだ。そのスタイルは以前からの伝統的なもので、中でも都議会公明党（当時は公明会）が摘発・追及した隅田川し尿不法投棄による汚染問題は、後々の語り草となった。この件は、隅田川上流にある都江北清掃作業所で、都の清掃車が集めてきた大量のし尿の一部を、なんの消毒もせずに、不法投棄していたのだ。都議会公明党が63（昭和38）年6月定例本会議で、この驚くべき事実を暴露し糾弾した。

江北清掃所は、都内の足立、荒川、北3区から集められた1日約1万4000石（1石は約180リットル）に上るし尿を貯留し、これを海洋投棄するための運搬船に積載するところだ。だが、し尿を貯留タンクから運搬船に移す際、一部の悪徳業者が、ひそかに船底にある放流口を開けるため、生のまま、し尿が隅田川に投棄されていた。1回の不法投棄量が500石から700石。これは町中を走る小型バキューム車40～50台分に匹敵する。こんな大量のし尿を少なくとも週2、3回にわたって投棄していたのだ。

このため、清掃所付近の川底には1メートル近くもの大便の沈殿槽ができていたといわれ、その一部が時折、水面に浮き上がり、悪臭を放ちながら下流に流れていくこともしばしば目撃された。川岸にウジ虫が数百メートルにわたりベッタリ張りつき、土管を伝わって家々の台所にも入ってきた。そんな現象は7、8年前からで、「夜中、突然臭くなる」「雨が降ったときは、特にひどい」などの声があり、周辺の住民は異様な臭気にさいなまれてきた。町内会で署名運動も行い、当局にもかけあった。しかし都や区の係員は現場に足を運ぶものの、土手の上からただ川を眺めるだけで本腰入れて調査もせず、ずっと放置されたままだった。そのうち隅田川沿いの小中学校の児童・生徒が他地域の子どもに比べ胸部疾患が多いという事実が分かった。その原因も隅田川から発生する多量のガスにあることが明らかになった。

当時は隅田川自体、戦後の工場誘致などで多量の廃液が流れ、あまりに汚れきっていたため、し尿投棄も水面自体が汚いため目立たなかったのだ。それに投棄するとき、屈強の船頭数人が見張りに立ち、他の船団が問題の船を取り囲んで、付近の住民の目を誤魔化していたのだ。

地元の公明区議から聞いた都議会公明党は都・区一体で、住民の声を丹念に聞き、現場を子細に実地検証。対岸の日産化学工場のクレーン監視所から見ると、実際のし尿の放出状況がはっきりとつかめた。不法投棄の疑惑は確定的だった。自らの〝目〟と〝足〟で調べ、証拠写真までそろえて都当局を追及した。しかし本会議後の委員会でも都側はぬらりくらりの答弁。裏で清掃局を通じ事実の隠蔽《いんぺい》を図る動きまで表れ始めた。

そこで公明党は委員会として現地調査を行うべしと主張。それが通り、現場に委員会一行が到着。各党の議員は鼻につく臭気に耐えきれなくなり、岸壁の上に立ったまま動こうとしなかった。しかし公明党議員はカギを握る清掃船に乗り込んだ。清掃所職員の説明が要領を得ず、業を煮やした公明党の星野義雄、大川清幸の両都議と同行した足立区議の３人がメタンガスの充満する船底に入り込んだ。し尿を全く抜いて、きれいに洗ったとはいえ、船底は気の遠くなるような臭気が立ち込めていた。不法投棄の事実を裏付ける材料を見つけるべく、狭い船倉を見渡した。「これはなんだ?」星野が口を開き、放流口を指さした。放流口は6、7年前に閉鎖したという清掃所側の説明にもかかわらず、その放流口を閉ざしたクギは真っ白に光るクギだった。「追及を恐れて最近になって閉鎖したに違いない」。公明党議員の意見で、このクギは〝証拠品〟として押収された。「公明党議員、し尿船の船倉に潜る!」というこの日のニュースは、都民をアッといわせ、驚かせた。

この件はその後、「事実不法投棄をやっている」との某船頭の爆弾証言が出され、とどめを刺された。そして清掃所周辺の総川ざらい、河川消毒などが行われ、都政史上まれにみる悪質な不正行為といわれた、し尿不法投棄事件は、ここに終止符を打ったのだ。

◇

公明党は、個々の公害防止対策はもとより、より広く自然環境・生活環境・地球環境保全の立場に立って、その後85（昭和60）年1月に「ジャパン・グリーン会議」（初代議長・鈴木一弘）を設置。現地調査活動やシンポジウム開催等を通じ、河川・湖沼の汚濁防止、大気汚染対策、地下水汚染対策、酸性雨対策やブナ林保全、あるいはごみ処理とリサイクル推進、自動車の排ガス規制、食品添加物・農薬規制など住民生活や人間の命を守る運動の先頭に立ち、新たな挑戦を続けた。

第5章　政党で初の「福祉社会トータルプラン」発表

―児童手当実現に党挙げて取り組む

「福祉の党」は公明党の金看板。結党以来、「大衆福祉の公明党」をスローガンに掲げ、福祉の実現こそ政治の目的として取り組んできた。特に社会的に弱い立場の人に〝政治の光〟を当てることを心掛けるなど、これまでに積み上げてきた福祉に関する実績は他党の追随を許さない。

結党当初でも、教科書の無償配布、スモンやパーキンソン病等の難病対策、老人医療費の公費負担化、出産手当制度や母子寮改築など母子福祉増進、身障者福祉の充実……など多々あるが、中でも特筆されるのは児童手当の実施である。「児童手当といえば公明党」といわれるぐらい、制度の実現を先頭に立ってこぎつけた〝生みの親〟であり、実施後もその充実・拡充に一貫して努力してきた。

公明党が、児童手当の実現に本格的に取り組み始めたのは、1963（昭和38）年10月の公明政治連盟（公政連）第3回全国大会で、児童福祉政策の柱として「児童手当制度の新設」を掲げてからだ。次代を担う子どもは〝社会の宝〟として、児童の健全育成をめざし義務教育終了前までの全ての児童に支給する、とした。以来、同制度の実施へ向け、国会、地方議会での取り組みはもちろん、街頭での大々的な署名運動や請願運動を先導して世論を盛り上げるなど、一大国民運動を展開し、推進してきた。

●相次ぐ実施要請に馬耳東風の政府

児童手当制度については、47（昭和22）年に当時の社会保険制度調査会が厚相に出した答申の中で「児童手当金は、義務教育終了年齢以下の子女に支給する」と謳ったのが国政上では最初だ。その後、合計特殊出生率が第一次ベビーブーム期（47～49年）の4・32から急激に低下。50年代半ばからはほぼ2・1で横ばいとなり、60年代に入り年少人口の減少と将来の労働力不足が懸念されるようになった事情からも、社会保障制度審議会、中央児童福祉審議会、雇用審議会、人口問題審議会、経済審議会などが相次いで児童手当制度の実施を要請。既に61年に国民皆保険・国民皆年金が達成されて、わが国社会保障制度の中で、未だ実現されていない唯一の制度が児童手当だった。それに当時既に英・西独・仏など世界の約60カ国で実施されていたのである。

●他党に先駆け党独自法案を国会提出

しかし、「財界、大蔵省および自民党議員の大半が児童手当創設に反対であったため、制度化はたびたび見送られた」（濱賀祐子、藤本一美編「民主党政権論」所収論文）と指摘された通り、政府は実施を求める相次ぐ答申にも馬耳東風を決め込み、無視し続けていた。

そこで公明党は衆参両院の本会議や委員会で繰り返し訴えるなど、早期実施をめざし全力を挙げてきた。国会での取り組みを辿ると、66（昭和41）年5月10日の参院内閣委員会での多田省吾の質問に対し、鈴木厚相が「（昭和）43年度実施をメドに準備を急いでいる」と答弁。翌67年5月18日の参院予算委員会で、小平芳平が坊厚相から「（昭和）43年度をメドとして実現をしてまいりたい」との言質もとった。だがその約束は、大蔵省の反対で実現には至らなかった。

このため公明党は早期実施を促すため、68年5月20日に他党に先駆け、党独自の「児童手当法案」を国会に提出。同法案は4章39条からなり、その要旨は、①国が児童手当を支給することにより児童の福祉増進を図る②児童手当は月額3000円で、義務教育終了までの全児童に支給する③費用は全額を国が負担――というもの。だが同法案は陽の目を見ず、審議未了・廃案となった。

●「公明党が大変熱心」と佐藤首相答弁

参院選後の68年7月18日、鈴木一弘らは園田厚相、水田蔵相、木村官房長官らを訪れ、「(昭和44) 年度内実施のための予算を確保せよ」との党の要望書を手渡した。9月17日の参院社会労働委員会で上林繁次郎が実施を迫ったことに対し、園田厚相が「児童手当の制度の確立だけは必ずやりたい」と答弁。10月16日に伏木和雄と小平芳平が園田厚相に対し、「政府は公約を果たせ」と申し入れた。

しかし11月6日の衆院大蔵委員会で、水田蔵相が「この制度には賛成していない」と答弁。このため12月6日に行われた佐藤首相との党首会談で公明党側は真っ先に児童手当制度の実現を取り上げ、昭和44年度からの実施を強く要望。これに対し佐藤首相は「積極的かつ前向きの姿勢をもって努力する」と約束。さらに12月12日の衆院本会議での公明党の質問に対し、佐藤首相は「公明党が児童手当について大変熱心でありまして、私もかねてから、公明党の熱意にほだされております」と答弁した。

●度重なる政府約束、何度もホゴに

年が明けた69年2月10日の衆院予算委員会で、伏木和雄の質問に対し、斎藤厚相が「昭和45年度から実施したい」「公明党が、この制度を熱心に推進してくれたことを感謝する」と答弁。2月25日の参院社会労働委員会での上林繁次郎、3月1日の参院予算委員会での多田省吾の質問に対し、斎藤厚相は「昭和45年度から実施するため、その準備を進めている」と確約。また4月3日の参院大蔵委員会での鈴木一弘の質問に対し、福田蔵相が「政府としても最終的な詰めの段階にきている」と答え、財政当局としても前向き姿勢を見せた。

そうした情勢を踏まえ、公明党は3月10日に前年に提出した法案を一部手直しした「児童手当法案」を国会に再提出した。浅井美幸、伏木和雄らが8月30日、政府に早期実現を申し入れたのに対し、斎藤厚相は「児童手当審議会の答申は10月までにまとまると思うので、昭和45年度には必ず実施したい」と確約。その後同審議会が「第3子以降に支給」とする方針でほぼまとまったと伝えられたことに対し、国会対策委員長の渡部一郎らは10月1日、保利官房長官に会い、「第1子からの支給を」と申し入れた。

しかし、政府が度重なる約束をしたにもかかわらず、結局裏切られて、「昭和45年度からの実施」は見送られてしまった。

このため公明党は、70年の第63特別国会において衆参の本会議、予算委員会、社会労働委員会などで公約違反の政府の責任を徹底追及。改めて早期実施を強く迫った。これに対し政府は、「昭和45年度実施を見送ったのは、昨年の予算編成前に児童手当審議会の答申が間に合わなかったためだ」と言い逃れをし、「今年8月いっぱいまでに答申を得て昭和46年度の概算要求に組み込み、立法化も考える」と約束し直した。

公明党は政府の約束実行を迫る意味も込め70年5月9日、3度目の提案となる党独自の「児童手当法案」を国会に提出した。また前年69年1月の第7回党大会での「児童手当法実施決議」に続き、70年6月に開催された第8回党大会でも「児童手当実施に関する決議」を再度採択し、「昭和46年度当初から制度化し実施させる」ことを誓い合った。

●自治体独自の制度実施を全国で推進

一方、国の制度実施がずるずる遅れている間に、〝待ちきれない〟として地方議会公明党が自治体独自の児童手当を実施させるべく活発な活動を展開。口火を切ったのは千葉県市川市と新潟県三条市。市川市は67（昭和

42）年12月に公明議員が初めて提案。その結果、市川市、また三条市も68年4月から実施に踏み切り、18歳未満の第4子から月額1000円が支給された。
この両市で実現したことにより、「市川、三条に続け！」とばかりに一挙に全国の地方議会公明党に運動が広がった。

各議会で強力に提案・推進した結果、69年4月から新たに72自治体が実施。70年4月からは245自治体が実施へと飛躍的に拡大した。このうち東京都は69年12月から実施に踏み切った。都の制度は義務教育前の第3子から月額3000円支給するとされ、初支給は70年3月からだった。都議会公明党が68年12月の都議会本会議で提案して以来、繰り返し主張し実現にこぎつけた。国会で児童手当法が成立して国による実施が決まった71年5月時点では、既に実施自治体は350超に達していた。

また公明議員が音頭を取り、全国の自治体で採択された政府宛ての意見書や、住民による署名運動・請願活動も活発化。こうした地方からの大きな盛り上がりに押され、消極的だった政府も実施に踏み切らざるを得なくなったといえる。

千葉・市川市での児童手当の支給風景＝1969年3月末

●「公明党なければ、発足もっと遅れた」

政府はともかく72（昭和47）年1月から児童手当制度を発足させるための予算を昭和46年度予算政府案に盛り込み、2月16日に「児童手当法案」を決め、国会に提出。その内容は、「18歳未満の3人以上の児童を養育している者に対し、義務教育終了前の第3子以降の児童に、1人月額3000円を支給する。ただし年収200万円以上の者には支給しない」ことを基本とし、実施に当たっては、段階的な措置として、①72年1月から73年3月までは支給の対象となる児童の範囲を5歳未満とする②73年4月から74年3月までは同じく10歳未満③74年4月から法律通り義務教育終了前から——とするものだった。

これに対し公明党は、政府提出の児童手当法案に対し、衆参両院の本会議で「内容は国民の要望と大きくかけ離れたものである」として制度の改善を強く望んだ。

この児童手当法案は5月14日の衆院本会議で、公明、自民、社会、民社4党提出の付帯決議「早い機会に支給対象を拡大し、所得制限を緩和すべきである」を付けて全会一致の賛成で参院に送られ、5月21日の参院本会議で可決・成立した。

「この児童手当も、公明党の登場がなければ実現への道は、まだまだ遠かったに違いない」（石原石根「公明党の政治　国会記者の眼」）と評されるが、ようやく児童手当が実現したことに対し、党社会労働委員長の小平芳平は談話を発表。「制度の発足は、長年の国民の強い要望と粘り強い運動の成果であり、国民の権利を象徴するものとして誠に喜ばしい」としつつも、「しかしその内容は国民の期待するところからほど遠く、所得制限の導入や、段階的実施および第3子以降支給など、先進諸国の水準以下であり、わが党の主張からも大きく後退する極めて貧弱なものだ」「今回の法制定を第一歩として、わが党が従来から主張している通り義務教育終了前の全児童に月額3000円の児童手当を支給する制度の実現を図るため、今後さらに内容改善に努めていく」と訴えた。

児童手当制度はその後、74年に義務教育終了前の第3子に月額4000円、75年に同5000円、86年に2歳未満の第2子にも2500円支給……と改善されていった。しかしその間、政府・自民党内から縮小・廃止論も度々出された。その都度、公明党は論陣を張り、かつ支給額増額と「義務教育終了前の全児童を対象」とするよう主張し続けてきた。この児童手当制度が本格的に充実・改善されるのは公明党の自民党との連立参加以降だ。

●既成政党、当初は「福祉は政治でない」

ところで、公明党が「福祉」の旗を掲げた結党当時、既成の政党・政治家は陰口をたたいたり、あざけり笑った。「福祉なんて政治ではない」「シロウトはこれだから困る」「政治は慈善事業ではない」等々と。当時の政治状況は「右」と「左」による「対決の政治」が幅をきかせており、東西冷戦とか、日米安保条約や自衛隊をめぐる安保・防衛論議が政治であるといった考え方が支配的だった。教科書の無償配布とか児童手当といった福祉政策は、既成政党からすれば「卑俗なテーマ」としか映らなかったのだろう。

それに、高度成長路線をひた走っていた政府・自民党は産業優先・大企業擁護の立場に立ち、福祉については「慈善」「救貧」的な従来的発想から抜け出せず、経済政策や政治目的のごく一部に矮小《わいしょう》化された福祉観しか持っていなかった。

●左翼政党も福祉に冷淡だった

一方の左翼政党は、資本主義打倒・社会主義革命実現を最優先する立場から、「福祉は資本主義体制の延命を図るもの」「労働者階級を革命の道から反らすための独占資本の戦術で、彼らに手を貸すもの」といった奇妙な考えが根強くあり、福祉には冷淡で不熱心だった。

〝人民の味方〟を標榜していたものの、そこには政治学者の丸山眞男が「基底体制還元主義」と表現した思考傾向があった。つまり、世の中の不幸や社会の矛盾は全て現体制（資本主義体制）に起因する。だから問題解決には速やかに現体制を打倒し社会主義体制に取り替えるしかない。体制を変えれば何事も解決する。変えなければ解決しない、といった単純に体制論に還元する図式だ。

この立場に立つと、目の前の人々の苦しみやインフレ・公害といった社会問題についても、その是正・解決に向けての努力は現体制の綻《ほころ》びを繕《つくろ》い補完し、現体制の存続に手を貸す「反革命」につながるとの歪《いびつ》な考えに陥る。否それどころか、社会混乱や危機は革命にとってむしろチャンス到来と、内心では逆に〝歓迎〟するという倒錯した発想にすら陥ってしまう。社会主義勢力に強くあった「恐慌待望論」などはその最たるものだ。また目の前の現実の是正・改革に取り組む実践を「改良主義」「修正主義」と罵倒《ばとう》し、批判・攻撃してきたことも事実である。

●公明、「福祉の実現こそ政治の目的」と

これに対し、公明党は、政治の使命、目的そのものを「福祉」に据え、「福祉こそ政治」という考えに立っている。その立場から既成政党の福祉観そのものの転換を迫る闘いを展開した。それを象徴するのが、日本の政党史上初めて政策遂行の財源的裏付けを具体的に示した、実現可能な総合政策体系として、76（昭和51）年10月に発表した「国民福祉中期計画――生きがいとバイタリティーのある福祉社会トータルプラン」（昭和51年度から5カ年計画、別称・福祉二倍化計画）である【次頁に写真】。

「福祉社会トータルプラン」の内容は、これまでの古い野党にありがちな、〝あれもやります、これもやります〟

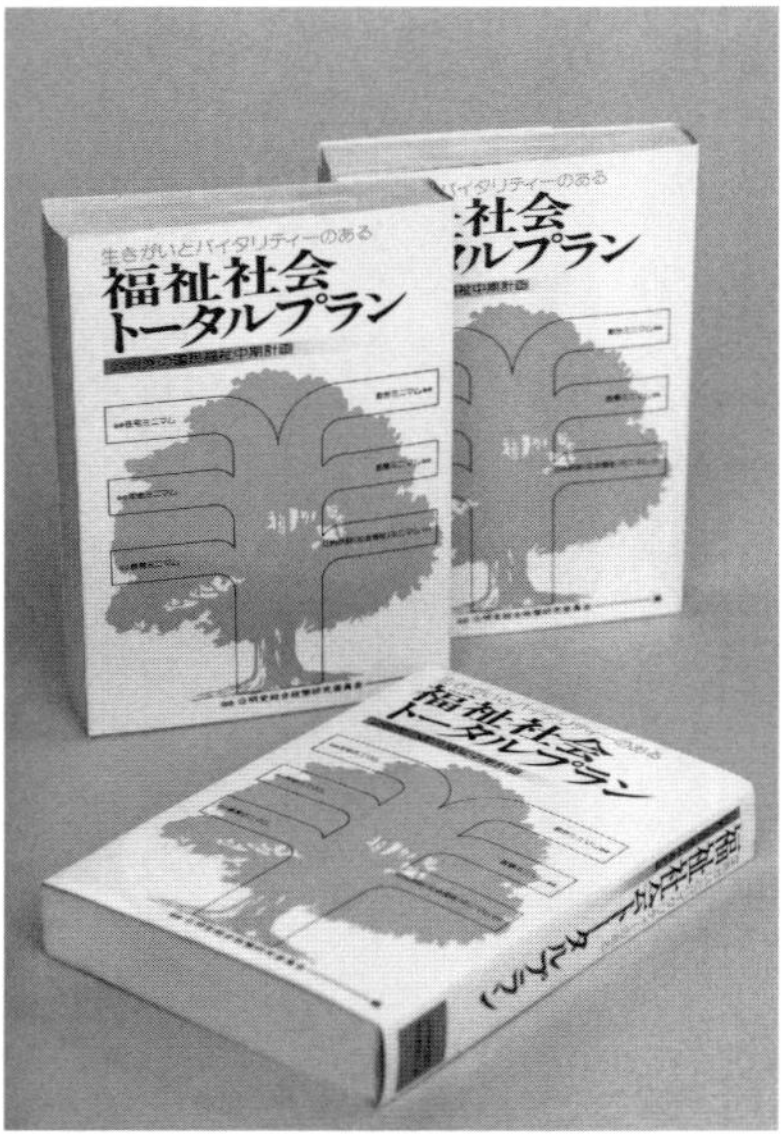

式のバラ色の政策スローガンの羅列ではない。正確な経済予測を前提として、政策実行の経済的整合性を配慮して、「いつ政権を担当することになっても対応できるプランを提示」したものである。この計画が発表されるや公明党の「政権担当能力」を示したものとして学者、マスコミなど各界から高い評価が寄せられた。

●公明プラン「政権担当能力証明」と評価

例えば、「批判に耐えうる現実的一貫性を持っているという点で、戦後の野党が発表した政策プランの中では最善のもの」（村上泰亮・東大教授）、「きわめて整合性に富んだ画期的なもの」（畠山武・朝日新聞編集委員）、「公明党はこれによって、その政権担当能力を証明した」（井出文雄・横浜国立大名誉教授）、「中期計画を通読して最初に思ったことは大変な作業をされたことに対する驚きに近い印象」（内山秀夫・慶大教授）、「具体的政策システムのトータル・プランとして国民に問われたことを高く評価したい。福祉行政の現場を預かる者の一人として、この計画を真剣に学ばせていただく」（長洲一二・神奈川県知事）（いずれも「公明新聞」76年10月26日付）等々である。

このトータルプランは、①国民福祉最低水準（ナショナル・ミニマム——住宅・年金・教育・勤労・医療・公的扶助の六つのナショナル・ミニマム）②国民諸階層の福祉向上③国土ナショナル・ミニマム④計画実現のための経済政策・制度のあるべき姿——の4本柱から構成されている。

●国民福祉最低水準を具体的に明示

この計画を提示した狙いはどこにあるか。第一に、国民生活に充満している数多くの要求、各種の生活不安を整理、検討し、これらの解決を「国民的目標」として明示したことである。つまり、憲法第25条で保障されている「すべて国民は、健康で文化的な最低限度の生活を営む権利を有する」を現実生活の中で具体化していくことを最重要な政治課題に据えたことである。第二には、計画の実行によって、わが国を真の福祉社会へと第一歩を踏み出させようとしていることである。すなわち、国のすべての経済、行政、社会のシステム（構造）が経済優先の型につくられてきたのを、計画を実施していく中で漸進的に国民生活優先型へと、つくりかえていくことにある。

「福祉社会トータルプラン」は、政府の失政によるその後の経済情勢の悪化に対応するために、78年11月に続編として「改訂　福祉社会トータルプラン」も追加発表されている。

第6章 〝開かれた国民政党〟路線

―批判吹き荒れた言論問題

公明党は結党当初、否、前身の公明政治連盟時代を含め、各級選挙で躍進に次ぐ躍進の快進撃を続けた。特に結党後、衆院初進出となる1967（昭和42）年1月総選挙でいきなり25議席を獲得。翌68年7月の参院選でも地方区は東京、大阪に続き、愛知、兵庫で初議席を獲得。全国区は前回3年前と同じ9人当選で計13議席獲得。非改選（11）と合わせ24議席となり、参院第3党の地位を不動のものにした。この時の全国区の総得票数は前回を約156万票上回って665万6771票（得票率15・45％）に達した。まさに破竹の勢いである。

一方、それは、既成政党・勢力にとっては自陣営の後退を招くため、大きな脅威と受け止められ、反発と嫉妬《しっと》、恨みの念を掻《か》き立てることになるのは必然だったろう。「政界は嫉妬の海」（小泉純一郎・元首相）との言葉通りで、その結果、公明党に対する批判・中傷・妨害・嫌がらせの類は日増しに増大することになった。

例えば、その一つが、根も葉もない「住民移動」の悪質デマだ（52ページ参照）。選挙の度に執拗に繰り返されるその妄説は、いずれも「いつ」「どこで」「誰が」が不明な、根拠のないウワサ、憶測に基づくデッチ上げであることが当初から明白となっている。この住民移動のデマは根が深いものの、多分に散発的、ゲリラ的なのに対し、組織的、集中的ともいうべき公明党攻撃が行われたのが、いわゆる「言論・出版問題」である。「嫉妬は常に正義や良心の仮面をかぶって登場する」（山本夏彦）というが、まさにそのような事態が起きたのである。

事の経緯はこうだ。69（昭和44）年8月末、政治評論家で明大教授でもある藤原弘達の著作「創価学会を斬る」の出版予告が電車内の中吊り広告に掲げられた。この本の実際の出版は、「昭和44年11月10日発行」。8月末当時、世間一般では衆院の〝年末解散必至〟の情勢と目されていた。実際に「沖縄解散」と呼ばれる衆院解散日は12月2日、同選挙の投票日は12月27日であった。

●〝選挙妨害〟意図明白な藤原弘達の著作

このため、同本の出版をめぐって、例えば評論家の大宅壮一は「『創価学会を斬る』という表現を用いていることは、明らかに初めから創価学会への挑戦であり……しかも、奥付の発行日が昭和四十四年十一月十日ということは、衆議院総選挙まであと一ヶ月と十八日、選挙戦における秘密兵器の効果を狙ったと思われてもしかたのない時点で刊行されている。これは重大な問題である」(「現代」70年3月号)と指摘した。大宅壮一が言う「選挙戦における秘密兵器」、つまり公明党攻撃の選挙妨害意図ありと「思われてもしかたのない時点での刊行」であったといえるだろう。

藤原弘達は以前から公明党と創価学会に対し批判・攻撃を盛んに行ってきた。古くは59(昭和34)年の参院選で柏原ヤスが東京地方区で最高点当選した際、テレビで「海のものとも山のものともいえない創価学会の新人を、最高点で当選させるなんていうのは、都民の政治意識の低級さを示すもの、もって恥とすべきであろう」とコキ下ろした。以来、テレビ、ラジオ、新聞、週刊誌、雑誌で公明党と学会に対し「大罪」論などの批判・攻撃を繰り返していた。実際、総選挙直前に出された件《くだん》の本「斬る」の内容も、公明党と学会に対する悪罵の類で溢れている。例えば、「インチキ」「百害あって一利なし」「マキャベリスト集団」「ファシズム」「日本全体を毒するバイキン」といった表現や、人物評についても「小型政治家か、中小企業のやり手経営者か……ないしはヤクザ、グレンタイの親分か」といった体で、「創価学会が危険」「公明党が危険」と叫び、「公明党は解散すべき」と断じている。

「斬る」の本の出版予告後に、藤原弘達と十年来の付き合いがあった公明党の藤原行正都議と創価学会の秋谷栄之助総務が同氏に会い、「今まであまりに事実に基づいてない記述が多すぎた。客観的に正確な評価をして欲しい。選挙の時期を狙った出版ではないのか。選挙妨害の意図があるのではないか。出版時期について考慮できないか」旨の要望をした。藤原弘達はこの時の会話を隠しマイクでテープに録音。この〝隠しテープ〟を言論・出版妨害の証拠物件、秘密兵器と機会あるごとに触れ回った。

しかし後日に「週刊朝日」（70年3月20日号）誌上で公開されたテープの内容は、言論妨害の形跡《けいせき》など全くなく、話し合いは終始友好的に行われ、脅迫的な言辞はひとつもなかった。都議側はきわめて謙虚であったのに対し、藤原弘達の態度の方がむしろ尊大ですらあった。この誌上公開に先立ち、公明党の矢野書記長が70年1月16日の記者会見で、藤原都議に真相を確認した上で述べた「示威的な脅迫的な言辞はなく、友好的な雰囲気の中で話し合われたもので、したがって言論の自由妨害などではなかったと考える」との発言内容を立証した形だった。この隠しテープの一件は、藤原弘達自身の売名行為のために仕掛けたワナであり、世間がその扇動に乗せられた面もあったといえる。

事が「言論・出版問題」として公にされたのは、日本共産党が総選挙の最中に公明党への攻撃材料として持ち出してからだ。12月13日のＮＨＫの選挙特集番組の中で共産党が取り上げ、以後「赤旗」で大キャンペーンを張り、選挙期間中に「赤旗」の号外ビラを全国で全戸配布する周到さだった。選挙のための公明党攻撃材料として利用しまくる党利党略そのものだった。また国民世論向けに、共産党系の文化人・知識人を動員して「懇談会」を組織し、あるいは同党系の言論・印刷・出版などの諸団体を総動員し、それぞれ声明発表やらシンポジウム開催などの宣伝工作も盛んに行った。

そうした中で行われた総選挙。結果は公明党が大躍進し47議席（前回25）獲得。自民党は２８８（２７７）、社会党90（140）、民社党31（30）、共産党14（5）……であった。この選挙結果に影響されてか、年明けの特別国会では、公明党攻撃の急先鋒である共産党の他に、社会、民社の両党も国会で同問題を取り上げた。この年6月23日に条約の固定期限が切れる日米安保自動継続の「是か否か」をめぐる国政上の大問題や重要法案審議もそっちのけにする形で、公明党への批判・攻撃に明け暮れた。

問題がエスカレートしたのは、当時の自民党幹事長・田中角栄の介入が取り沙汰されたからでもある。本が出版される直前の10月、田中が藤原弘達に電話を掛け、また赤坂の料亭に呼び出し、出版差し止めを要請。その際、田中の言葉として「公明党竹入委員長から強い要請があった」などと、藤原が「赤旗」紙上（12月17日付）で表沙汰にした。これに対し、竹入は選挙後の年明け1月5日の記者会見で、田中角栄を通じて出版取りやめを依頼した「事実はない」、出版妨害は「事実無根」と否定した。田中は翌1月6日の記者会見で「これはプライベートなもので、公明党が私に頼んだという問題ではない。（藤原氏の著書について）電車の中に広告はやられるし困ったことだといったつぶやきが聞こえてきた。藤原君とは前から親しい仲なので『ようよう』といっただけで、公明党に頼まれたというものではない。何とかならんかといったわけでもない。少しおせっかいをしただけ」（「朝日」70年1月7日付）と釈明した。

この竹入会見での全否定、そして田中角栄の介入の事実が、結果として国民の間に疑惑を広げ、公明党に対するマスコミ・世論の批判を掻き立てることになったのは否めない。また社会党、民社党が公明党批判の陣列に加わる一契機となったとも思われる。

●〝公明党追い落とし作戦〟の材料に

加えて、先に触れたように、総選挙で惨敗した社会党、また衆院第3党の地位を奪われた民社党は、躍進した公明党に対する反発や強いライバル心を募《つの》らせたことは想像に難くない。当時、中日新聞・東京新聞記者として野党を担当していた足立利昭は後日、この時の経緯を振り返り、こう分析している。「暮れの選挙で、公明党が七六人もの大量立候補で、四七人当選――第三党へ進出という党勢の拡大をみせたことは、直接、社会、民社党への影響が大きかった。とくに社会党は大きく敗退し、民社党も現状維持にとどまったことから『このままでは、野党同士のせり合いが続き、その結果は組織の強固な公明党に食われる』という危機感が両党に高まった……言論問題は〝公明党追い落とし作戦〟をねる両党にとってはまさに絶好の材料だったわけだ」(「新生する公明党」)と。さらに民社党については、同党の有力支持団体である反創価学会の宗教組織・新宗連(新日本宗教団体連合会＝立正佼正会やＰＬ教団など参加)からの強硬な突き上げが背景にあったことも事実だ。

一方、共産党については、例えば文芸評論家の奥野健男が自身の実体験を通し、こう痛烈に皮肉っている。「共産党はよくも恥ずかしくもなく公明党の言論出版圧迫を非難できるものだ。なぜなら今まで共産党は公明党と同じようなことを戦後二十何年繰り返しやってきたのだから。共産党が分派や非共産党左翼に対して陰に陽に言論圧迫、出版、配給の干渉をしてきたのは隠れもない事実である。ぼく自身60年安保の頃の座談会が共産党の圧力により、出版の時、勝手に改変されたり、掲載することに圧力が加えられたにがい経験を持っている。これも党内に真の言論や批判の自由がないからで、その共産党が公明党を非難するのはメクソがハナクソを笑う類である」(「宝石」70年3月号)と。

奥野健男以外にも、共産党による同様の言論・出版妨害の事例、証言は山ほどある。また共産党自身の歴史にも自由の擁護とはおよそ正反対の「査問」などという凄惨《せいさん》な拷問《ごうもん》事件が多々報告されていることは周知の通りである。

評論家で元日本共産党員でもある竹中労は、こう指摘した。「弘達氏の創価学会批判は、一場の〝茶番劇〟だった。七〇年安保自動延長を前にして、社共は出版妨害、プロ野球の黒い霧等々、安保と沖縄を闘わず、顧みて他をいう口実を取得した。いちばんトクをしたのは日本共産党であろう。宿敵公明党をコテンパンに攻撃し、いかにも自由と民主主義の擁護者であるかのような擬態を示して、党勢と機関紙を飛躍的に拡大した。……反共評論家・藤原弘達とでも、党利党略のために手を結んで、ブルジョワ民主主義の擁護を言い立てる。三百代言の論理で、日共はニッポン人民をだまくらかし、百万の党となるその地平に、どのような革命の展望を準備しているか？……自らが政権を握ったとき、言論弾圧、出版規制、ブランキスト竹中労など、まっ先にパージになるのではないか？と、冗談ではなく小生は思う」(「週刊読売」70年7月10日号）と。

竹中労が抱く懸念は単なる杞憂《きゆう》でないことは、日本共産党自身の言動から容易に推察されるのである。同党はマルクス・レーニン主義に基づく社会主義革命をめざす党。同党の説明によれば「社会主義の国家権力は……プロレタリアートの独裁であって、この権力は反革命勢力を抑圧しながら……社会の規律を維持し、社会の成員を一層たかい共産主義的人間に改造してゆく使命をおびる」(日本共産党中央委員会出版部発行「日本共産党100問100答」）とされる。同党はまた「……この独裁権力をテコにして社会主義建設をすすめる」(日本共産党中央委員会出版局発行「共産主義読本」）としているが、とりわけ国民の思想面においては「全人民を社会主義的に改造」(同）して「全人民を組織」(同）するとしている。

あるいは、共産主義のめざす革命について、こうも言っている。「経済的土台から上部構造まで一の一切、すなわち、これまでの国家社会の一切全部――政治、経済の機構、制度のみならず、「精神生活も、そのありかたが根こそぎに変革され……る社会の根本的な変化」(日本共産党中央委員会発行「月刊学習」68年3月号）をめざす、と。

しかも日本共産党は自党の意に沿わぬ言動・論評に対し、あたり構わず「反共」のレッテルを貼ることを習癖《しゅうへき》としており、かつ「反共主義は共産党の敵であるだけではなく、人民の敵なのです」(前掲「共産主義読本」)と規定。「反共主義＝共産党の敵＝人民の敵」との専断的図式の下に〝罪人〟呼ばわりするニュアンスを込めて徹底攻撃の対象視している。そのような共産党が野党である間はまだしもだが、仮に国家権力を牛耳った時、どんな弊害をもたらすかは、例えば旧ソ連の「人民の敵」レッテル貼りによる凄惨な〝粛清〟劇が生々しく物語るだろう。

竹中労が、日本共産党を指して「自らが政権を握ったとき」という情勢下で、言論・出版の自由がどういう運命になるかは、言わずもがなである。共産党やその革命方針に対し一言でも異を唱えれば弾圧の対象でしかなり得ないことは自明であろう。共産党がめざすそんな「革命」像を知る竹中労が、「ニッポン人民をだまくらかし」、まるで自由と民主主義の擁護者のように振る舞う同党の態度を「擬態」と喝破《かっぱ》するのも肯けるというものだ。

●〝批判〟率直に受け止め、党体制の改善誓う

もとより公明党においては指弾を浴びた自身の反省として、解散・総選挙を控えての党防衛上の気持ちに駆られてとはいえ、党所属議員による著者への事前接触は過剰反応であったと受け止めていた。党内の一部には、言論問題に端を発して党と創価学会の関係などに対する他党の政略的思惑からの不当な中傷攻撃には、「断固反撃すべし」との声もあった。しかし、執行部として、批判は批判として率直に受け止め、「この問題について、国民各位に疑惑を抱かせ、ご心配をおかけしたことは、誠に遺憾に思う」と言明。「今後は、いささかの疑惑を招くことのないよう、これを反省の糧として、言論の自由をあくまでも尊重していく決意を、改めてこの際表明する」(70年1月16日の矢野書記長会見)とした。

そして世論の批判、意見に応え、これを機会に、党の近代化、民主化への脱皮を図るため、党と学会との一層

の制度的分離の徹底など党機構や党体質の改善を図るための「党綱領・党則改正特別委員会」の発足を1月29日に決めた。第一歩として、事前に1月5日の中央幹部会で党幹部並びに議員は創価学会幹部の立場を辞任し、政務・党務に専念することを決めた。まず同5日、委員長、書記長が学会側に「総務」役職の辞任を申し出て了承されたのに続き、16日に45人の衆院議員、2月19日には参院議員の大部分が創価学会人事委員会に申し出て学会役職を辞任した。地方議員も順次辞任した。

さらに6月25日から第8回公明党大会を開催することを決め、大会諸議案起草のための大会準備委員会を4月23日に設置。党が直面する諸課題について検討を重ねた。そうした党体制の改善と近代化をめざして続けられてきた努力は、第8回公明党大会に結集された。すなわち、〝開かれた国民政党〟としての再出発である。

●第8回党大会で新綱領を採択

〝結党大会に匹敵する〟とされた第8回公明党大会。70(昭和45)年6月25日から3日間の日程で行われた。焦点は〝党の憲法〟である綱領と党則の全面改正、それと一体的な「一九七〇年度活動方針」である。

採択された新綱領は簡潔に四項目からなっている。第一に党の基本理念と党の性格、第二に党がめざす経済、社会体制のビジョン、第三に国際観ならびに外交目的、第四は党の基本姿勢、憲法の信教の自由保障・政教分離原則の遵守、また政治規範などを定めている。新綱領の全文は、次の通りである。

一、わが党は、人間性尊重の中道主義を貫く、国民政党として、革新の意欲と実践を持って、大衆とともに前進する。

一、わが党は、人間性社会主義に基づき、責任ある自由な経済活動と、その成果の公正な分配を保障する経済体制を確立し、社会の繁栄と個人の幸福を、ともに実現する福祉社会の建設をめざす。

一、わが党は、すべての民族が地球人である、との自覚に立ち、平等互恵・内政不干渉の原則により、自主平和外交を推進して、人類永遠の平和と繁栄をめざす。

一、わが党は、日本国憲法を守り、生命の尊厳と自由と平等を基調として、信教・結社・表現の自由など、基本的人権を擁護するのはもとより、進んで社会的基本権の実現をめざし、一切の暴力主義を否定し、議会制民主主義の確立を期す。

●「中道主義を貫く国民政党」と規定

この新綱領には、結党時綱領にある「王仏冥合」「仏法民主主義」の言葉は用いず、党の基本理念を「人間性尊重の中道主義」と示し、かつ「国民政党」と党の性格を位置づけた。新綱領が「案」として発表された時点の、6月10日付各紙はこう伝えた。

例えば、「読売」は「新党綱領は、まず公明党自身を『人間性尊重の中道主義を貫く国民政党』として革新の意欲と実践をもって大衆とともに前進する党と規定した。これは明らかに第一に階級政党であることを否定し一般国民に基礎をおく中道政党であることをうたい、第二に、しかしあくまでも大衆に党の重心をおいた『革新』的な党であるとの姿勢もうちだしたものといえる。いうなれば〝大衆的中道国民政党〟というわけだ」と論評。また、「毎日」は「公明党の路線としては『中道主義を貫く国民政党』であることを明らかにしたが、これは左右に偏しない――つまり国家主義的政党や階級政党ではなく、国民大衆と国土に忠誠を誓い、権力に対するものとして大衆をとらえ、この大衆とともに前進する政党であるとしている」と報じた。

階級政党は社会主義に基づく労働者階級のための国家、つまり階級国家の建設をめざす党とされる。社会党、共産党は綱領・規約などに「階級政党」の旨を明記していた。それと対義語の国民政党は特定階層ではなく国民一般のための党を指す。もともと公明党は党結成時より自らを庶民・大衆のための国民政党と位置づけていた。しかし言論問題に絡む批判の中に、「王仏冥合」を党綱領で掲げていたことに対する誤解・偏見から、日蓮正宗の「国教化」とか「国立戒壇」建立をも視野に入れているなどの疑念も出され、〝宗教的目的をめざすための宗教政党〟視された。それを否定する意味も含めた解答として、新綱領に「国民政党」を掲げ、一部の利益を代弁する党ではなく、国民全体に奉仕する党であることを改めて鮮明にしたものである。

●「公正」「福祉」重視の自由主義経済で

新綱領第二項目は、結党時綱領にある「人間性社会主義」の理念を踏襲した。ただし、これまで明らかにされていなかった経済のメカニズムについて、「責任ある自由な経済活動」との自由競争の原理に立つ、とした。「人間性」を冠しつつも「社会主義」との用語を使ったことに対し、党大会で質疑が交わされた。採択された活動方針に、その意味内容について説明がされた。

その趣旨は、自由抑圧・非人間的な伝統的社会主義とは無縁かつ排するとし、現行の自由主義経済を基調とするが、現代資本主義に顕在化する人間疎外や不平等・格差拡大などの不備欠陥是正のため、社会主義理念の「公正」「福祉」「保障」を重視する、というものである。そして「あくまで人間中心主義であり、国民大衆の福祉、利益を根底においた判断を重視し、理想と現実のバランスを高い密度において厳しくとらえる英知、高度な政策テクニックを併せ持つ、革新的な社会主義」(活動方針)とした。

第三項目の「すべての民族が地球人である、との自覚に立ち」とは、結党時綱領にある地球民族主義の理念を継承したものである。

●「護憲」を綱領に掲げた唯一の党

第四項目で、従来からの主張でもある「現行憲法を守る」を綱領に掲げた。「護憲」を綱領に謳《うた》うのは、当時の日本の政党では公明党が唯一である。自民党は現行憲法を改変して「自主憲法の制定」を主張。一方の社会党、共産党は現憲法を廃止して社会主義憲法の制定をめざしていた。また公明党が護憲を訴える中で、特に信教・結社・表現の自由など基本的人権の擁護とともに、「進んで社会的基本権の実現をめざし」として、人間が人間らしく生きるための生存権や社会保障の権利実現を目標として高く掲げた。

党則の改定では、まず「規約」と名称変更。新規約では、党組織の近代化、党内運営の民主化を謳った。例えば従来の中央幹部会を廃止し、新しく決議機関として「中央委員会」、執行機関として「中央執行委員会」を設置し、決議機関と執行機関を分離した。さらに、これまでの党大会では委員長人事だけを決めていたのを、副委員長、書記長、政策審議会長、国会対策委員長、中央執行委員、会計監査委員など人事の全てを大会人事として選出するとした。党員については、開かれた党として、創価学会員であるか否かを問わず、幅広く人材を募るとした。

「党友」制度も改革するなど、党機構・制度の全般にわたり党内民主主義を徹底した。

●国会議員に党外から有識者らを推す

この〝開かれた党〟路線の実際例として、党外から有識者や専門家、文化人を募り、衆参国会議員に推した。76（昭和51）年の衆院選で元石川島播磨重工業労組幹部の草川昭三（衆院8期・参院2期、公明党副代表を経て公明党顧問）、元神戸学院大法学部長の飯田忠雄（衆院2期・参院1期）を推したのを皮切りに、80年の参院選愛知地方区に元名古屋市立大学長の高木健太郎を擁立した。

参院全国区制が比例代表拘束名簿式（政党本部が事前に名簿登載者の順位付けを行う）に変わった83年の参院選では元日本学術会議会長（名古屋大名誉教授）の伏見康治、国立公害研究所副所長（元北海道大医学部長）の高桑栄松、元ＩＬＯ東京支局次長の中西珠子、元朝日新聞論説委員の和田教美の４人、続いて86年の参院選で元京都市教育委員の広中和歌子（細川内閣で環境庁長官）、92年の参院選で元東京都副知事の続訓弘（小渕内閣、森内閣で総務庁長官）、元名古屋市立大教授（元日本都市学会会長）の牛嶋正らを擁立。当選後各氏は公明党・国民会議所属の参院議員として活躍した。

衆院比例近畿ブロック選出（５期）の池坊保子も97年の新進党解党後、公明党所属議員として活躍、文部科学副大臣・公明党女性委員会副委員長などを務めた。

また、特別国会などで党が集中攻撃を浴びる契機となった、いわゆる言論・出版問題に対し、こう総括した。「この問題は、あくまでも不当な中傷に対して、みずからの名誉をまもるための話し合い、または要望の範囲内にとどまるものであり、言論の自由妨害あるいは憲法違反などと指摘されるものではなかったのでありますが、ただ公党として、世間の疑惑を招く結果となった点については、誠に遺憾であり、深く反省するものであります。わが党は、言論・出版の自由を尊重することを堅く誓うとともに国民各層から寄せられた忠告・助言に謙虚に耳を傾けながら、党の建設に努力してまいります」（「党務報告」）と。

●「党と学会の関係」で池田会長が講演

この第８回党大会に先立ち、５月３日の創価学会本部総会で公明党創立者でもある池田大作会長（当時）は言論・出版問題や、党と学会の関係などについて重要な講演を行った。その要旨は次の通りである。

問題の発端となった言論問題について――

「今度の問題は『正しく理解してほしい』という、極めて単純な動機から発したものであり、個人の熱情からの交渉であったと思う。ゆえに言論妨害というような陰険な意図は全くなかったが、結果として、これらの言動が全て言論妨害と受け取られ、関係者の方々に圧力を感じさせ、世間にも迷惑をおかけしてしまったことは誠に申し訳なく、残念でならない」「今後は二度と同じ轍を踏んではならぬと猛省したい。いかなる理由や言い分があったにせよ、関係者をはじめ、国民の皆さんに多大のご迷惑をおかけしたことを率直にお詫び申し上げる」

党と学会の関係については――

「創価学会と公明党の関係は、あくまでも制度の上で明確に分離していくとの原則を更に貫いていきたい。学会は、公明党の支持団体ということであり、当然、学会員個々の政党支持は従来通り自由である。選挙に際しても、公明党は党組織を思い切って確立し、選挙活動もあくまでも党組織の仕事として、明確に立て分けて行っていただきたい。むろん創価学会も支持団体として従来通り地域ごとの応援は当然していきたい。党員についても、学会の内外を問わず幅広く募って、確固たる基盤を作ってほしい。そして右にも寄らず、左にも偏せず、ともに左右を包含し、民衆から、さすがあっぱれだと賛嘆される確固たる中道政治の大道を歩んでいかれんことを願ってやまない」

また「国立戒壇」云々の批判に対して――

「日蓮正宗で国立戒壇という言葉が使われたのは明治以降だが、本門戒壇（事の戒壇）が正式の呼称であり、『国立』である必要はなく『民衆立』が本意である。国教化をめざすとの誤解を生じてはならないとして、戸田会長も私達も明確に国立戒壇イコール国教化を最初から否定してきた。誤解を招く恐れがある国立戒壇という表現は将来ともに使わないことを決定する。国会の議決による方式は憲法の精神からいって不適当であり、学会では遙か以前にこの考えを捨てている。絶対にそうしないことを明言する。政治進出は戒壇建立のための手段ではなく、あくまでも大衆福祉を目的とするものだ」

●〝生命の尊厳、平和主義〟の理念堅持を

さらに、立正安国について――

「立正安国こそ日蓮大聖人の教えの根幹だ。『安国』とは社会の繁栄であり、民衆の幸福、世界の平和だ。そのためには根底に『立正』、つまり拠って立つ理念として生命の尊厳、人間性の尊重、絶対平和主義の原理がなくてはならない。われわれが公明党を誕生させたのも、その理念を政治の分野に実現してほしいという純粋な気持ちからだ。公明党は安国の次元に立つものであり、立正を問題にする必要はない。党としては一切、宗教上の問題を政治の場で論議する必要はない。また、あってもならない。また、宗教上の目的を党の目標とする必要もないし、すべきでもない。あくまでも現行憲法の定める信教の自由を遵守し、宗教的には中立を貫き、政教分離で行けばよい。ただし生命の尊厳を根本に人間性の尊重、絶対平和の実現という理念、理想だけはどこまでも堅持しきっていく政党であってほしい。その限りにおいて、同じ志に立つ優れた人物を、公明党として推薦することにも、我々はなんら異議はないし、選挙にあっても喜んで応援することもあるだろう」

この講演で触れたように、国教化云々の疑念に対しては、池田会長は以前からその考えを明確に否定している。例えば公明党が衆院初進出を果たした直後の67（昭和42）年1月31日付毎日新聞のインタビューで、「一部に日蓮正宗の教勢拡張のためだとか、公明党が第1党になった場合、日蓮正宗を国教にするのではないか、という見方もあるが」との質問に対し、こう明言している。

「結論からいえば、絶対に国教などしない。またする必要も全くない。公明党は大衆福祉をめざす国民大衆党

であるから、何も創価学会のみを考えるものではない。したがって党を教勢拡張には絶対に使わない。拡張どころか選挙などを行えば党を応援することが大変で、かえって拡張にならない状態だ」と。

それに先立つ同年1月6日の創価学会臨時幹部会でも、池田会長は「公明党が政権を担当すれば、日蓮正宗創価学会の信仰を強制するのではないかとの疑問」は、「たんなる杞憂にすぎない」とし、「信教の自由は、あくまでも保持します。……もし認めないとするならば、もはや政党としての自殺行為になってしまいます」と断言している。

●政略的な〝ためにする〟政教一致批判

学会本部総会での池田会長講演は創価学会と公明党の関係を明確にし、世間で危惧する国教化とか国立戒壇建立論についても改めて全否定した。また直後の第8回公明党大会で党として学会との制度的分離を徹底し、〝開かれた国民政党〟として再出発した。

だがその後も一部政党は既に否定されている過去の言辞を蒸し返して、相も変わらぬ「一宗専制」「国立戒壇建立目的」といった批判中傷を繰り返した。ひとえにそれは公明党と創価学会のイメージダウン狙いである。公明党蹴落《けお》とし戦術としての、党利党略的な〝ためにする批判〟以外の何物でもなかった。

第7章　日中国交回復実現へレール敷く

―歴史的な共同声明に〝公明五原則〟明記

日中関係は最も重要な二国間関係の一つであり、日中両国の良好な関係維持はアジアのみならず世界の平和と安定にとって不可欠である。日中の対立は世界中の誰にも利益をもたらさない。「日中の平和的発展こそが、両国の『核心的利益』」（山口那津男代表）であるはずだ。それだけに両国政府はあらゆる努力を傾注し、関係改善・友好発展に努める責務がある。

国交回復以前、日中両国は文字通りの断絶状態にあった。冷戦下のわが国は米国の極東戦略に組み込まれ、中国敵視政策への追随を余儀なくされていた。両国間の人的交流は、関係者などごく一部のみの限定的なものだった。国交回復は時代の要請、国民の念願であり、戦後日本外交の最優先課題であった。長い冬の時代に終止符を打ち、日中新時代を開くには先人の血の滲むような努力と苦心の積み重ねがあった。多くの障害を乗り越え、国民の強い後押しで成し遂げられた国交正常化。戦後日本の政治外交上の画期とされる。その国家の命運を担った大事業に関わり、両国政府の事実上の橋渡し役を担い、国交正常化、そして日中平和友好条約締結への道を開いた公明党の努力と果たした役割は高く評価されている。党史上に輝くその業績は特記され、党としての日中を繋《つな》ぐ絆の礎となっている。

●結党以来、「国交正常化推進」掲げる

公明党は１９６４（昭和39）年の結党大会での活動方針の中で中華人民共和国の承認と国交正常化を推進する

と謳ったが、日中問題への本格的取り組みは、69年1月の第7回党大会で「日中国交正常化のための方途」を打ち出してからである。

当時、中国は国連に加盟しておらず、諸外国とも不安定な外交関係しか結んでいなかった。米国は中国を朝鮮戦争やベトナム戦争で共産勢力の後ろ盾として加担していたことから侵略国家と規定し、これを封じ込める中国敵視政策をとっていた。日本政府もこれに同調していた。しかし核兵器を保持し、人口7億8000万人の中国を平和国家として国際社会に復帰させなければ、アジアと世界の平和と安定は実現できない。

そこで公明党は、日米両国政府の中国敵視政策を転換させるべく、一日も早く日中国交正常化を果たし、日本が米中の橋渡し役を買って出るべきだと主張。そのための具体策として、①中華人民共和国政府を承認し、正常な国交を回復する②いわゆる北京と台湾の問題は、中国の内政問題として干渉しない③中華人民共和国政府の国連加盟を積極的に推進する④吉田書簡を廃棄する⑤政府間貿易を強力に推進する⑥中国との文化交流を活発にする――などを主張。これら諸政策実現のために、「日中首脳会談の開催」と「日中基本条約の締結」を提唱した。

そして、翌70年6月の第8回党大会で、第7回大会で決定した6項目のうち、①項を「①中華人民共和国を承認し、日中平和条約を締結し、正常な国交を回復する」と改めた。さらに、71年6月の参院選最中に委員長記者会見で、冷戦下で日本が選択を余儀なくされた、日本と台湾の国民政府との間で結ばれた日華平和条約（日台条約）の存在が日中国交正常化実現を困難にしている、として「日台条約の廃棄」を表明した。

この対中国政策は、68年9月8日に、党創立者である池田大作創価学会会長（当時）が学生部総会で講演した「日中国交正常化への提言」を受け、それを党の政策としてまとめ、打ち出したものである。

●参院選最中に、あえて第一次訪中団派遣

日中問題に取り組むため、公明党はかねてより党独自の訪中の希望を表明していた。国交がまだなかった当時、訪中実現は簡単ではなかった。中国側からようやく、「訪中を歓迎する」との招請電報が届いたのは71年6月8日。この時、第9回参院選（6月4日公示、同27日投票）の最中で党幹部は全国各地に遊説に赴いていた。党は10日に緊急役員会を開き、15日からの訪中を決め、中国側に連絡した。

国政選挙最中の訪中団派遣は極めて異例である。しかし、「日中の国交問題は最大の国民的課題であり、一党一派のことではない。参院選の焦点でもある『日中国交回復実現』への糸口をつかむチャンスである。国交回復実現に努力することは国民から負託された政党の責務」として訪中を決めた。訪中代表団は団長に委員長の竹入義勝、副委員長の浅井美幸、政策審議会長の正木良明、広報宣伝局長の大久保直彦、中央執行委員の渡部一郎、それに非議員の団員として機関紙局長の市川雄一や政策審議会のスタッフらが同行した。

●〝迎合せず、平均的日本人の意識で〟臨む

当時は日本から中国への直行便はなく、党訪中団は香港経由で中国・広州入りし、17日夜に空路北京に入った。翌18日の歓迎宴での挨拶で、公明党代表団は日中国交回復への党の基本方針、すなわち〝公明党五原則〟を表明した。要約すれば、①中国はただ一つであり、中華人民共和国は中国人民を代表する中国の唯一の合法政府である、②台湾は中国領土の不可分の一部であって、台湾問題は中国の内政問題である、③「日台条約」は不法であり、破棄されなければならない、④アメリカは台湾と台湾海峡地域から撤兵しなければならない、⑤国連のすべての機構での、ならびに安全保障理事会常任理事国としての中華人民共和国の合法的権利を回復する、というも

のである。

この原則的立場の下、公明党代表団は中日友好協会責任者の王国権を団長とする中国側代表団と一連の会談に臨んだ。会談は連日行われ、代表団同士の政治会談が5回、小委員会が10回、さらに周恩来総理との会談が2回もたれ、合計17回に及んだ。まさに会議尽くめの毎日だった。

会談に臨む公明党の基本的態度は、「中国に迎合した形では本当の友好も信頼も育たない」との信念に立ち、「日本の国民政党として、平均的な日本国民の意識で言うべきことは言い、不可能なことは不可能とはっきり言う」姿勢で、誠意を持って率直に意見交換する、というものだった。その上で、①非マルクス・レーニン主義の公明党とマルクス・レーニン主義の中国がイデオロギーと立場の相違はありながら日中友好のために一致点を見いだしたい②話し合いが合致して、共同声明ができれば、それにこしたことはないが、相互理解が不十分なうちに出す必要はない。それを無理すれば両国の長い友好の妨げになる③日本政府がどういう態度をとれば、中国は「日中平和条約」を結ぶ交渉に応じるのか④71年秋の国連総会で中心議題になると思われる中国の国連復帰という問題について、中国自身はどのような考えを持っているのかを聞く――という方針で臨んだ。

会談では日本軍国主義復活、沖縄返還、米帝国主義の侵略政策などの問題をめぐり議論が繰り返された。公明党は、非マルクス・レーニン主義政党であり、中国側とは世界観を異にする。その立場の違いもあり、双方の議論はかみ合わず、平行線をたどる場面が少なくなかった。例えばアメリカ帝国主義問題や日本における軍国主義の復活などでの認識について中国側とは意見が対立した。公明党はかつて社会党訪中団が「米帝国主義は日中両国人民の共同の敵である」と言明したような立場とはあくまで一線を画した。

北京滞在日程は当初6月29日までの予定であった。一連の会談の経過を踏まえ、団長の竹入が27日夜、中国側に対し「今回われわれは共同声明を出すつもりはなかったし、出さなくて結構です。公明党単独での談話だけ出し、29日には予定通り帰国したい」と申し入れ、団として荷物をまとめ、帰国の準備に取りかかった。

●周総理との会談が急きょ実現

ところが翌28日早朝に、周恩来総理が訪中団と会うとの話が飛び込み、周総理との会談が同日夜、急きょ実現。中国側の資料によれば、「当時の慣習は、交渉を行い共同声明が一致に達した後に、最後に周総理など国家指導者が会見するというものであった。しかし、この時は、交渉の成果がまだなかったにもかかわらず、先に会見となった。これは周総理が公明党代表団を大変重要視していたことの表れだった」（中国・南開大学周恩来研究センター所長・副学長の孔繁豊《こうはんほう》、同秘書長・助教授の紀亜光《きあこう》著「周恩来、池田大作と中日友好」中国・中央文献出版社2006年刊）とされる。

周総理との会談は28日午後10時すぎから翌29日午前零時半すぎまでの約2時間半にわたった。会談の冒頭、周総理は「どうか池田大作会長にくれぐれもよろしくお伝え下さい」と述べ、続けて「公明党が設立されてから、皆さんの主張に注目してきました。公明党は最近、中日関係の問題について、大変よい意見を発表しておられる。私たちも、高く評価しております。このたび、私たちが皆さんをお招きしたのも、こういうところから出発しています」（同）と語った。公明党側はこの度の訪中招請に丁重なる謝意を述べた後、周総理に対し、以下のような諸点について率直に尋ねた。すなわち、「日本政府が中華人民共和国と国交を正常化する場合、いかなる条件を満足し、いかなる方式によれば戦争状態を終結し、日中平和条約を結ぶことができるとお考えか」「日中国交回復のためには、双方がすべての点において意見が一致しなければならないとお考えか」「中国が国連に復帰するにはどういう対応条件が満たされればよいとお考えか」等々。

周総理はこれらに答えつつ、同会談の中で、①公明党の日中国交正常化の五原則を支持する②中日友好、国交回復のために双方の意見がすべての点で一致することは不可能で、世界観、立場が違っても、友好関係は促進できる。またすべての意見の一致が国交回復の条件ではない。日本は近隣であり、日本と国交回復し、戦争状態を終結することは重要である③中国の国連復帰の対応条件は、国連での安全保障理事国としての合法的地位を回復すべきであり、(台湾の)蒋政府の地位を国連から取り消すべきことである——などの見解を述べた。周総理からは最後に「皆さんは明日帰られますか。こんな有益な会談がなされたのに何も文献に残さないのは残念です。何とか文献に残しませんか」との発言があった。

●日本の国益と国民政党の立場踏まえる

周総理からのこの提案を受け、党訪中団は29日出発の予定を延期し、29日から4日間かけ、中国側と共同声明起草委員会をつくり、作業にかかった。

7月2日、公明党代表団と中国側(中日友好協会代表団)との間で十数回に及ぶ会談成果をまとめた「共同声明」に調印した。共同声明の中で注目されるのは、公

草案に合意し握手する起草委員会の代表団と中国側＝1971年6月30日

明党の五原則に中国側が同意したことである。日本政府がこの「五原則」を受け入れるならば、中国側は両国の戦争状態を終結し、国交を回復し、両国間で平和条約を結ぶことができると認め、さらには相互不可侵条約を結ぶ可能性のあることも表明した。ここに「どうすれば日中国交回復ができるのかが具体的に示された」こととなり、それが基礎となって国交正常化へのレールが敷かれたのである。

共同声明では、他に朝鮮半島の問題について、中国側は「北朝鮮に対する米帝国主義の侵略と日本軍国主義復活に反対する朝鮮人民の闘争を支持する」としたのに対し、公明党側は「内政不干渉」との立場をとり、朝鮮からすべての外国軍隊が撤退するよう主張。また「日本軍国主義の復活」についても、中国側はこれまで中国を訪れる日本使節団との会談で、日本軍国主義は〝復活した〟との見方を共通認識として認めることを強く主張してきたが、この問題で認識を異にする公明党側の見解を併記する形をとった。公明党は自民党政府が第4次防衛力整備計画案の発表など軍備拡張に拍車をかけていることから「復活しつつある」と指摘し、復活阻止への決意を表明した。あるいは中国側が「アメリカ帝国主義に断固反対」としていることに対し、公明党側は「米帝」論に与《くみ》していない。従来の社会党訪中団と中国側との共同声明・コミュニケの内容などと大きく異なる点である。公明党側が日本の国益、国民政党の立場に立っての見解表明をしたことに対し、中国側がそれを認め、柔軟な姿勢を示したものである。

●〝正常化への一里塚〟公明訪中団に高評価

周総理は6月30日夜に再び公明党代表団と会談。約4時間にわたって率直に意見交換した。その際、周総理は「皆さんと知り合うのは遅くなったけれども、長年の知己の如し」「中日友好のために重要な地位で働かれることを期待します」と述べた。この周総理発言、そして共同声明が示すように、公明党が国民政党の立場で中国との公式のパイプをつないだことは、その後の全国民的な日中復交運動への大きな原動力となったといえる。

公明党訪中団は7月6日、出発して以来22日ぶりに日本に帰国した。大きな成果を上げたことに対し、日中友好を望む人たちから拍手をもって迎えられた。羽田空港内で行われた歓迎パーティーで、出迎えた政界関係者らは公明党訪中団の成果を讃えた。藤山愛一郎・日中議員連盟会長は「今回の訪中の成果は日中国交回復のための歴史的〝一里塚〟だと思う」、成田知巳・社会党委員長は「今度の公明党訪中団ほど、全国民の注目を集めたものはなかった」、佐々木良作・民社党委員長は「国民政党という立場と背景をはっきりされながら、基本原則を踏まえられ、一つの大事な一里塚の成果を上げられた」などと語った。

また、各界の識者からも多くの評価の声が寄せられた。長洲一二《かずじ》・横浜国立大教授「近来の快事であった。共同声明を、私は感動をもって読んだ。日中復交が一段階跳躍し、希望が大きく開けるのを感じた」、河部利夫・東京外語大教授「公明党は早くから日中国交正常化問題に熱心に取り組んできたが、今度の訪中団によって見事に花が開いたと思っている。日中共同声明については全面的に賛成である」、評論家・高木健夫「日中の友好を大部分の日本国民は求めているのだが、日本社会党のようなどぎつい表現の共同声明にもついていけず、自民党のような政治姿勢ではどうにもならぬ、なんとか、国民の心情をくんだ、中国接近の道はないものか、という心理状態にあった。公明党訪中団は、この国民大多数の心情をくみ上げて、周恩来首相と会った。このことは、これまで社会党も、自民党も成し得なかったことである」(「公明新聞」71年7月6、11日付)等々だ。

●日中復交運動の「新しい旗手」

マスコミ各紙は7月3、4日付の社説等で一斉に取り上げた。例えば、共同声明で日中復交への具体的条件が明示されたことに対し、「日本政府が五条件を受け入れるなら『中日相互不可侵条約』締結の用意もある、との意向を示したことは、一政党との共同声明というレベルをこえて、この諸条件が今後の日中復交をめぐる話し合いの基礎となることを示唆している」(「朝日」)、「特にこの五原則が周恩来首相の口から公明党のこれまでの政治公約をもとに確認されたことは、公明党に対する評価を物語るだけでなく、日中友好と国交回復運動を推進する組織はこの原則をまもるべきだ——との意思表示と解される」(「日経」)、「共同声明は、日中国交回復という戦後の歴史的課題に向かって、これまでになく明確なレールを敷いた。……今回の共同声明は、日中国交回復を目的とする点では中国の文化大革命以後、日中間で作られた諸コミュニケの決定版ともいえる」(「東京」)などと論評した。

あるいは、「これまで、日中復交運動の担い手として、両国を結ぶ政治交流のパイプとなってきたのは、主として政治上のイデオロギーや信条の点で、中国と共通性の多い社会主義政党・団体であった。その意味で……公明党代表団の中国訪問は、政治イデオロギーの相違を越えて、日中交流の水脈を拡大する機会となった。日中復交運動に新しい旗手を加え、復交への世論は政治信条のかき根を越えて、いっそう広く高く盛り上がるに違いない」(「朝日」)、「『マルクス・レーニン主義をとらない〝国民政党〟である公明党が『世界観や立場が違うのであるから、すべての意見が一致しなくても、国交回復にさしつかえない』とする立場の中国側と一致点を見出したことは、将来に大きな意義をもつものといえよう」(「毎日」)、「中国とは世界観も、立場も違う公明党の中国訪問によって、日中正常化運動のすそ野が一段と広がった」(「読売」)といった評価を寄せた。

結果として、このように多大な反響を呼び、高い評価を得た党第一次訪中を契機として、公明党は文字通り日中国交正常化運動を推進する新たな旗頭として総力を挙げることとなった。何よりも中国側との間に培われた「相互の理解と友誼」(共同声明)、信頼関係が土台となり、翌72年5月の党第二次訪中、そして同7月の党第三次訪中で日中国交正常化実現への両国政府間の事実上の〝橋渡し役〟の重責を担うこととなる。

公明党第一次訪中団が帰国した直後の1971（昭和46）年7月9日、米国のヘンリー・A・キッシンジャー大統領補佐官が秘密裏に北京に入り、3日間にわたって周恩来総理と会談。ニクソン米大統領の訪中が決まった。世界の枠組みを大きく変えたキッシンジャー・周恩来会談である。秘密訪問の結果を受け、ニクソン米大統領は7月15日、テレビ演説で、周総理からの招待で中国を訪問すると発表した。この発表は日本を震撼《しんかん》させた。日本政府が連絡を受けたのは発表直前の30分前。まさに青天の霹靂《へきれき》であった。いわゆる「ニクソン・ショック」と呼ばれる衝撃である。

◇　◇

●〝ニクソン・ショック〟世界の転機に

対米基軸を旨とする戦後日本は米冷戦戦略に組み込まれていた。米国の対中政策は中国封じ込めと、その一方での台湾の国民政府支持であった。朝鮮戦争に参戦した中国は51（昭和26）年2月の国連総会で「侵略国」と名指しされ、米国は中国敵視政策をとり、日本もこれに追随してきた。49年10月に中華人民共和国は建国されたが、日本は52年4月に台湾の中華民国政府、つまり蒋介石の国民政府と日華平和条約（日台条約）を結んだ。国連の安全保障理事会では台湾が代表権を握っており、米国は中華人民共和国の国連復帰を阻《はば》み、日本はこれに同調してきた。日本にとって中国との国交樹立は最重要の外交課題であった。しかし米中対決が日中国交正常化を阻んでいた。その米国が日本の頭越しに中国に接近したのだから、日本政府にとっては〝悪夢〟の現実化そのものだった。

このニクソン・ショックが転機となり、71年10月の第26回国連総会で中華人民共和国の国連復帰を求める採決が行われ、圧倒的多数の賛成で中国の国連復帰が決まった。採決直前に台湾は国連脱退を通告し国連総会の場から退場。国連における中国代表権は台湾から中国に移り、中国が国連安全保障理事会の常任理事国となった。この採決の時、日本は米国とともに棄権した。

ニクソン大統領は72年2月21日、中国を訪問。米中首脳会談の後、2月27日に上海で米中共同コミュニケが発表された。その中で米国は、中国はただ一つであり、台湾は中国の一部であること、米国は台湾から撤兵すること、を謳った。この時点で、公明党が第一次訪中で発表した日中国交正常化五原則のうち、既に二つが実現された形だった。残されたのは、①中華人民共和国が中国唯一の政府であること、②台湾は中国の領土の一部であること、③日華平和条約は不法であり破棄されるべきこと、であり、この三つが「日中復交三原則」と呼ばれるようになった。

国際情勢は大きく変化し、日中国交正常化への機運は急速に盛り上がりつつあった。

72年5月、二宮文造（党副委員長）を団長とする公明党第二次訪中団が出発。同15日夜、訪中団は周総理と会談。その際、佐藤首相の後の次期首相が誰になるか、つまり「通産相の田中角栄か、蔵相の福田赳夫か」が話題となった。会談後の記者会見では「周総理は、中日国交三原則に基づいて努力する日本の新政府の代表ならば、訪中を歓迎すると語った」と発表した。会見では伏せられたが、〝田中有力〟との見通しの下、周総理は「もしそうであるなら、田中さんに伝えて下さい。もし総理になられてご自身で中国へお見えになるならば、北京の空港はいつでも開けてお待ちしております。そして、私がホストで田中さんをお迎えいたします。田中さんには恥をかかせません」と踏み込んだ発言をした。二宮は帰国後、竹入とともに田中通産相を訪ね、周総理からのメッセージを伝えた。

同年7月5日、自民党の総裁選挙が行われ、田中が福田を破って、自民党の新総裁に就任した。同7日、第1次田中内閣が発足。外相には大平正芳が就いた。田中首相は初閣議後の記者会見で「中華人民共和国との国交正常化を急ぎ、激動する世界情勢の中にあって平和外交を強力推進していく」と語った。

7月下旬、東京・恵比寿にあった中日備忘録貿易弁事処の肖向前・首席代表から「できるだけ早く」との公明党第三次訪中の招請があった。直前の7月12日に社会党元委員長の佐々木更三が訪中し、周総理から「田中首相の訪中を歓迎する」とのメッセージがあったことが伝えられた直後だけに、党内では「第三次訪中団を派遣して、一体何をするのか」という慎重論もあった。最終的に、竹入を団長に、政策審議会長の正木良明と副書記長の大久保直彦の3人で7月25日に、急遽《きゅうきょ》訪中することが決まった。

党訪中団は羽田を発ったその日のうちに、北京に到着した。当時は3日かかるのが普通だったが、中国側の異例の手配によるものだった。中国首脳が当時の険悪化する中ソ関係を睨《にら》んでの戦略的判断から、米中和解とともに日中国交正常化を急ぎたいとする意向からだったと目されている。竹入は出発前、田中首相と大平外相に会ったが、対中政策に関して政府の明確な方針や条件は示されなかったとされる。しかし内外から「田中総理の意を帯して訪中し」(栗山尚一「日中国交正常化」早法七四巻四号)と見られた。

●周総理〝中国側草案、公明訪中団に語る〟

党訪中団と周総理との会談は7月27日から3日間連続して行われ、延べ10時間以上に及んだ。会談内容は日中関係全般に及んだ。その中で周総理は日米安保体制の容認や日本の北方領土四島返還論支持、あるいは尖閣列島問題についても、こう述べていた。「尖閣列島の問題に触れる必要はありません。竹入先生も関心がなかったでしょう。私もなかったが、石油の問題で歴史学者が問題にし、日本でも井上清さん(京大教授)が熱心です。この問題は重く見る必要がありません」と。

会談最終日の29日、周総理は国交正常化に備えた日中共同声明の中国側の第一次草案とも言うべき内容を公明党側に詳しく語った。「これは中国側の考えです。これから申し上げる中国側の考えは、毛主席の批准《ひじゅん》をうけたものです」。党訪中団は、その周総理発言の一部始終をしたため、また一連の会談記録を中国側通訳とすりあわせて取りまとめ、帰国後に、田中首相と大平外相に全容を伝えた。いわゆる「竹入メモ」と称されるものである。

周総理が示した共同声明案は八項目あり、その中には日本側が特に重要視した「中華人民共和国政府は、日本国に対する戦争賠償の請求権を放棄する」との賠償請求の放棄や、「戦争状態は、この声明が公表される日に終了する」、「日本政府は、中華人民共和国政府が提出した中日国交回復の三原則を十分に理解し、中華人民共和国政府が、中国を代表する唯一の合法政府であることを承認する」、「覇権を打ち立てようとすることに反対する」などが含まれていた。反覇権条項はソ連を想定するものだった。周総理は八項目の他に、台湾に関する黙約事項三項目も読み上げた。

竹入ら党訪中団が持ち帰った会談記録を田中、大平が読み、中国側の意向を詳細に知ることになったことで、迷いのあった田中首相が訪中を決断。同年9月25日に日本の首相として戦後初めて中国を訪問。29日に日中共同声明が調印され、ここに日中国交正常化が実現した。このように公明党は田中首相の訪中決断に直接的影響を与え、国交正常化への両国政府間の事実上の〝橋渡し役〟の重責を果たしたことは天下周知の事実である。

●中国はなぜ公明党に託したのか

ところで当時、専門家の誰もが不思議に思ったのは、なぜ中国側はあの時、あえて公明党という結党(64年)して8年ほどの外交実績もない若い政党を窓口として日中国交正常化を進めていったのかということだった。公明党第三次訪中の2週間前に中国側と長い付き合いのある社会党・佐々木訪中団も周総理と会談したが、日中共同声明の内容については話し合われなかった。なぜ周総理は、そんな重要な内容を、政権党の自民党でも、野党第1党で旧知の間柄にあった社会党でもなく、公明党に託したのか。そもそも、その出発点となった公明党の第一次訪中をなぜ受け入れ、周総理が会談したのか。当時、大きな謎とされた。

中国で権威ある出版社・中央文献出版社から２００６年に刊行された「周恩来、池田大作と中日友好」（日本語版「白帝社」刊）には、「公明党は池田先生が創立した政党です。彼らが正式に訪中できたのは、池田先生の六八年の講演があったからです」との中国人民対外友好協会・黄世明《こうせいめい》副会長の証言（１９９９年談）が出ている。黄副会長は党第一次訪中の際の、中国側代表団の一員である。また同書の序文には、朝日新聞で中国関係に携わっていたジャーナリストの西園寺一晃が「周恩来が公明党を選んだのである。その背景は68年の池田提言である。創価学会と親密な関係にある公明党を、周恩来は『最も信頼できる政党』と考えたのである」と証言している。

また日中国交回復当時、朝日新聞北京支局長を務めた吉田実は98年に出した「日中報道―回想の三十五年」の中で、周総理がなぜ、公明党を深く信頼し、政権党に先駆けて、日中国交正常化を決定づけるような「具体的内容」を手渡したのかということについて、こう言及している。「その糸をたぐれば、大きな発端は一九六八年秋にあった、というのが筆者の見解である」とし、「この年、日本からも『中国問題』を真正面から見据えた、力強い提言が出てきた。それは六八年九月八日、創価学会会長（現名誉会長）の池田大作氏が、第十一回創価学会学生部総会で行った講演であった」と。

●大反響呼んだ池田会長の「提言」が発端

68（昭和43）年9月8日の創価学会・学生部総会での講演の中で池田会長は、日本にとっても世界にとっても中国問題は「根本問題」であると述べ、①中国政府を正式に認め国交正常化を図ること②中国の国連における正当な地位の回復③早急に日中首脳会談を実現すること④両国の経済的・文化的交流の推進⑤日中貿易の障害となっている「吉田書簡」の廃棄——などの具体案を示した。そして「中国問題の解決なくして、真に戦後は終わったとは言えない。日中国交正常化は、単に日本のためのみならず、アジアを含む世界の客観情勢が要請する日本の使命である」と強調した。

当時の時代背景は、東西冷戦下で米中は敵対関係にあり、67年11月の日米首脳会談で確認された「中国封じ込め」政策に沿って時の日本政府も中国敵視政策をとっていた。従って、「『中国と付き合う』というだけで白眼視され……そういう時代に堂々と『日中友好』を訴えるということは大変なことで……時代状況からいって……『命懸けの戦い』であったはず」「生命の危険を恐れるなら、到底できない発言であった」(西園寺一晃・前掲書）と見られた中での、池田会長の日中正常化提言だった。

その提言は、国内外に大きな反響を呼び起こした。中国側にもこの提言はすぐに伝わり、中国側は重く受け止めた。当時の中国の「光明日報」「新華社」の東京特派員であり、その提言を大ニュースとして、いち早く北京に打電した劉徳有《りゅうとくゆう》は、後に「中日国交がまだ回復を見ないときに行われた池田大作会長の提言は、日本国民の日中両国の友好に対する願望を反映し、歴史の潮流に合致する先見の明であった」(南開大学・周恩来研究センター著「周恩来と池田大作」朝日ソノラマ刊）と語っている。

日本国内でも、日中関係の評論では〝第一人者〟といわれた高名な中国文学者の竹内好は、「このすべての論旨について、私は異存がない。異存がないどころか、現状では最善の建設的な提案である」「一縷《いちる》の光を認めた」との賛辞を寄せた。日中問題の先覚者だった自民党の長老・松村謙三が、「百万の味方を得た」と語ったことも有名な話である。

その松村謙三は87歳にして5度目の訪中を前にした70年3月31日、池田会長を訪問し、「私と一緒に中国に行きましょう。後事を池田会長に託したい」と池田会長に訪中と周総理との会談の実現を強く要請した。これに対し、池田会長は「日中国交回復は政治の立場で行われるべきもので、その役割は宗教家である私ではなく、私が創設した公明党にやってもらいます」と語った。松村氏は「分かりました。公明党のことも、池田会長のことも、全部、周総理にお伝えしたい」と語り、その9日後に訪中した松村は、その趣旨を周総理らに伝えた。中国側資料によれば、「周総理は即座に『池田大作会長に、どうかよろしくお伝え下さい。訪中を熱烈に歓迎します』と語った。その後すぐに周総理は公明党の訪中を招聘したのである」(前掲「周恩来、池田大作と中日友好」)と。池田会長が訪中して、周総理と会うのは74年12月のことである。

●日中問題と公明党の真実の歴史とは

そうした経緯があって公明党の第一次訪中へとつながっていく。もし池田会長の提言がなければ、71年に公明党代表団が訪中することもなかっただろう。また、中国側も公明党を相手にしなかったに違いない。公明党第一次訪中団と周総理の会談の冒頭、周総理は丁寧な口調で「どうか池田大作会長にくれぐれもよろしくお伝え下さい」と話し、公明党代表団を驚かせたことも、そうした経緯を象徴するものだった。当時の朝日新聞・北京特派員であった秋岡家榮《いえしげ》は「(池田)会長の使者として、周総理は公明党代表団を見ていました」と語っている(前掲書)。

そのように、池田会長の提言が起点となり、レールが敷かれ、そのレールに乗って、公明党が推進した、ということだ。もちろん日中国交正常化は、中国側、日本側とも、さまざまな先人たちの尊い努力があって成されたものだ。日本側では松村謙三、高碕達之助、古井喜実、田川誠一らの政治家、また民間人では西園寺公一、岡崎嘉平太、中島健蔵、竹内好らの各氏がよく知られている。

公明党が中国との国交正常化に取り組むようになった原点は、初の訪中団派遣時よりずっと古く、結党時にまで遡《さかのぼ》る。公明党が結党される際、党創立者の池田会長（当時）は、政策や方針などについて具体的なことは何も注文を付けなかった。ただ一つだけ提案したのは、党の外交政策の柱として、中国を正式に承認し、国交回復に真剣に努めてもらいたい、ということだった。そのように、公明党にとって、日中国交正常化は支持団体の全面的なバックアップがあっての、結党以来の全党挙げての大きな目標であり、それこそ党が一丸となって協力し、推進したものだ。これが日中問題と公明党の真実の歴史である。

党委員長だった竹入は、日中正常化に一定の貢献をしたことは事実であるが、後年、党内から厳しく批判された。20年近く党首の座にあったためだろうか、党の私物化や、数々の公私混同などが露見。「日中」についても、全てを竹入ひとりの〝個人的功績〟に帰せしめる目に余る自己宣伝などが糾弾された。竹入が98年8～9月に「朝日」紙上で回顧録を掲載。その内容が、党を欺《あざむ》き、事実を歪曲し、欺瞞《ぎまん》的な自慢話が過ぎることに対し、批判が噴出したものである。

例えば、公明党第一次訪中を含め7回の党としての訪中経験を持つ党特別顧問の市川雄一（元書記長）は、竹入と日中について、その際こう断じた。

「日中友好とか日中国交回復の促進は、当時、党と支援団体とで共有していた運動の目標だったと思う。国交回復というテーマであれば、当然、政治家が主役になる。それが、いつの間にか竹入氏の心の中で『日中はオレがやったのだ。日中友好はオレが体現しているのだ』ということになったのだろう。日中友好の私物視であり、その史観で語られていることが問題だ。率直に言って、当時、公明党と創価学会の中で、日中友好とか日中国交回復に先見性を発揮していたのは、明らかに支援団体の側であり、とりわけ池田大作創価学会会長（当時）のリーダーシップに負うところが大きい。日中国交回復への情熱や識見、歴史認識といったトータルの中国理解の蓄積では、大きな落差があった。党側は七一年にいざ訪中するとなってから、にわか仕立てで、関係者や専門家のレクを受けるといった〝耳学問〟の域を出ないものであったと思う。六八年九月、池田会長が学生部総会で『日中国交正常化提言』を発表した。この日中提言の発表が、中国側と創価学会、公明党グループが接触するすべての発端、源泉だったと思う。……中国側の証言によると、当時、周恩来首相は、大衆に根付いた創価学会に強い関心を持っており、再三、創価学会との接触を指示していたという。この土壌、レールの下敷きがあってこそ、竹入第一次訪中の実現と成功があったと思う。この点が極めて重要な点で、竹入氏の日中とのかかわりの評価に深い関係がある」(「公明新聞」98年10月29日付)と。

●「日中国交正常化は公明党外交の成果」

毎日新聞論説委員の松田喬和は、「公明党」史を綴る中で、日中正常化への党の取り組みについて、こう記述する。「日中国交正常化は『公明党外交』の成果だった。外交交渉は政府の専権事項といわれてきた。だが、日中国交正常化では野党であるにもかかわらず、公明党が果たした役割はきわめて大きかった」(「現代日本政党史録」第六巻　2004年9月20日刊・第一法規)と。

第8章　野党間の連合構想と公・共「憲法論争」

―共産党流の自由と民主主義の欺瞞性を糺す

戦後日本の政治は「55年体制」と呼ばれる自民党の単独支配が長期間続いた。1955（昭和30）年10月に左右に分裂していた日本社会党が4年ぶりに統一を果たし、その1カ月後に日本民主党と自由党が保守合同をとげて自由民主党を結成。その自社二大政党政治の体制を「55年体制」と呼んだ。しかし実態は、与野党間の政権交代なき万年与党対万年野党の構図であった。

自民党による長期にわたる政権独占は、政官業の癒着《ゆちゃく》など政治の腐敗、堕落、停滞、政策的硬直化をもたらし、ロッキード事件など大型の疑獄事件も頻発《ひんぱつ》させた。このため政治の浄化・刷新、民主政治の機能回復をめざし、与野党政権交代を求める動きが70年代を迎えて本格化した。与野党の議席差接近という情勢変化を背景に、野党各党は相次いでポスト自民の政権構想を発表した。すなわち、公明党が73年9月の第11回党大会で「中道革新連合政権構想の提言」を打ち出したのに続き、日本共産党が10月に「民主連合政府綱領」、民社党は12月に「革新連合国民政権の提案」、社会党は翌74年1月に「国民連合政府綱領案」構想を相次いで発表した。

そこで問われたのは、各野党の政権構想をどう統合し、共闘態勢を作るかであった。綱領や将来の展望、立党精神を異にする各野党が連合して政権を構成する以上、単なる「政策の一致」だけではなく、「政権構想での大枠の一致」、つまり相協調し合う最大公約数的な〝共通の土俵〟〝共通のルール〟が必要、と公明党は主張した。

その共通の土俵、共通のルールとしての要素が集約されているのが憲法であり、公明党は考え方の異なる政党間の最大公約数的な共通の土俵として、憲法改正を必要とするに足る時代や社会、国民総意の変化がない限り、現行憲法を将来ともに擁護することを主張した。

とりわけ現憲法の骨格をなす「憲法三原理」（恒久平和主義、基本的人権の尊重、主権在民）は人類の長い歴史の試練を受け、試され、確認され、戦後の日本国憲法に受け継がれた人類普遍の原理であり、日本が平和国家、民主国家として生き続けるために将来にわたって擁護すべきである、と訴えた。ただし、「将来ともに擁護する」といっても、公明党の立場は「憲法万古不易論」「頑《かたく》なな護憲主義」ではない。公明党は憲法に対する考え方として、共産党との憲法論争に際し、次のように表明した。

一、一般に、憲法は時代や社会の変化、進展に応じて変化するものであるし、国民は、その時代や社会の変化に応じて、国民総意の結集のもとに、憲法を改正する権利を有している。

二、現憲法の核心をなす①主権在民②基本的人権の尊重③恒久平和主義の規定は、人類が長い歴史の教訓から生み出した英知であり、不変の原理ともいうべきもので、簡単に変えていいものではない。この三原理は、将来にわたって擁護し、発展せしめていくべきものであると考えている。

三、公明党は、この（一）の考え方を一般的、普遍的な立場で認識しており、その前提のもとに、現憲法を将来にわたって擁護すべきであると主張している。

ここに示された憲法観は、護憲の雰囲気の強い当時において表明されたものであるが、その情勢下であえて、一般的、普遍的な立場として、憲法改正を必要とする時代や社会の進展と国民総意の変化があれば、憲法を改正するのは当然、とした。公明党は憲法改正行為を認めている。そもそも現憲法には憲法改正手続き条項（第96条）が含まれていることは周知の通りである。

いうまでもなく憲法は国民の地位や権利、義務を定めているほか、政治、経済、外交、安全保障という国政の在り方の根幹を定めている。特に平和・人権・民主の憲法三原理は、現憲法の基柱をなすもので、憲法学者の多くは、「憲法の憲法」とさえ見なしている。この三原理の改変は単なる憲法改正ではなく、現憲法の破壊であり、別の原理による憲法の作り変えだともいわれている。

●連合政権へ「憲法三原理擁護」が前提と

実際問題、野党共闘によってつくり上げるポスト自民の政権が、国家像や国政の在り方の根幹を定める現行憲法、なかんずくその三原理について、将来にわたって擁護するかどうかの合意がない〝同床異夢〟状態なら、政権基盤は甚《はなは》だ不安定なものとなろう。国民からは「野合」批判を浴び、また何かにつけ内部抗争・分裂の芽をはらみ、それこそ政権混迷・挫折の危険性を内包するだろう。それでは国民に対し、また国の将来に対して、無責任なことになってしまう。ポスト自民の連合政権が樹立されれば、それを持続させる国民的義務を負うことは当然である。持続させるためにも、政権基盤をしっかりしたものにすることが必要だ。その意味でも、公明党は、現憲法とりわけその三原理の将来にわたる擁護を連合政権樹立の大前提に据えるべきだと主張した。

これに対し、日本共産党は「革新三目標」なる政策一致だけを政権共闘の条件とし、公明党が現憲法の将来とも の擁護を主張していることを強く批判・中傷した。

その共産党の憲法に対する態度は、資本主義型か社会主義型かとのイデオロギー的尺度で判断し、現憲法に対しては〝資本主義型の憲法〟だとして「ブルジョア憲法」とのレッテルを貼り付け、軽蔑《けいべつ》している。そして先行きに現憲法を廃棄し、現憲法の骨格である三原理とは原理を異にする別個の憲法により、わが国の国家機構や制度を根本的に改造して「日本人民共和国」を樹立するとの方針を決定していた。

同党は、ポスト自民の革新連合政権として「民主連合政府」構想を提唱しており、同政府では一応〝護憲〟を表看板にしている。しかし共産党綱領（61年綱領）によれば、民主連合政府は「民族民主統一戦線政府」の成立を「促進するため」と位置づけられている過渡的なワンステップの政府にすぎない。共産党主導の民族民主統一戦線政府が権力を握った時点で現憲法を廃止し、別個の憲法の下で、日本を「人民共和国」に一変させる、というのが共産党の掲げる革命の基本計画である。そのためにポスト自民の革新連合政権（民主連合政府）を共産党の革命スケジュール促進のために「利用」（日本共産党中央委員会発行「月刊学習」66年11月号）するとしている。

すなわち、民主連合政府段階では現憲法擁護を掲げているが、しかしそれは〝護憲を看板とした民主連合政府〟が〝改憲の民族民主統一戦線政府〟を生み出すというのが党綱領上の展望である。従って、〝改憲〟を早めるために〝護憲〟の連合政権を樹立しようという民主連合政府提案は、憲法を党利党略の手段に使う「憲法利用」戦術であり、それは憲法蔑《べっ》視思想の現れである。そのような改憲を内包した〝護憲〟は文字通りの憲法擁護とは言い難い。共産党は自らが抱くそのような憲法改変の方向性について、他党から一切手を縛られたくないとする思惑から、現憲法擁護を前提とする公明党の連合政権構想を強く批判したのであろう。

公明党と共産党との間の論争は、連合政権の共通の前提として現行憲法、なかんずくその三原理の「将来にわたる擁護」を認めるかどうか、について対立し、公開論争に発展した。論争は、73（昭和48）年12月17日、突如一方的に日本共産党中央委員会が公明党中央執行委員会に宛てて25の質問を含む公開質問状を発したことによって始まった。当時、共産党は69年12月の衆院総選挙で5議席から14議席へと躍進。さらに72年12月の総選挙では同党史上最多の38議席を獲得。得票数も前回の３２０万票に２３０万票上積みして５５０万票を獲得。衆院で野党第2党に進出していた。

また社共両党を主軸とする革新自治体も多く誕生。共産党が牛耳っていた蜷川京都府政（50年から78年までの7期）に続き、美濃部都政（67年から79年までの3期）、黒田大阪府政（71年から79年までの2期）、さらに名古屋市、沖縄県、横浜市などでも社共両党が推す革新統一候補を首長とする革新自治体が相次ぎ誕生した。

世の中的にも〝左翼の花盛り〟の時代だった。例えば京大名誉教授の竹内洋はその著「革新幻想の戦後史」(中央公論新社刊　２０１１年10月発行)の中で、こう書いている。「わたしたちの世代、たぶん一九七〇年あたりまでに大学に入学した世代にとって、革新幻想はキャンパスの空気(世論)そのものだった……当時の大学キャンパスでは、マルクスやレーニンを知らないのは言語道断。いくらかでも異論を唱えればバカ者扱いされた。保守的教授は、学識のいかんを問わず、無能で陋劣《ろうれつ》な教授に見られがちだったし、左派に同情的な教授はそれだけで話のわかる良心的教授だった。左翼に媚びていると思われる教授も少なくなかった。……革命と改革を叫ぶ左翼思想は知的でヒューマニスティックだというのである」と。

さらに国際的にもマルクス・レーニン主義に基づく社会主義国家はソ連・東欧など世界14カ国が存立。かつイタリア、スペイン、フランスなど西欧各国の共産党も政権をうかがう立場にあるなど意気軒昂《けんこう》であった。

そうした情勢と時代背景を受けて、共産党は「１９７０年代の遅くない時期に民主連合政府をつくる」と喧伝するなど、同党の絶頂期だった。

●公明からの質問状に答えず、共産は論争から逃走

公・共「憲法論争」の経過は、共産党が提起した質問状に対し、公明党は74年2月8日、25問の全質問に完全に25「答」した回答状を共産党に手渡した。

次に、今度は公明党中央執行委員会から日本共産党中央委員会に宛てて70項目２００余問の質問を含む、「憲法三原理をめぐる日本共産党への公開質問状」を発した(74年6月18日に「その一」、7月4日に「その二」を提起。全文約22万字。同公開質問状は公明党機関紙局発行の「憲法三原理をめぐる日本共産党批判」に所収)。

同質問状は、「質問内容は非常に豊富だし、いずれも国民が共産党に質問したいことばかりである」(高橋正雄・

九州大名誉教授「公明」74年9月号）と評された。しかし共産党はその後何年経っても、70項目200余「答」の回答を示さず、論争から逃走、論争に事実上敗北――という経過をたどった。

公明党の公開質問状作成の指揮を執ったのは機関紙局長の市川雄一（非議員・中央執行委員）で、論争の核心的部分も自ら執筆した。

公明党の公開質問状は、共産党綱領や規約、綱領的論文、宮本顕治議長ら党幹部発言などを根拠として明示した上で、共産党のめざす社会主義は、わが国今日の自由と民主主義の国家・社会体制の基柱・骨格である現憲法の三原理とは完全に相矛盾し全く異質であること、また同党内のコンセンサスとなっている基本原則と党外国民・選挙民向け宣伝（いわゆる柔軟微笑路線）との間の乖離《かいり》・矛盾・理論的不整合、さらに同党の革命戦略・戦術やその立脚基盤であるマルクス・レーニン主義（＝科学的社会主義）が孕《はら》む欠陥、問題点をあらゆる面から徹底分析した。すなわち、

①共産党は平和・人権・民主を柱とする現行憲法を破棄する方針を堅持していること
②複数政党制や三権分立など現行政治制度の全面的改廃を狙っていること
③共産党の路線、マルクス・レーニン主義（科学的社会主義）には、自由・民主主義などの市民的社会の諸価値と対立する重大な要素が含まれていること
④共産党の統一戦線論は政権交代なき共産党一党独裁政権をめざす革命（武力革命を含む）路線であること

――などを明らかにしたものである。

その質問態度は、事実の根拠に基づく客観的で理路整然、しかも系統的・体系だっているため、識者からも高く評価された。例えば、志水速雄・東京外語大助教授（ロシア政治論）は「従来日本の政党でこれほど詳細かつ論理的に日本共産党を批判した党があるだろうか……感情的な反共主義に走らず、相手の資料を豊富に用いて相

手の論理的矛盾を鋭く追及するというのが論争の正道であるが、この質問状はまさしくこの論争ルールに忠実に従っている。……そしてこの質問状で提出されている多くの疑問点は、実は共産党について国民がもっとも知りたいと思うところばかりであり、したがって共産党はこれらの疑問を回避したり、問題をそらしたりすることなく、正々堂々と自分の見解を明らかにする公党としての責任をもっている」(「公明新聞」74年7月1日付)と。

●「論争の勝敗、〝最初からわかっていた〟」との評。公明党の全面勝利に

しかし、遺憾ながら、共産党からの回答はなく、論争から逃走し、「正々堂々と自分の見解を明らかにする公党としての責任」を放棄した。後日に志水助教授は「この論争においてどちらが敗北の運命にあったかは、ある意味では最初からわかっていたことである」(「公明新聞」77年6月4日付)とし共産党の敗北との断を下している。また社会主義論の論客として知られる佐藤昇・岐阜経済大教授は、こう断じている。「この憲法三原理をめぐる公明、共産両党の論争は、実は論争としての実質を欠いており、正確には論争とは呼び難いような性格のものである。なぜなら、日共はこの公開質問状にまともに答えようとはついに一度もしなかったからである。そのため、この論争は論争らしい論争には発展せず、公明党の質問とそれに対する共産党の反共呼ばわり的応酬とのすれ違いに終わってしまっている。では何故日共はこの公開質問状に正面から答えようとしなかったのであろうか。その理由は簡単であって、回答しようにもできなかったからにすぎない」(「公明新聞」76年9月22日付)と。

さらに、社会主義に関する諸問題を主に扱う専門誌「現代の理論」編集長の安東仁兵衛は「本書(「憲法三原理をめぐる日本共産党批判」)は日共的自由と民主主義の欺瞞性を批判する点において出色の成果を示している。ここで展開されている批判はきわめて包括的であり、その論旨は明快かつ周到である。……この批判をその後の日共指導部の言動と照らし合わせてみれば、彼らが新語法的手法だけでは抗し得なくなり、居丈高な『反共』呼

ばわりを続ける一方で、実は、ひそかにそしてなしくずしに言辞と論理の修正をほどこさざるを得なくなっていることが明らかになる」（同）と論評。

これら第三者からの評価「日共はこの公開質問状にまともに答えようとはついに一度もしなかった」（佐藤昇）、「日共指導部が……ひそかになしくずしに言辞と論理の修正をほどこさざるを得なくなっている」（安東仁兵衛）、「どちらが敗北の運命にあったかは、最初からわかっていた」（志水速雄）などにも明らかなように、論争の勝敗は、公明党の全面勝利と、共産党の敗北は歴然としていた。公明党のその勝利は戦後日本の政党間論争史上に輝く金字塔である。

●「反対党」許さず、「複数政党制」はお飾り

公・共「憲法論争」で、日本共産党側が回答不能に陥った、公明党の公開質問状では、例えば「複数政党制」とか「自由」の問題などについて、次のように指摘した。

複数政党制は、主権在民の原則による議会制民主主義にとって不可欠の制度である。では共産党政権下で、共産党に反対する政党、またマルクス・レーニン主義を批判する政党の存在は認められるのか。

これに対し、日本共産党は将来について、こう言明している。「社会主義社会には、いわゆる反対党なるものは存在する経済的土台がありません」「社会主義の段階では……いくつかの政党や党派、団体が存在しても、社会主義を建設してゆくために、共産党の指導のもとに……存在することになります」（日本共産党中央委員会発行「月刊学習」68年9月号）と。つまり、「反対する政党」はそもそも想定されていないし、存在するとしても「共産党の指導」に服従することを存在の条件としている。

あるいは、こう規定している。「その党が反革命の不法手段にうったえず、社会主義日本の憲法と法律にした

がう限り、一般的には禁止されない」(不破哲三著「日本革命の展望と複数政党の問題」）と。同見解でいう「反革命」とか「不法」か否かの判定は事実上、政権政党である共産党が判断するのは当然だろう。さらに、その内容が定かでない、未知なる社会主義日本の憲法と法律に「したがう限り」との留保条件も付いている。加えて「一般的には禁止されない」という包括的条件もある。むろんそれは〝例外がある〟ことを意味し、そこに政権政党、つまり共産党の恣意的判断が入り込む余地を残している。そのように何重もの制約条件を課している。現行憲法で何の留保も付けず、結社の自由や表現の自由を認め、複数政党制を保障しているのと、本質が大違いである。

●事実上の共産党独裁めざす革命方針。「全人民を共産主義的人間に改造」方針も

それに、日本共産党は、自らが奉ずるマルクス・レーニン主義（科学的社会主義）を「全能で……完全」「全一的な世界観」「人類の歴史がつみあげてきた科学の成果の最高の結晶」(日本共産党中央委員会出版局発行「共産主義読本」)、「実践の試練にたえぬいた客観的真理」「絶対的に正しく動かしえない内容をもって（いる)」「絶対的真理」(「月刊学習」67年9月号）と断じている。

しかも、その「全能」「完全」「全一的世界観」「絶対的真理」なるマルクス・レーニン主義の日本における唯一の「体現者」が日本共産党であると任じている。さらに同党は「反共主義は共産党の敵であるだけではなく、人民の敵」(「共産主義読本」）と決めつけている。

従って、共産党の理論やその革命方針、また同党自身に他から批判を加えようものなら、それこそ「反共主義＝共産党の敵＝人民の敵」という専断的図式の下、徹底攻撃され、排除・粛清の対象視されることは必定だろう。

そのような情勢下では、共産党に賛成する政党、同党の「指導」にぬかずく政党、マルクス・レーニン主義を批判しない政党しか存在が許されないという、事実上の一党独裁体制がつくられる危険が大である。

そもそも日本共産党はマルクス・レーニン主義に基づく社会主義革命をめざす党である。そのめざす革命とは、同党の説明によれば、「経済的土台から上部構造まで」の一切、すなわち、これまでの国家社会の一切全部――政治、経済の機構、制度のみならず、「精神生活も、そのありかたが根こそぎに変革され……る社会の根本的な変化」(「月刊学習」68年3月号）をめざす、とされる。

そのためには当然、強大な権力が必要となる。同党の説明によれば、「社会主義の国家権力は……プロレタリアートの独裁であって、この権力は反革命勢力を抑圧しながら……社会の規律を維持し、社会の成員を一層たかい共産主義的人間に改造してゆく使命をおびる」(日本共産党中央委員会出版部発行「日本共産党100問100答」）とされる。同党はまた「……この独裁権力をテコにして社会主義建設をすすめる」(「共産主義読本」）としている。このプロレタリアート独裁（=プロ独裁）の権力について、レーニンは「直接に暴力（軍事力、警察力=引用者注）に立脚した権力」「いかなる法律にも法規にも束縛されない無制限な権力」「他の何人とも分有を許さない権力」と説明している。

その説明の如く、共産党のめざす革命とは、単なる政権獲得ではなく、全国家権力の掌握――つまり、政府、裁判所、軍隊、検察、警察、監獄、国税庁、税務署、マスコミなどのすべてを握り、その権力をテコに現行憲法を改変して、国家機構や国会制度、裁判制度などを根本的に変えてしまい、わが国を「日本人民共和国」にするというものである。その有り様は既存の社会主義諸国が例外なく示している通りである。つまり、事実上共産党が体現する「プロ独裁」権力により、国家機構・制度の変革のみならず、国民の思想面においても、「全人民を社会主義的に改造」(「共産主義読本」）して「全人民を組織」(同）し「社会の成員を一層たかい共産主義的人間に改造してゆく」(「日本共産党100問100答」）とし、あるいは、「すべての人びとが共産主義の道徳を身につけ」(「共産主義読本」）ることを目標としている。

そのような超絶対的な「プロ独裁」権力下で、かつ「全人民を社会主義的に改造」「共産主義的人間に改造」するとされる社会で、基本的人権の中核である「思想・良心・信条・信教・言論・出版・集会・結社の自由」が一体どこまで認められるのか。「異論」や「反対党」の存在がどこまで許されるか。甚だ疑問である。ひとたび「反革命勢力」と判定されれば、たちまち「抑圧」の対象とされかねない。「複数政党制」など全くのお飾りでしかあるまい。

例えば、同党いうところの「人間改造」方針についてだが、ごく普通の一個人の場合、現憲法下では職業選択の自由、就職・転職の自由は当然の基本的人権として認められているが、しかし日本共産党ではこう言っているのだ。「社会主義社会では……いやになったからといってやたらに職場を変わることはできませんが、これは当然です。……職場を変わりたがるような人は、社会主義の見地からするとおくれた人ですが、社会はこのような人をほったらかしにせず……社会主義的に目ざめた勤労者に改造します」「勤労人民を社会主義的勤労人民となるように組織し、指導し、改造してゆく」(「共産主義読本」)と。これは人間改造のほんの一例であろう。

●チェコの自由化を攻撃。制限付きの〝エセ自由〟しか認めず

日本共産党のいう自由保障とはいかなるものか。それを端的に示した具体例が68年の「プラハの春」と呼ばれたチェコスロバキア共産党の自由化・民主化運動に対し、日本共産党の取った態度であろう。チェコの試みはソ連・東欧5カ国の軍事介入によって押しつぶされたことは周知の通りだ。このチェコの自由化・民主化運動に対し、日本共産党は激しく批判攻撃したのである。

チェコ共産党が打ち出した自由化・民主化措置とは、日本や欧米諸国ではごくごく当たり前のものであり、ただソ連・東欧諸国などの社会主義国では画期的な措置であったため、国際的に大きな関心と注目を浴びたのであ

る。その内容は、決して無制限のものではなく、共産党の指導性の優位、マルクス・レーニン主義の原則の堅持、社会主義の理想の推進など一定のワクをはめた下で、一定程度の言論の自由、検閲の禁止、集会結社の自由、移転の自由、国外旅行および滞在の自由、秘密警察など保安機関の任務制限などを唱えるものであった。西側諸国から見れば、「おずおずとした『自由化』の断片的実験」（藤村信「プラハの春モスクワの冬」）でしかない、極めて制限的な、切り縮められたものだった。

しかし日本共産党は、このチェコの措置に対し、「社会主義的民主主義の名で事実上ブルジョア民主主義を導入する『純粋民主主義』であり、反社会主義勢力に活動の自由を与える重大な右翼的誤りである」と党の公式見解（党内的に極めて高い権威を持つとされる「赤旗・無署名論文」68年10月1日付）を発表して手厳しく弾劾した。同党の最高幹部である不破哲三も月刊誌（「世界」69年1月号）に書いた論文で「反社会主義建設を挫折に導く自由を与えるなど……反社会主義勢力との闘争を事実上放棄する立場に到達した」「社会主義勢力に活動の危険さえある根本的な誤り」と徹底的批判を加えた。同じく最高幹部の上田耕一郎も、チェコの自由化運動が極めてささやかな、まだまだ限定付き、カッコ付きの自由を求めただけなのに、それすらも許されないとし、「もう非常にあけっぴろげな民主主義」「非常にゆきすぎた無制限の自由」「すべての人々に民主主義という発想」（「月刊学習」68年11月号）などと否定的に見なし、「これは非常に危険なこと」と警鐘を鳴らしている。

つまり、同党が取った態度は、資本主義から共産主義社会へ移行するまでの全期間、すなわちプロ独裁が存続される期間は、反社会主義勢力に活動の自由を与えてはならないというものである。そして反社会主義勢力に活動の自由を与えてはならないという名目のもとに、全人民に無制限の自由を与えてはならない、とした。つまり、プロ独裁下にあっては制限付き、条件付きの「偽りの自由」「ニセの自由」しか与えないということである。

この原則はチェコの特殊ケースにだけ適用されるというものではなく、日本共産党自身も日本の社会主義革命と社会主義建設に当たって「当然の前提」として踏まえる「マルクス・レーニン主義の共通の原則」（前記「世界」の不破論文）だと訴えた。

しかし、同党の党外国民・選挙民向け宣伝では、「社会主義日本」でも全人民に無制限の自由を保障するかのように主張している。それ故、これは、チェコの自由化・民主化措置に対して同党が取った従来からの原則的態度と原理的に真っ向から対立、衝突するのではないか。二律背反の、相矛盾する二重人格同居の態度だ、と公明党の質問状で糺したのである。

上記は、公明党の公開質問状で取り上げたうちの、ほんの一例だ。質問状の骨子は、共産党の当時の根本指針である「61年綱領」をはじめ同党自身の重要論文や最高幹部自身の重要発言等によって、既に同党内の自明のコンセンサスとして確立されてきた従来からの一貫した基本的見解と、近年の党外国民・選挙民向けの〝柔軟微笑〟路線との多くの点での矛盾、断層を指摘し、その矛盾、断層の理論的・原理的解明を要求したものである。

すなわち、①従来の基本的見解も正しく、かつそれとは正反対の近年の〝柔軟微笑〟宣伝もともに正しいとするなら、その重大な自己矛盾の理論的・原理的解明を行うこと②この解明ができず、〝柔軟微笑〟路線を正しいとするなら、過去の言説、見解を自己批判して、その誤りを明らかにし、清算すること——を要求したものである。

これに対し、共産党は公明党に対し罵詈雑言《ばりぞうごん》的な「反共」呼ばわりをするだけで、質問状への回答不能を続け、自ら設定した公開論争の場から逃走する一方で、極めて欺瞞的な態度を次々と押し出してきた。それは一口で言うなら、自己矛盾に対する原理的解明や自己批判による誤った過去との清算も放棄した上で、もっぱら憲法論争における公明党の主張を、表面的、皮相的ではあるが、そっくり取り入れて〝自説〟として押し出すという姑息《こそく》な手法である。

例えば、「マルクス・レーニン主義を『官許哲学』『国定イデオロギー』として国民に押しつけない」「信教の自由を、いかなる体制のもとでも、無条件に擁護する」といった〝新見解〟がそれである。さらに76年7月の第13回共産党臨時党大会における一連の措置、すなわち①「プロレタリアート執権」から「労働者階級の権力」への用語（訳語）言い換え②「マルクス・レーニン主義」という呼称の「科学的社会主義」への言い換え③「自由と民主主義の宣言」の採択――などがそうである。同党は73年11月の第12回党大会で、プロ独裁の「独裁」という言葉が〝物騒〟な印象を与えるとして、〝執権〟という鎌倉時代を思わせる古色蒼然《こしょくそうぜん》とした言葉に変えたが、それでも強権的、独裁的色彩が強いと懸念してか、その実質は温存しつつも、更なる言葉の〝修正〟に乗り出し、「労働者階級の権力」と呼び換えたのである。

これら一連の措置に対し、例えば佐藤昇・岐阜経済大教授は「日共が現時点で今更らしくこのような宣言（自由と民主主義の宣言）をしなければならなくなったこと自体、公明党の日共批判がまさしく的を射ていたことを証明しており、その意味ではこれは公共論争における日共の事実上の敗北宣言にほかならない」（「公明」76年11月号）と指摘している。

●自由と民主主義の保障に重大な疑念。共産党は「連立」「連合」の対象外

つまり、憲法論争における公明党の主張が基本的に正しく正当性のあるものであることを共産党としても認めざるを得ず、かつ論争における同党の敗北を事実上肯定したものである。同時にもう一面では、「自由、民主主義宣言が一片の空辞でないことを裏付ける客観的な証明材料がどこにも見あたらない」「理論的総括と自己批判抜きの宣言」（佐藤昇・同）と見なされるように、重大な自己矛盾の原理的解明も、自己批判による過去の清算も回避したことによって、「自由と民主主義の宣言」などそれら一連の措置が死語・空文化したばかりか、さらに

自己矛盾と自己欺瞞を拡大再生産したのである。

特に後段で指摘した側面は重要であり、共産党の革命理論、革命戦略の上に原理的矛盾が一段と拡大したため、それを共産党に糺すために、公明党は憲法論争の延長として、準公開質問状と銘打った論文「日本共産党の『プロ独裁』問題と『自由宣言』の欺瞞性を衝く」（「公明新聞」76年9月28、29日付）を発表した（全文は公明党機関紙局発行「続・日本共産党批判」に所収）。同論文で、公明党は共産党に対し新たに提起した全主要論点についての責任ある解明と回答を要求したが、結局これにも同党は回答不能を続けるだけだった。

この公・共「憲法論争」の結果として、共産党については自由と民主主義の保障などで重大な疑念がある。また「連立」「連合」とは根本的に相容れない「プロレタリア独裁」主義に立脚している。さらに政策面でも同党との間に大きな相違があり過ぎることなどから、政権を一緒にやっていくことはできないと判断。公明党として、野党間の連合政権構想について、社会党が主張しているような「全野党共闘」は選択できない、として路線問題に理論的決着をつけたのである。

この公・共「憲法論争」は、そもそもは野党間の政権共闘をめぐっての路線問題が契機であった。ただし公明党が発した公開質問状と、それに続く追加的な準公開質問状は、志水速雄・東京外語大助教授が「展開されている議論の水準は国際的レベルでも通用しうるほどのものである」（「公明新聞」77年6月24付）と評しているように、単に日本共産党の革命戦略や政策・主張への批判にとどまらず同党の立脚基盤であるマルクス・レーニン主義そのものが孕む本質的欠陥・矛盾を鋭くえぐり出したものである。

その公明党の公開質問状発表から15年後の89年、俗に「１９８９年革命」とも呼ばれるが、ソ連・東欧型の社会主義は音を立てて崩壊・破綻。ソ連共産党自体も91年12月に解体した。時系列的に見れば、公明党の質問状は社会主義の崩壊・破綻を一昔前に必然視し、論理的にその弔鐘《ちょうしょう》を告げるものであった。

第9章　安保・自衛隊政策を現実的に転換

―連立・連合の時代に備える

●国会、「与野党伯仲」状況に

自民党長期政権の宿痾《しゅくあ》ともいうべき金権腐敗現象。疑獄事件や不祥事を頻発させ、国民の政治不信を増幅させてきた。その弊が集中的に表沙汰になったのは、１９７４（昭和49）年11月に発覚して田中角栄首相が辞任に追い込まれた土地転がし疑惑などの「田中金脈」問題や、76年2月に表面化した米航空機製造会社の賄賂商法に自民党政権が串刺しにされたロッキード疑獄である。この件では元閣僚らの逮捕者や複数の「灰色高官」も登場。とりわけ世の中を震撼させたのは「首相の犯罪」と呼ばれる田中前首相逮捕（同7月）であった。さらに、「前首相逮捕は行き過ぎだ」などとする、田中後継の三木首相に対するいわゆる「三木降ろし」の激しい党内抗争が起き、あるいはロ事件を契機に政治倫理問題で新自由クラブの分裂（同6月）騒動を引き起こすなど、自民党はこの時期、結党以来最大の危機に直面した。

そして迎えた76年12月の現憲法下初の任期満了の衆院総選挙。俗に「ロッキード選挙」と呼ばれたこの衆院選は、定数が前回より20増の５１１をめぐって争われた。自民党は三木対反三木に分裂したまま臨んだが、結果は改選前の２７１から２４９議席へと、55年の保守合同後初めて単独過半数を割る惨敗を喫した。保守系無所属議員の追加公認で２６０とし、かろうじて過半数（２５６）を確保することになったが、選挙敗北の責任をとって三木内閣は退陣。福田内閣に代わった。

この選挙で公明党は改選前の30から56議席へと大躍進。予算を伴う法案を単独で提出できる51議席を突破した。民社党は19から29議席。社会党は112から123議席への微増。共産党は38から17議席へと半減以下に転落した。また衆院選初挑戦となる新自由クラブはブームを起こして5から17議席を獲得した。この結果、国会は文字通りの「与野党伯仲」状況となった。

●社会党の「全野党」路線、野党結集の障害に

野党陣営には与野党政権交代をめざしての「政権受け皿」づくりが急務の課題とされた。これについて、公明党は74年に行った共産党との憲法論争の結果として、同党を連合政権構想のパートナーにはしないと結論づけていた。だが野党第1党の社会党は左派色の強い成田知巳委員長の下、共産党を含めた「全野党」路線を依然掲げていた。しかし野党第3党の民社党は反共産主義をモットーとし、党首脳が「日本共産党とは倶《とも》に天を戴かず」と公言。そのように政権共闘で公明、民社が「共産除外」としている以上、「全野党」は現実的に成り立たず、虚構であった。にもかかわらず社会党は社共中軸の左翼連合に軸足を置いた全野党に固執し続けた。それが野党勢力の有効な連立を阻み、野党結集の大きな障害となり、結果的に自民単独政権の継続を許していた。

その中で、76年2月に松前重義東海大総長を代表に、社会党・江田三郎副委員長、公明党・矢野絢也書記長、民社党・佐々木良作副委員長が名を連ねた「新しい日本を考える会」の設立が決まり、同年7月に発足。巷間「江・公・民」路線と称され、社公民中軸による保守勢力も含めた政界再編が模索された。78年5月23日に開店休業状態だった「新しい日本を考える会」に代わる形で、中道勢力を軸に幅広い勢力の結集をめざす「場」として「二十一世紀クラブ」が結成された。また同日、公明、民社、社民連、新自由クラブの、いわゆる中道ブロックの4党首が会談。以後同会談を〝サロン的〟なものとして継続。政治改革推進への幅広い勢力結集が合意された。

公明党は80年1月の第17回党大会で野党連合政権の枠組みとして「大枠としての社公民三党に、新自ク・社民連を加える」との路線を決めた。

77年7月の参院選は連立政権樹立の期待が高まる中、「与野党逆転」をかけて行われた。しかし結果は改選数126に対し、自民党が公認63、推薦3を当選させて逆転を阻止。一方、野党側は公明党が改選10に対し4増の14議席獲得の躍進。民社党1増の6議席。参院選初挑戦の新自由クラブ3議席。一方、社会党は改選32に対し27議席にとどまる敗退。共産党も改選9から5議席へ転落した。

この結果、社会党は成田執行部が参院選敗北の責任をとって同年12月の党大会で退陣。横浜市長の飛鳥田一雄が委員長に就任。その飛鳥田社会党は野党共闘について、成田時代の「全野党」路線を「公明重視」の方向に軌道修正を試みたが、一方で社公共3党の再結集を唱えるなど、路線問題はあいまいのままだった。

●公明主導で公・社、公・民の「連合」合意も

社会党が路線問題に決着をつけたのは、80年1月10日に公明党との間で「連合政権についての合意」を結び、その中で「現状においては、日本共産党は、この政権協議の対象としない」と明記。従来の全野党路線とようやく決別した。公明党は前年79年12月6日に、民社党との間で「中道連合政権」構想に合意しており、ここに「公・社」「公・民」と公明党を軸にブリッジする形で社・公・民の政権合意がなされた。これによって、ポスト自民の野党連合政権に対し、国民が抱いてきた、共産党が加わることによって「自由と民主主義」が損なわれるのではないか、とする不安感を取り除いたといえる。

野党間の連合政権構想にとってもう一つの懸案は政策対応である。特に日米安保条約と自衛隊の扱いが焦点だった。これについて、二つの「政権合意」では責任をもって現実的対応をすることが約束された。すなわち、「公・

民」合意では日米安保について「当面は存続する」、自衛隊については「差し当たり……これを保持する」とした。一方、「社・公」合意では、「日米安保体制の解消をめざし、当面それを可能とする国際環境づくりに努力する」として当面は存続するとし、自衛隊も、（存続を前提として）「当面……シビリアン・コントロールを強化する」ことを連合政権の目標とし、縮小・改組の検討はその先の将来の問題に位置づけた。

公明党が主導する形で、これら二つの「連合政権」合意が成立したことに対し、メディアは「各党ばらばらに政権構想を打ち上げていた時代を乗り越え、異なる政党同士が初めて連合政権の基盤勢力と政策内容について……合意にこぎつけた意義は大きい」（「毎日」80年1月12日付）、「ポスト・自民党の政権受けざら作りを確かなものとし、連合政権実現の可能性を一段と膨らませた」（「読売」80年1月11日付）などと評価。公明党を軸に、野党として「連合の時代」に向けての態勢が作られた。

社会党が「社公中軸」志向を強めたのは、79年の統一地方選で東京、大阪でもそれまでの社共両党主導の革新都府政に代わり、自公民協力に代表される「保守・中道」型の知事が誕生。地方議会選挙でも社会党は3回続きの議員減となるなど同党の影響力低下が顕著だった。さらに同年10月の「一般消費税解散・総選挙」でも同党は前回より16議席減の107議席と振るわず、長期低落傾向から脱せなかったことが背景にある。

この時の総選挙では公明党は前回より2議席増の58議席を獲得。また自民党は解散前より1議席減で過半数割れの248議席となり、敗北した。そのため自民党内では大平首相に対し、反主流派の福田、三木、中曽根各派が大平の退陣を要求。選挙後の首相指名選挙では大平に対抗して、反主流派は前首相の福田を擁立。いわゆる「40日抗争」を展開した。

●野党側の不備で政権交代の好機逃す

自民党内の派閥抗争は激化し、社会党が80年5月に出した大平内閣不信任案の採決で、福田、三木派など反主流派の議員69人が欠席戦術に出た。不信任案は賛成２４３、反対１８７の56票差で可決され、大平首相は衆院解散・総選挙に踏み切り、６月22日投票で初の衆参同日選挙が行われることになった。いわゆる「ハプニング解散」である。

同日選は当初、自民党内が分裂し、野党側にとって有利な状況であった。「自民政権の継続か、野党による連合政権か」が最大焦点となった。公社民の各党にとっては政権共闘を具体化し意気上がる中での選挙戦であり、野党の「連合政権構想」を語った。その最中、元来「近親憎悪」（佐々木民社党委員長）的な確執にあった社会党と民社党が日米安保や自衛隊の問題などをめぐって言い争い、相互不信を抜き難いものにした。そのため、「社・公・民」野党連合政権構想は国民・有権者から「場当たり」「未成熟」と不信を買い、一気にしぼんでしまった。加えて、大平首相が選挙戦中に突然死去。自民党は同情票を集めて２８４議席を獲得する圧勝となった。しかし公明党は、社会、民社の間でまたさき状態に遭い、改選前より24減の34議席となる大敗を喫した。参院選も前回より１議席減の13議席にとどまった。

一方、自民党は参院選も69議席を獲得し大きく回復。この結果、自民党は衆参安定多数を確保。野党間の連合政権構想は振り出しに戻った形となった。選挙後の９月２日に開催された公明党中央委員会では、社会党が固執する非武装中立論などに対する批判や、同党の〝何でも反対〟的な硬直した万年野党的姿勢への懸念から「大枠社公民」路線に対する消極論も出された。

公明党としても、党再建が喫緊の課題となり、頓挫《とんざ》した連合政権構想について出直しを余儀なくされた。公明党がめざした社公民連合の形成は、本来そのためにイニシアチブを発揮し、主たる任務を遂行すべきは野党第1党の社会党であるが、同党は政権獲得への意欲を欠き、抵抗政党の殻に閉じこもったままであった。自民党政権はその上に存続・安住し続けたのである。

●〝政治の連続性〟政権交代に必要な視点

与野党伯仲から連合の時代へ——１９７０年代後半からの日本の政治展開は、一進一退の曲折を経つつも、その流れを加速させてきた。公明党は78（昭和53）年1月開催の第15回党大会で、連合の時代への備えを本格化させた。その主眼は、同大会の決定事項として、自衛隊や日米安保条約の防衛問題などについての現実的見直しを決めた。

80年代の「連合の時代」を迎えるに当たり、野党陣営に求められるものは何か。政策面でまず挙げられるのが外交・防衛問題であった。与野党政権交代により自衛隊・日米安保という一国の安全保障政策の面でドラスチックな政策転換が行われて混乱が生じることを国民は望んでいない。〝政治の連続性と安定性〟の視点に立った対応が求められている。国の基本となる外交・安全保障政策で、与党と野党との間で１８０度も違いがあり、真っ向対立していることは本来不自然であり、国民にとって不安感がある。実はその問題が与野党政権交代を阻む要因となっている。従って、野党として理想は理想として追求しながらも、現実に対応するという視点での安全保障政策の見直しが必要だ、との問題意識を出発点として、党内論議の開始を決めたのである。

同論議の途中段階での「公・民」「公・社」の二つの政権合意は、この党内論議の雰囲気を反映する形で、日米安保・自衛隊政策に対しても、公明党が主導する形で現実的対応が模索された。ただし、二つの政権合意の限界性は、連合政権段階での「当面」「差し当たり」としての政策対応となっている点である。「当面」の範囲は80

年代前半と目されていたが、連合政権時代が本格化することになれば、「党独自の政策」と「連合の政策」が大きく乖離したままで、便宜的に対処するのでは政権運営に支障を来しかねない。政権の脆弱性《ぜいじゃく》につながる。何より国民にとっても分かりづらく、信頼を得るのが難しくなる。「公・民」「公・社」の合意は過渡的、一時的なものだったにせよ、公明党としても「党独自」と「連合段階」の二つの立場の政策的差異の克服を課題として迫られた。与野党政権交代が正にかかった80年6月の衆参同日選挙での野党陣営の敗北はそのことを教訓とした。

●約4年の党内論議積み重ね新安全保障政策決定

安全保障政策の見直し作業は党安全保障部会長の市川雄一衆院議員が中心となって進められた。約4年に及ぶ党内論議を積み重ね、その集大成として、81年12月の第19回党大会に「公明党の安全保障政策」として発表された。

その特徴は、平和憲法の理想や公明党の「反戦・平和」の理念は堅持しながらも、国際情勢の厳しい現実は現実として直視し、わが国の平和的存立と民族の生存をどうすれば守れるか、その理想と現実との開き、ギャップをどう埋め合わせるかという、一見相反する二つの要請の両立・架橋を試みた大胆かつ画期的な提案であった。

戦後わが国の安全保障政策を取り巻く政治環境は、一方に保守・自民党陣営における自衛隊合憲・日米安保堅持の下、憲法第9条無視やその改変論、そして際限なき防衛力増強路線があった。他方に社会党など左翼陣営における憲法理念を金科玉条視する自衛隊違憲・安保断固反対の「非武装中立（＝自衛隊解散・日米安保廃棄）」路線が対峙していた。その牢固とした二元的保革・左右の対立下で不毛の抗争が長く続けられてきた。

そのため安全保障政策の当否をめぐる実質論争は見られず、もっぱら自衛隊の存在自体の「合憲、違憲」をめぐる対立や、日米安保についても頭からの是・非論や個別の条文解釈をめぐる論争に終始してきた。「防衛論争のみあって安全保障政策なし」といわれる状態が長く続いた。そこには東西冷戦を反映した「親米反共」対「反米親共（＝親ソ連・親中国）」といったイデオロギー的対立も絡んでいたため、両者の溝は埋め難いものとなっていた。

大多数の国民は、その両極端のどちらか一方を支持することもできないジレンマに置かれ、国論は分裂したままであった。ただし、国民の多くは現行憲法は守るべきだとし、かつ国民・有権者の8割近い人々が「自衛力」の必要性を認めた。ただし、自衛隊の存在が既成事実化していることもあって、その存在自体は肯定しつつも、しかし際限なき防衛力の増強には反対、というのが、各種世論調査に示されていた国民の考えであった。

公明党の安全保障政策は、当時のこの国民的常識、国民大多数の声を代弁・代表する提案となっているものである。安全保障政策に欠かせぬ国民的コンセンサスの形成を図るものであった。

●「理想」と「現実」の両立めざす政策提案

それ故、公明党の新政策に対し、マスコミ、識者から高い評価が寄せられた。

例えば、「公明党が、理想を掲げながら現実的な政策を提起した。現実にのみこまれるのではなくて、理想をめざした上での政策の現実化を大胆に打ちだしたことは評価できます。また、全体として読む限り整合性があり論理的」「国民的コンセンサスが、自衛隊『違憲論』と『合憲論』の二つに分裂してしまっている。……こういう分裂している国民世論を……まとめ上げようとしている点は評価したい」（菊地昌典・東大教授「公明新聞」81年10月25日付）、「高い理念の追求と政治的リアリズムの徹底という、一見、相反する二つの要請を両立させようとする真摯な努力の成果として高く評価されるべきである。他の野党にしても国の統治に責任を負うという立場から、わが国における安全保障政策のあり方をまじめに追求するならば、その帰着するところは、この公明党案にほぼ近いものにしかなりえないのではないか」(佐藤昇・岐阜経済大教授　同81年10月24日付)、「自衛隊と安保条約を否認するのが『革新』の基本条件であり、肯定するのは自民党とひとつ穴のむじなの『保守・反動』である、という単純な二分法的図式が出来上がってしまっている日本において、これだけの大きな政策転換を行うということは、まさに大変なことであり……戦後日本の政治史上、特筆に値する」(蝋山道雄・上智大教授　同81年10月12日付)等々だ。

新政策は、第一章と第二章からなり、第一章は世界平和をめざした平和戦略。世界が平和でなければ、日本も平和に生きることはできないという前提で、平和のための政策として、①核兵器の全面撤廃と軍縮の推進②現行憲法の擁護、日本の軍事大国化には断固反対③非核三原則の堅持、アジア・太平洋の非核武装地帯の設置、などからなっている。

第二章は、短・中期展望での安全保障政策。まず考慮すべき視点として、①今日における安全保障は平和外交努力や対外経済協力、資源・エネルギーの確保、幅広い文化交流の展開など総合的努力の中に求めるべきとし、「自衛のための力」はその総合安全保障の中の一環として位置づけるべきだ、②一国の安全保障政策は化学実験のような試行錯誤は許されず、国の存亡と民族の生存に直接関係する問題だけに失敗は許されないとの厳しい認識をもつべきである。従って極端な議論や性急なやり方は好ましいものではない。理想は理想として掲げつつも、あくまでも現実を直視し、その上に実現可能な方途を提示することが必要、③一国の安全保障政策は国民的合意(コンセンサス)に支えられたものでなければならない——の3点を強調。

●日米安保の存続容認、自衛隊合憲論へ

その前提のもとに、日米安保条約と自衛隊への現実的な対応について具体論を展開している。すなわち、日米

安保条約について、「日本の安全保障において一定の抑止的役割を果たしていることは否定できない」と規定。そして、わが国の平和と安全を確保するために現実的な対応として、「存続はやむをえない」とした。

また自衛隊問題では、「現憲法下において、わが国の平和的存立を守るための自衛権は認められる」とし、この憲法が認める自衛権の裏付けとしての「能力」について、「領海、領空、領土の領域保全に任務を限定した領域保全能力が妥当」とした。そして、「この領域保全能力が公明党の合憲とする自衛隊構想」と規定した。

これに際し、改めて、公明党としての、憲法第9条解釈を示した。

憲法第9条は第1項と第2項からなっており、第1項では「日本国民は、正義と秩序を基調とする国際平和を誠実に希求し、国権の発動たる戦争と、武力による威嚇又は武力の行使は、国際紛争を解決する手段としては、永久にこれを放棄する」としている。この第1項の規定を受けて第2項は「前項の目的を達するため、陸海空軍その他の戦力は、これを保持しない。国の交戦権は、これを認めない」としている。「前項の目的」とは、〝国際紛争解決手段としては放棄する〟を指している、とした。

つまり、第1項で「永久にこれを放棄する」とした対象は、①国権の発動たる戦争②武力による威嚇③武力の行使の三つである。しかし無条件で放棄したのではなく、あくまでも「国際紛争解決の手段としては」という条件のもとに放棄されたものである。従って「国際紛争解決手段」としてではない、「平和的存立」維持のための自衛の手段としては、自衛権の行使は許される、放棄してはいない、とした。

憲法が許す自衛権行使の条件は、わが国への急迫不正の侵略があり、わが国の平和的存立を維持するための自衛の手段としてである以上、自衛権の裏付けとしての領域保全能力についても、その戦略の基本は、他国に脅威を与えるものであってはならない。渡洋攻撃を想定せず、海・空からの急迫不正の侵略に対し、日本への着・上陸を領海や領空の外縁で阻止し、本土決戦は絶対に避ける、との専守防御を原則とする、とした。

そのために、重視すべきは早期警戒つまり「ウサギの長い耳」に相当する「聞く力」や、情報収集つまり「キリンの長い首」に相当する「見る力」など早期警戒監視・情報収集能力の充実強化を主張。と同時に、着・上陸阻止という水際防衛の装備として、大枠として例示的に、手を出せば逆に痛い目に遭う「ハリネズミのハリ」に相当する非核の誘導ミサイルを中心とした精密誘導兵器（地対空、地対艦ミサイルなど）の整備・充実を唱えた。一種の「非核ハリネズミ型防衛論」とも呼ばれたが、むろんその意は日本列島全部をハリですき間なく囲むものではない。

ハリネズミのハリは自分から積極的に相手を刺していくものではなく、手を出されたときにのみ、手を出した方が逆に痛い目に遭うという〝防御的防衛〟〝非挑発的防衛〟の趣旨である。

●結党時から一貫の「領域保全能力」構想

公明党として、そのように、〝公明党が合憲とする自衛隊像〟を示し、政権を担い得る党への準備を行った。

この公明党の領域保全能力の構想から、当時における自衛隊を見たとき、「共通する要素が多い」とし、同時に「ふさわしくないとみられる要素もある」と指摘。それについて「現在の自衛隊が平和国家にふさわしい専守防御の体系になるよう検討、是正に努力する」とした。これに対し、マスコミは自衛隊の〝事実上の合憲論〟〝条件付き合憲論〟と伝えた。

懸案の「ふさわしくないとみられる要素」とは何かについて、安保部会長の市川雄一は「たとえば、陸上自衛隊は本土決戦を戦略の基本として戦車をそろえているようですが、本土決戦は過度の人口集中、超都市型社会というわが国の現実から考えて極めて非現実的」とし、あるいは着・上陸阻止という観点から見ると、「ハリネズミのハリ」に相当する護衛艦の艦対艦ミサイルや防空ミサイル網の装備が不十分なことや、「ウサギの耳」に相当するレーダーサイトのレーダーが旧世代化していること、さらに〝正面ピカピカ、後方ボロボロ〟と巷間指摘されるような、軍事的合理性を欠いた、整合性なき、ばらばらな装備体系となっていた当時の自衛隊の態様などである（「公明」81年12月号）。

ところで、公明党の「領域保全能力」構想はこの時、突如浮かび上がったものではない。結党当初からの主張である、海上保安庁や自衛隊を改組して充てるとする自衛組織の国土警備隊構想における領域保全という独創的な考え方が土台となっている。それを具体化・発展させたものである。政策的一貫性は貫かれている。

現に公明党の新安全保障政策を検証した大嶽秀夫・東北大助教授は「綱領や責任者の発言を注意深く読んでいけば、かなり一貫した立場と、原則を守りながら変化に対応しようとする姿勢を跡づけることができる」（「公明新聞」82年11月11日付）と論評している。公明党は社会党などが主張している「非武装」という考え方は一度も取っていない。

●「極めて時宜をえた」政策転換との評価

公明党の新安全保障政策をめぐる現実路線転換を中心的議題とする81年12月開催の第19回党大会を傍聴した政治学者の内田満・早大教授は、「同党の十七年の歴史の中で、最も注目に値する党大会の一つ」と述べ、こう続けた。「今回の党大会での公明党の路線転換の模索は、きわめて時宜をえたものとみるべきであろう。……政党が、政治的社会的経済的条件の変化に対応して、政策や活動上の軌道修正を行うのは、政党の機能に照らして不可欠のことであるからである。……むしろ、世論の変化に応じて、政策や活動路線の修正を図ることは、民主政治の下での政党の第一の責務でなければならない」（「読売」81年12月4日付）と。

公明党の新政策で民社党との政策的距離は小さくなった。しかし社会党とは差が大きくなった。そのため19回大会では国民の期待に応える連合政権の樹立へ向け、党名は挙げずに「非武装中立論」の非現実性を指摘。暗に社会党に従来の硬直姿勢からの脱却を促した。「公・民」「公・社」の二つの政権合意を統一し、共同政府綱領を作成するためには社会党の現実重視への姿勢転換が欠かせなかったからである。

しかし逆に、「社会党側は左右を問わず、公明党の新政策に批判の目を向けており……社公合意は『事実上の凍結状況』という認識も社会党内には広がっており……」(「朝日」81年12月4日付)と伝えられるように、同党は旧来の〝政権回避〟の姿勢に戻っていった。「社公合意」は〝棚ざらし〟状態となり、〝空文化〟されていった。

第10章 「中道政治」の理念・路線を今日的に明確化
―石田・市川体制下で「三極の中の一極」路線明示

1986（昭和61）年12月に開かれた第24回公明党大会で、委員長が竹入義勝から矢野絢也に代わった。矢野の後任の新書記長には国会対策委員長だった大久保直彦が就いた。約20年ぶりの党首脳の交代であった。

●戦後最大の贈収賄・リクルート事件発覚

矢野の委員長在任時、わが国政治の主要事となったのは、竹下内閣の下で消費税導入が決まった（88年12月）ことと、戦後最大の贈収賄事件とされるリクルート事件の発覚（88年6月～）である。その二つは同時並行的に絡み合った。

国会で、国民に新たな負担を求める消費税（税率3％）導入のための税制関連法案が審議されている最中に、国民感情を著しく逆なでする政治家汚職事件が明るみに出されたのである。リクルート社は同社のグループ企業であるリクルート・コスモス社の値上がり確実な未公開株を店頭公開前に政治家、官僚、マスコミ、金融機関幹部らに一株1200円で最高3万株から5000株までの株券をばらまいた。公開すれば値上がり必至と目されていた。株式公開後に株価は直ちに5000円になった。譲り受けた人たちの大半は公開後高値で売り抜けて、その差額である数千万円から億単位の金を手にした。まさに〝濡れ手に粟〟の利益を得ていたのだ。実際には現金の贈与と同じことだった。

特に90人以上もの政治家、その大半は自民党議員であるが、この株の譲渡を受けていた。その中には中曽根康弘前首相、竹下登首相、宮沢喜一副総理・蔵相、自民党の安倍晋太郎幹事長、渡辺美智雄政調会長らの派閥領袖クラスや同党有力者が軒並み名を連ね、野党では塚本三郎・民社党委員長も含まれていた。

同事件に絡み、88年12月に宮沢蔵相、長谷川峻法相、翌年1月に原田憲経企庁長官が相次いで閣僚を引責辞任。首相の竹下も自身と秘書がリクルート社から1億5100万円の献金など受けていたことや、87年の自民党総裁選の際、同社から5000万円の借金をしていた事実も明らかになり、責任を取って4月に首相退陣を表明した。民社党の塚本も2月に委員長を辞任。中曽根は衆院予算委員会の証人喚問に応じ、自民党を一時離党した。

また同事件の逮捕者はリクルート社の関係者、NTT会長、労働省、文部省の前事務次官ら10人と、政治家としては自民党の元要職にあった衆院議員と公明党の衆院議員の2人が89年5月に受託収賄罪で在宅起訴された。公明党からも不祥事者を出してしまったことは誠に遺憾であった。

●党首の不祥事露見・明電工株取引疑惑

ところで、このリクルート事件で国民の政治家不信がまさに頂点に達しているとき、公明党にとってさらに痛打となる、党を根底から揺るがす一大不祥事が持ち上がった。党首の矢野の明電工株取引疑惑が報じられ、この金銭スキャンダルで矢野は委員長在任わずか2年半で辞任に追い込まれた。公明党史上、最大の汚点となった事件である。

明電工疑惑とは、総額21億円もの巨額脱税事件で逮捕・服役（懲役4年・罰金4億円）した節電装置メーカーの事実上のオーナーの中瀬古功との株取引にまつわる話である。省エネシステム普及を背景にした明電工と他企業との業務提携発表を機に株価が高騰するところを売り抜けて利ざやを稼ぐ、そんな〝濡れ手に粟〟のウマ味を求めて中瀬古の周辺に政治家が群がったとされる。

88年12月9日付の朝日新聞（夕刊）が報じたところによれば、87年1月に行った総額約10億円にも及ぶ株取引の中で、株購入者10人の名義人の中に矢野の当時の現役の秘書2人と元秘書の名前があり、他の名義人も矢野の周囲にいた人たちだった、というものである。国税当局による中瀬古の脱税捜査の過程でその事実が明らかになり、裁判の検察側証拠として提出された。

明電工側とのもう一つの株取引は、88年12月13日付の朝日新聞が報じた、87年5月末頃に矢野の自宅で同社関係者との間で「現金2億円の授受が行われた」というものである。

矢野は、いずれも事実を否定し、「私や私の家族、秘書が明電工グループの株を買ったり、政治献金を受けたことは絶対にない。政治生命を懸けて断言する」と言明した。

しかし矢野宅を訪れた当時の明電工専務の証言、そして中瀬古自身のマスコミ取材に対する証言「明電工関連株をめぐる2億円授受は矢野氏本人との取引」「(10億円取引の内の矢野の秘書や元秘書名義のものは）矢野さん本人の取引だ」(「朝日」89年5月9日付夕刊）が伝えられたことで、朝日、読売、毎日など各紙は5月9、10日付で一斉に「矢野氏の進退問題に発展か」と報じ、同17日に委員長辞任に追い込まれた。

●「新生・公明党」掲げ石田・市川体制がスタート

矢野委員長辞任を受け、公明党は89（平成元）年5月18日、緊急中央執行委員会を開き、後継体制について新委員長に石田幸四郎副委員長、新書記長に市川雄一国会対策委員長の新人事を了承。新執行部選出のための第27回臨時党大会を同5月21日に急きょ開催した。

「新生・公明党」を掲げ、〝清潔な党〟の再構築へ向け新出発した石田・市川執行部であるが、直後に待ったなしで翌6月に東京都議選、7月に参院選を迎えることとなった。

選挙戦は、公明党にとって文字通り嵐が吹きすさぶ真っ只中で行われた。前年88年1月に砂利船汚職で参院議員が離党・議員辞職し起訴されたのに続き、同年に衆院議員と都議会議員が党に反旗を翻した。リクルート事件でも衆院議員が起訴され離党・議員辞職し、さらに決定的な矢野委員長の明電工株取引疑惑が起きた。党始まって以来の不祥事が連続して起きた。とりわけ「政界浄化」を叫ぶ公明党の現職の党首の金銭スキャンダルは前代未聞であり、公明党の清潔イメージは地に落ち、泥まみれになった。党の信用・信頼は失墜した。

その渦中に書記長に就いた市川は後日、当時を振り返り、「船で言えば、航海中にマスト（帆柱）が折れたようなもので、〝航行不能な公明党〟ともいわれた。党が壊れかけていた」（「公明」２０１２年5月号）と述懐している。その最悪状況下で行われた選挙の結果は、都議選、参院選、さらに半年後の衆院選でも公明党は惨敗した。

●〝矢野ショック〟で「都・参・衆」選挙惨敗

「都・参・衆」と続いた一連の選挙戦は、「消費税」「リクルート事件」「（竹下後継の）宇野首相の女性醜聞」の三悪条件直撃の与党・自民党への大逆風、その一方の野党への追い風が吹く中で行われた。不祥事さえなければ躍進していたと思われる公明党だが、他野党が軒並み議席増を果たす中、東京都議選（7月2日投開票）では改選前議席29から26議席となり、25選挙区中22選挙区で得票減となった。

また参院選（7月23日投開票）では比例区で前回獲得の７４３万票から１３４万票減らし、議席も1減で6議席にとどまった。選挙区も東京、大阪、兵庫は最下位当選。前回勝利の愛知は敗れて4議席にとどまり、計10議席の結果となった。

公明党にとっての〝矢野ショック〟は翌90年2月の衆院選でも続き、改選前議席57から11議席減の46議席に後退。また59選挙区中45選挙区で減票となった。公明党の参院選比例区が矢野の委員長就任前の86年参院選の７４

3万票を再び超えたのは98年参院選（774万票、当時は「公明」）になってからで、矢野の不祥事は公明党の前進を実に10年間遅らせた。

●参院の与野党逆転で公明がキャスチングボート握る

自民党が大敗した89年参院選は、国内政治に大変化をもたらした。「消費税」「リクルート事件」「宇野首相の女性醜聞」という三悪条件直撃の自民党は、66の改選議席を大きく割り込み獲得議席は36に激減。26ある1人区選挙区で、3勝23敗という地すべり的惨敗を喫した。非改選議席（73議席）を含めても109議席にとどまり、参院過半数の127議席には18議席不足する大差の与野党逆転状態となった（90年に税金党の議員が自民党に移籍し17議席差に）。

この参院選を境に、自民党は以後2016～19年を除いて、参院で単独過半数を保持するに至らず、文字通り日本の政治の潮目が大きく変わることとなった。

この1989年の参院選で、一方の野党側は社会党が大勝。86年総選挙後に石橋政嗣の退陣後を受けて初の女性党首となった土井たか子の人気、それに女性候補が22人も当選した〝マドンナ旋風〟などで改選議席21を大幅に上回る52議席を獲得。さらに社会党系野党統一候補の「連合」の当選者を加えると63議席に達した。土井は「山が動いた」と評した。社会党は非改選組が22人おり、同党は参院で大幅に存在感を増した。

これに対し、前述のように、公明党の獲得議席は改選前より4議席減の10議席となり、非改選と合わせて21議席となった。

一方の衆議院の構図は、90年2月に総選挙が行われ、その結果自民党は前回より18議席減だったが当選者は286人で、「安定過半数」を確保した。野党側は社会党が前回の86議席から139へと伸長。〝土井人気〟が続く同党の一人勝ちで、公明、民社、共産の各党は議席減となった。

その結果、89年参院選以降の日本の政治は、衆院の安定多数によってではなく、参院の与野党逆転構造によって、首相指名や予算、条約承認を除けば、衆院で法案が可決されても、参院で否決されれば、両院協議会で成案を得られなかったり、衆院で出席議員の3分の2以上の多数で再議決されない限り、いかなる法案も成立しないという全く新しい状況が生まれた。

この参議院構図の中で、予算を伴う法律案を提案できる21議席以上を確保している政党会派は、自民党、社会党と、公明党の3党だけだった。参院で自民党が過半数に17議席足りない構造の中で、21議席を持つ中道の公明党は結果的にキャスチングボート（決定票）を握ることとなり、公明党の政治決断ならびに政策的判断により日本の政治の方向性が決まる、大変重い立場に立つこととなった。

●内外激変踏まえ、中道政治の新機軸示す

公明党の石田・市川執行部は、こうした政治状況を踏まえ、党再建を背負うことになった。さらに新執行部は俗に「1989年革命」とも呼ばれるソ連・東欧型社会主義の崩壊、それに続く同年12月の地中海マルタ島での米ソ首脳会談における、44年間続いた東西冷戦の終結宣言という国際社会に起きた大変動についても直視し、新時代に応え得る党の再建と新たな飛躍を期すこととなった。

すなわち、90年4月の第28回党大会と、続く同年11月の第29回党大会で、中道すなわち公明党の政界における位置づけ、存在感、実在感を国民の中に鮮明にし、日本の政治の中に高めていくため、中道政治の今日的意味合い、その特色を明確化する作業に取り組んだ。中道政治の創造的構築である。それは日本の政治の中で、公明党が果たすべき役割と使命、党の進路を改めて明示するのみならず、転機に立つ21世紀日本のめざすべき国家像、

社会像へ確かな指標を与えるものだった。

●〈生命・生活・生存〉を最大に尊重する人間主義を基軸に

29回大会で打ち出された中道政治の新機軸、すなわち、時代と社会の新たな展望を開く政治理念や転機に立つ世界の中での日本の進路を示す、〝理念としての中道主義〟とは、「〈生命・生活・生存〉を最大に尊重する人間主義」とし、同大会に提出された「活動方針」冒頭に掲げた「九〇年代における公明党の指標」の中でその意義づけが明示された。同「公明党の指標」は準綱領的文書とされ、その原形は現公明党綱領にそのまま継承された。

一方、停滞・混迷するわが国政治を正し、閉塞状況を打破して前へ進めるための、〝路線としての中道主義〟とは本来、右や左の政党に対して座標軸としての役割を果たすべきだという意味において、原則としてニュートラル（中立）であるべきだと理解している、とした。

ここでいう路線としての中道主義とは、理念としては「人間の〈生命・生活・生存〉を最も尊重するとする人間主義」であり、政治路線としては、日本の政治における座標軸の役割を果たすことをめざし、具体的には①左右の揺れを防ぎ、偏ぱを正し、政治の安定に寄与する②左右対決による行き詰まり状況に対して、国民の合意形成に貢献する③新しい政策進路を切り開くための創造的（クリエイティブ）な提言を行う――等、三つの役割を持つものである、とした。

●中道の主体性発揮へ「三極の中の一極」路線を定める

公明党は、こうした中道主義の理念、路線の明確化のもと、「三極（自民党、社会党、中道＝公明党）の中の一極として中道の主体性を発揮する」との政治路線を定めた。

「三極の中の一極」路線は、参院選後の89年9月に書記長の市川が唱え、28回大会で定式化され、中道政治の今日的明確化がなされた29回大会で、さらに整えられた。

この「三極の中の一極」路線は、国の進路を決するような重要な政策判断が求められる際に、その真価が発揮された。例えば、同路線制定直後に勃発した湾岸戦争で、クウェートに侵攻したイラク軍を撤退させるための多国籍軍に対する、日本への90億ドル追加支援要請の諾否は日本の命運を決すると目された。社会党などが猛反対する中、公明党が条件付き賛成に踏み切って実現させた。あるいは日本の新たな国際貢献策としての国連平和維持活動（ＰＫＯ）協力に対し、やはり社会党などが猛反対する中、公明党がその法制化実現を主導し、日本の新たな国際平和貢献策を生み出した。

いずれも内外から高い評価を得た事例であり、公明党がオピニオン・リーダーとしての役割を十二分に果たし、中道の主体性を遺憾なく発揮して、公明党の存在感を国の内外に強く印象づけたのである。

●政権交代のある民主主義実現へ従来の「大枠社公民路線」を転換

また、29回大会では、公明党はこの「三極の中の一極」路線に立つ立場から、連合政権協議に臨む態度について、こう定めた。

日本の政治の最大課題は、現状の膠着した「与野党の枠組み」を変革し、政権交代のある民主主義を生み出すことであるとし、その実現のために過去10年余推進してきた「大枠としての『社公民』路線」について、こう総括した。

すなわち、「大枠としての『社公民』路線は、唯一の路線ではなく、ワン・ノブ・ゼム（数ある中の一つ）の最有力案として追求されてきたものであると理解しています。しかし、現状では、大枠『社公民』路線による連合政権の展望には、喪失感を抱かざるを得ません」と表明。そして「前提とか状況によって判断すべきことでありますが、三極の一極としての公明党が、単に政党の合従連衡という発想ではなく、自民単独政権の転換や、生活者の立場に立った政治勢力の結集など新しい対応を視野に入れるべきであると考えています」と軌道修正した。

これは結果として事実上、「『社公民』路線」との決別を意味するものであった。

党大会では、この「新しい対応」について、議論が集中した。

代議員からは「自民党との連立も考えていると、はっきり書いたほうがいい」「自民党との連立も視野に入れるという活動方針を支持する」といった意見が出されたが、答弁に立った市川書記長は「中道としての主体性をこれから発揮していく、というのが中心的路線であり、今まではやや固定的に左であった路線を、本来の中道にきちっと戻すことだ」との考え方を強調。車の運転を例に取りながら、こう説明した。「これまではアクセルを踏んだら左へ行くクセがついていたが、今度はアクセルを踏めば真っすぐ走るように矯正した。左も右も視野に入っている。執行部がそのハンドルを握っているが、しかし、ハンドルの切り方は党全体でよく議論していきたい」と。

さらに市川は、自公民だからダメで、社公民なら何でもいいという考え方を、「古い枠組みにとらわれた、古い頭でしかない」として、的確な政治路線の選択のもと「政策判断こそ政党の生命だ」とし、「重要な問題に対する政策判断の積み重ねが、結果として、具体的な党の路線のイメージを形成していく。むしろ、その方が国民に分かりやすい」と語り、連合政権は政党の組み合わせ論でなく、政策を重視する、との考え方を示した。この的確な政治路線の選択に基づく「政策判断こそ政党の生命」とする姿勢に対し、「政策で勝負——の党に専念できれば三極の一極・中道政党は逆に他党を吸引できる」(「東京」90年11月30日付)といった期待論も出された。

ところで、この29回大会で、前述のように「現状では、大枠『社公民』路線による連合政権の展望には、喪失感を抱かざるを得ません」としたが、それには背景と理由がある。

自民党の単独政権は既に35年余に及び、長期政権に不可避的な政治の退廃、停滞、また政策的にも硬直化や動脈硬化現象が顕著となっていた。「政治を変えてほしい」との国民の願望は年々増大。国政選挙で与野党伯仲状況を度々現出してきた。

だが野党第1党の社会党は万年野党的惰性から抜けきれず、政権党への展望を一向に示さず、結果として国民の政権交代願望を裏切ってきた。「社会党から社公民政権の答えが今まで二十年もない」(29回大会質疑での市川書記長答弁)という状況が続いたのである。

●社会党の不決断で連合政権協議が挫折

とりわけ89年参院選で自民党が大敗。参院での与野党逆転を現出した。次期衆院選(90年2月実施)は与野党政権交代が最大のテーマとなった。それに先立ち、参院選直前の89年4月、民社党の呼びかけによる京都での4野党(社会、公明、民社、社会民主連合の4党)党首会談以来、政権協議として政策審議会長、書記長レベルで合意づくりが進められた。

最終的に日米安保条約、自衛隊、原子力発電、対韓国政策の四つの基本政策での調整が課題として残り、公明、民社、社民連の3党間では政策面でほぼ一致した。だが、〝日米安保反対・自衛隊違憲・反原発・北朝鮮一辺倒で韓国と没交渉〟の社会党との間ではかなりの相違があった。

参院選で一時中断していた同政権協議は選挙後の89年7月25日に4野党書記長会談が行われ、四つの基本政策での社会党の決断待ち、と確認された。しかし社会党の不決断はその後も続いた。

同党は、例えば自衛隊に対し、「違憲・法的存在」論を唱え、自衛隊を憲法違反の存在としていた。仮に社会党が内閣としても同じ判断のままなら、憲法順守義務を最大に負う内閣としては違憲の自衛隊を保持することは困難となり、早急に自衛隊解散に着手しなければならなくなる。また原子力発電や対韓国政策も棚上げのままだった。

そこで11月6日の協議では、「本日以降、さらに協議を継続し、連合政権の基本政策全体の合意を目指す」とした。だがその後も社会党は踏み込んだ決断を示さなかった。このため公明党の呼びかけで12月26日に4野党書記長・政審会長会談を開催。同会談において社会党は「総選挙前の合意は難しい。衆院選結果を踏まえて合意にこぎつけたい」と表明。これに対し、他野党からは「7月25日の合意に基づき、社会党の新提案を待っていたのに、それを示さないまま総選挙後に持ち越したいというのはおかしい」などの反発が出されて、社会党は当初の考えを撤回、年明け後に改めて基本政策を詰めたいとの再提案を示した。

しかし年が明けても社会党から進展の話はなく、衆院解散直後の90年1月24日に行われた4野党党首会談で「連合政権協議は、合意を目指して継続する」として、総選挙前の合意づくりは遂に断念された。

政治は本来、〝時間との関数〟であり、総選挙前の連合合意実現こそ最重要であったが、結局それは社会党の不決断で実現せず、影響力発揮の好機をみすみす逸してしまった。

この間、公明党としては、政権協議促進をめざして89年10月30日に、公明党としての「野党四党による政権協議への基本的見解」を発表。社会党に対し、政策面での「現実化路線」への転換を強く促した。のみならず、この時点でなお同党「規約」前文に「社会主義革命を達成し」と謳っているように、同党が引きずってきたマルクス・レーニン主義的な「政策・路線の背後にある理念、世界観」の転換こそ問われている本質であるとし、万年野党主義を打破する同党の大いなる「脱皮と自己革新」が期待される、とした。

参院での与野党逆転に続き、衆院でも逆転させて、歴史的な与野党政権交代へ進むか、それとも現状の自民党政権に回帰するか、国民多数が衆院選へ意志を固めようとする最も大切な時期に、社会党の〝決断見送り〟の連続で野党政権協議は機能停止状態に置かれた。「千載一遇のチャンス」(石田幸四郎委員長）に対する、社会党による実質的な政権協議放棄を意味した。

結局、野党側が自民党政治に代わり得る「政権受け皿」を国民の前に提示できなかったことに対し、国民は野党の政権担当能力にまたしても不信と失望を抱き、自民党政権の継続を選んだ。自民党は前年の参院選大敗から考えられないような回復ぶりを示して、衆院で予想外の安定多数を獲得。これによって野党連合による与野党政権交代の機会は再び遠のいてしまった。

まさに「人間界の物事には潮時というものがある。それが満ちているとき、潮はわれわれを幸福に導いていく。潮時を逸してしまうと、人間の一生の旅は、浅瀬や悲惨な状態に縛り付けられてしまう」(シェイクスピア「ジュリアス・シーザー」大山敏子訳）との科白《せりふ》を地で行くような状況であった。

●路線転換が奏功し細川連立政権の成立に主導的役割

野党間の連合政権協議は、社会党が自ら強調しているように同党の「万年野党的体質からの脱却」「政権党への脱皮」こそカギであったが、いつになってもそれは果たされず仕舞いだった。

そうした事実経過を踏まえ、衆院選直後の90年4月に開催された公明党の第28回大会で、4野党政権協議を「現段階において凍結せざるを得ない」とするに至ったのである。「凍結」は「打ち切り」「白紙」とは異なり、「解除する条件が整えば再開するという意味を含んでいる」(市川書記長）とされた。ちなみに民社党は同じく同年4月開催の党大会で4野党政権協議を「白紙に戻す」とした。

だがその後も社会党の基本的状況が全く変わらなかったことを踏まえ、公明党は7カ月後の90年11月の第29回党大会で、これまでの大枠としての社公民路線に対し「喪失感を抱かざるを得ない」と総括。そして、「三極の一極」として中道の主体性を発揮するとし、的確な政治路線の選択のもと、政策判断を軸に「新しい対応」を行う、との態度を打ち出したのである。

公明党は、この路線転換により、3年後の93年8月に、政権交代を可能にする政治改革（主に選挙制度改革）の実現をめざす細川連立政権の成立に主導的な役割を果たすことができた。結果として、細川連立政権は9カ月の短命に終わったが、政権交代可能な政治体制（二大政党制）への道を開くという所期の目的は達成したのである。38年に及ぶ自民党一党支配を崩壊させた細川連立政権の成立こそが、自・社・さ野合政権を経て、自民・自由・公明（自・自・公）の3党連立政権、および自民・公明（自・公）の連立政権の成立につながっていくこととなったのである。

なお、ここでいう「路線転換」、すなわち「路線の整理」とは、広義の意味のもので、内外情勢の大きな変化に対応し、綱領の見直し、中道主義の再定義、それに伴う政治路線の具体化などを総称したものである。単に「政策判断を軸」とするという狭い意味のものではない。新綱領や新しい中道論（理念と政治路線を区別した定義）を基本に置き、的確な政治路線の選択のもと「政策判断を軸」として党の運営をするとしたものだ。この点の正しい認識と理解が必要である。

第11章　PKO法成立を主導

―湾岸戦争で戦後日本の平和観の見直し迫られる

冷戦終結（1989年12月）後の世界は、米ソ冷戦という構造が持っていた核戦争を抑止するための小規模紛争抑止の箍《たが》が外れ、民族、部族、宗教などをめぐる対立による地域紛争を頻発させた。その発端となったのはイラクが90（平成2）年8月2日にクウェートに侵攻、全土を占領したことで勃発《ぼっぱつ》した湾岸危機・湾岸戦争である。国連安全保障理事会（安保理）はイラクが侵攻したその日、直ちにイラク軍の即時無条件撤退を要求する決議を採択。従わないイラクに対し経済制裁、海上封鎖、空域封鎖など次々実施。和平調停も失敗した後、翌91年1月17日、武力行使を容認する安保理決議に基づき米軍を主軸とする多国籍軍が遂にイラク軍への攻撃――「砂漠の嵐」「砂漠の剣」作戦――を開始。開戦から42日目の2月27日、多国籍軍はクウェート市を解放。3月3日にイラクが敗北を認め、戦争が終結した。

この湾岸戦争は戦後日本の生き方の根本的見直しを迫る一大事だった。同時に、公明党も、新しい「三極の中の一極」路線の真価が試され、問われることになった。89年12月に冷戦が終結し、世界は「新しい秩序」を模索していた。国際新秩序形成の核となるべき国連が第二次大戦後四十数年にして初めて本来の機能を発揮しつつある矢先に、それに挑戦するようなイラクの暴挙が起きた。もしイラクのあからさまな侵略行為が放置されることになれば、国連の威信は極端に低下し、国際社会は弱肉強食の世界となって、国際平和秩序は維持が難しくなってしまう。これに対し、日本が国際社会の一員として、その平和の回復と維持のために、いかなる役割を果たすのかが内外から問われた。湾岸戦争を通して、日本が持つべき国際観や平和観の見直しが迫られた。

戦後日本は日本自身が戦争を放棄すれば平和は確保されるとの観念や、「戦争に巻き込まれないこと」「戦争の被害を受けないこと」との危険回避の意識が強くあった。ともすればそれは日本さえ「平和」が保たれれば他国民が軍事的侵略の犠牲になっていても「傍観者」的に見て見ぬふりのいわゆる「一国平和主義」や、既成の平和をただ享受するだけの自己中心主義に陥っていたきらいがあった。日本がまだ敗戦直後の段階なら許されるかもしれないが、既に経済大国になっており、日本が一国平和主義に閉じこもっていることはもはや許されなかった。わが国が国際政治の舞台において、世界平和のために何らかの役割を果たすことが求められていた。

湾岸戦争に対する日本の貢献策として、政府は8月30日に多国籍軍への10億ドルの資金協力を決定。9月14日にも10億ドルの追加資金協力と紛争周辺3カ国への20億ドルの経済援助を決定した。日本は原油の多くを中東からの輸入に依存しており、当時の時点でそれは全原油輸入量の70%以上に及んでいた。同地域の安定は日本経済にとっても重要不可欠である。しかも当時の日本は世界のGNPの14%を占める世界第二の経済大国であることから、相応の国際貢献策が求められた。アメリカからは資金協力と共同行動を強く要請された。

「カネ」「モノ」だけでなく「ヒト」も必要との認識の下、当時の海部内閣は90年10月12日から始まった臨時国会に「国連平和協力法案」を急遽《きゅうきょ》作成し提出。自衛隊の初の海外派遣をめざした。しかし、同法案は憲法上の疑義が持たれ、キャスチングボートを握った公明党をはじめ全野党が反対。結局11月8日に、衆院段階で廃案となった。その上で、同日、人的貢献を含む新たな国際貢献策づくりとして、自公民3党の幹事長・書記長会談で「3党合意覚書」がまとめられ、それが後日の「国連平和維持活動（PKO）協力法」成立のスタート台となった。

イラクは国連の決議を無視し続け、侵攻後の8月8日にはクウェートをイラクに併合すると宣言。同18日に、クウェートから強制的に連行した外国人を「人間の盾」として人質にすると発表。クウェートの占領を継続し、国連の度重なる撤退勧告も無視したため、国連安保理は11月29日にイラクの撤退期限を91年1月15日とし、撤退しなければ国連加盟国に武力行使を容認するとの「対イラク武力行使容認決議（678号）」を採択した。同決議はカナダ、フランス、ルーマニア、旧ソ連、イギリス、アメリカの6カ国が提案。賛成12、反対2（キューバ、イエメン）、棄権1（中国）で決議された。国連のデ・クエヤル事務総長は年が明けた91年1月13日、バグダッドでイラクのフセイン大統領と会談し、平和的解決へ向け瀬戸際の説得工作を行ったが失敗。このため武力行使容認決議（678号）に基づき、1月17日、米軍を中心とした多国籍軍がイラクへの空爆を開始した。

●「悩む公明、悩まぬ社会党」との報道

そこに起きたのが多国籍軍への90億ドル（約1兆1700億円、1ドル＝130円）支援問題である。1月19日に、政府・自民党が、事前に野党に何の相談もなく一方的に、米国との間で多国籍軍への90億ドル追加支援を行うことを決めてしまった。しかもその巨額負担について、初めは全額国民への増税で賄おうとした。一方、野党側は、社会党と共産党が「戦費協力、憲法違反になる」として頭から反対。そうした中で、キャスチングボートを握っている公明党の賛否で90億ドル支援が実現するか、つぶれるかの局面に立たされた。国際社会が公明党の動向に注視する重大局面に対し、公明党は党内論議を尽くした上で、条件付きで賛成に踏み切ったのである。

公明党が多国籍軍に対する90億ドル支援になぜ賛成したか。第一に、国連を軸とした平和回復のための努力に協力すべきだと判断したからだ。反戦の平和主義も重要だ。が、平和が破壊された時に、国連を軸として平和をどう回復するか。その時に、日本として何もしなくていいのか。何らかの役割を果たすべきではないのか。反戦の平和主義を堅持しつつ、同時に国連を軸とした平和回復活動に日本も一定の役割を果たすべきだとした。第二に、多国籍軍の武力行使は国連決議に基づくものであり、90億ドル支援も国連決議に基づく支援要請に応えるものだと判断した。つまり国連警察軍的な活動に対し資金支援を行うのは正しいと判断した。また第三に、公明党

が90億ドル支援を賛成する条件として、政府が提示した〝全額増税〟によるとしたものを、〝5000億円は政府自身の努力で圧縮する、防衛費は1000億円削減する〟と求めたことに対し、政府・自民党は全て受け入れたからだ。

国連を中心とした平和回復活動といっても、当時湾岸で戦争をしていたのは事実である。従って、国民の中には「90億ドルは戦費ではないか」「戦争に協力する資金供与はやめるべきではないか」との声も強かった。しかし、「90億ドルは戦費協力」というとらえ方は、湾岸問題の本質を正しく認識したものではない。1月17日から始まったイラクに対する多国籍軍の武力行使は、「国連決議（678号）に基づくもの」（デ・クエヤル国連事務総長）。同決議は、決議遂行のためとられる行動（武力行使を含む）に対して、「適切な支援を提供するようすべての国に要請する」としており、日本の90億ドル支援は、この国連の要請に応え、国連を中心とした国際平和（国際秩序）づくりに協力するために拠出されたものである。いわゆる「90億ドルは戦費協力」ではなく、「平和回復を意図する国連協力費」なのであった。

90億ドル支援問題については、世論は賛否が分かれ、反対が強かった。ちなみに91年2月5日付朝日新聞に発表された世論調査結果では、90億ドル追加支援に「賛成」39％、「反対」44％であった。公明党内も「意見は賛否両論で真っ二つ」と各紙で報じられた。同時に統一地方選挙（91年4月）も迫っていた。党にとっては苦しい局面であった。世論に影響されて反対すれば、社会・共産両党のいう「戦費協力に反対」のスローガンに、公明党が吸収され、埋没するだけである。それはキャスチングボートを握った公明党の主体性を自ら放棄することになってしまう。まさに三極の中で、独立した一極として、より主体性を発揮するとした新しい路線の真価が試される事態に直面していた。

公明党は、党としての対応を決めるため、党所属の衆参国会議員が全員出席して徹底議論する協議会（「全員国対委」）を、1月23日を皮切りに一日3時間ぐらいかけ、連日行った。この場合は、ただ意見を聞くだけでは意味がない。執行部は賛成の方針を決め、反対の意見や疑問に一つひとつ丁寧に答え、議論を通じて情報を共有し、判断の共有に至る努力をすべき時だった。激しいやり取りが6時間続いたこともあった。白熱した党内論議が続く中で、メディアは「悩む公明党、悩まぬ社会党」などと伝えた。社会党は早々に「戦費協力と増税は反対」と頭から決めており、事実上の議論不参加で、「公明党のような〝苦悩〟はない」と報じられた。だが、公明党が90億ドル支援の賛成を決断した時、世論は〝反対〟から〝賛成〟に劇的に変わったのである。二つに割れていた世論を統合し、国民的合意の形成に貢献したのだ。

●公明提起の条件、政府・自民が全て受け入れ

この時、90億ドル支援のために政府が考えていた財源は、石油税で約4600億円、タバコ税で約1400億円、法人税で約5900億円の増税で全額賄おうというものである。これに対し、公明党は党内で協議した結果、次のような条件が前提として受け入れられるのであれば、90億ドル支援に賛成してもよいとすることで決まった。それは以下のような内容である。

一、90億ドルの使途は武器・弾薬には充当しない。
一、政府は全額増税で賄おうとしているが、政府自らの歳出削減の努力で、5000億円程度は増税を圧縮する。
一、冷戦が終了し、ニューデタント（国際的緊張緩和）の中で1000億円の防衛費の削減を図る。
一、平成3年度の予算書の書き換え修正を行う。

この党の方針に基づき、市川書記長は91年2月5日の衆院予算委員会で、海部首相に対し、その条件受け入れを提起した。その後、政府・自民党と何回かの交渉を経て、結果として政府・自民党が、公明党が提起した条件

を全部受け入れることになった。それを受けて公明党は政府の90億ドル支援への賛成を2月15日の衆参全国会議員が参加する拡大中央執行委員会で決定した。その要点は、90億ドルは武器・弾薬に使わないということ、増税は半分程度に圧縮され、タバコ増税はなくなった。さらに、防衛費は1000億円の削減が決まった。防衛費の大幅削減は自衛隊発足以来初めてといわれた。また予算書を書き直すのも14年ぶりのことだった。

特に、90億ドルを武器・弾薬に使わないとすることを担保する政府見解を引き出すのは、かなり困難だった。それは日米関係における日本の対米配慮であろうと推測された。2月5日の衆院予算委で市川書記長が海部首相に「少なくとも武器・弾薬に使わないと言えるか」と糺したのに対し、首相は「輸送、医療、食糧、生産、事務関連に充当する方針」と述べ、さらに「武器・弾薬には使わないようGCC（湾岸協力会議）側に伝えていく」との考えを初めて表明した。90億ドルを武器・弾薬に使わないということに関して、間接的な表現ではあるが、日本の首相の意思が初めて公式に表明されたのである。

問題は多国籍軍の指揮権を持つ米国の判断である。書記長の市川は、その点が気がかりで、駐日米国大使との接触の機会に、ある「お願い」をした、という。すなわち、

「海部首相に質問をしたのは2月5日だが、これに先立つある日、多分1月中下旬と思われる日に、私は米国のアマコスト駐日大使と会食する機会があった。大使から政府の90億ドル支援に対する公明党の対応を聞かれた。私は、党の基本の考え方や前提条件が満たされれば、賛成する考えであることを伝えた。その時、私は、政府や自民党首脳には伝えてあることを話した上で、政府支援の90億ドルを武器・弾薬に使わないと言明して欲しい、この点を是非、ブッシュ大統領のご理解をいただけるよう、大使にご尽力をお願いしたいと申し上げた。必死の思いだった。一旬日を経て実現したのには驚いた。2月4日のタトワイラー米国務省報道官が『日本からの資金協力は、直接戦闘のためには使用しない』（『朝日』91年2月5日付夕刊）と語った。2月6日にはブッシュ大統

領が『日本には平和憲法がある。日本に軍事的貢献を期待するべきではない』(『朝日』同2月7日付夕刊)と声明したのだ。私には、アマコスト米大使に依頼した件での米国からの回答であるように思えてならなかった。もちろん、私とは別に、内閣や外務省の米国に対する働き掛けがあってのことだとは思うが、私には公明党に向けられたメッセージとしか受け取りようがなかった。それは、なぜこの時期にタトワイラー発言やブッシュ大統領声明が出されたのか、その理由、この発言の持つ重い意味を痛いほど理解できるのは、国論が二分する中で重い苦しい決断を迫られていた公明党以外にないからである。海部首相もホッとしたと思うが、それ以上にホッとしたのは私の方だったと思ったりしたものだ。いずれにしても、米外交の決断の素早さを強く感じさせる一幕であった」(「公明」2012年5月号)。

公明党は2月21日、「湾岸平和へのアピール 日本の国際貢献についての公明党見解」を発表し、締めくくりとした。

●世論が劇的に変化、公明の判断を支持

90億ドル支援に対する公明党の判断が正しかったことは、その後のマスコミ世論調査の結果や世界各国からの高評価などによっても証明された。NHKが2月23日に発表した世論調査では、「90億ドルの追加支援は賛成か反対か」に対し賛成70%、反対28%だった。他の世論調査も同様の結果だった。国論を二分したといわれる状況下で、世論が劇的に変化し、賛成が反対を上回っていた。世論は公明党の局面打開の知恵(判断)を是として支持したといえる。

また公明党の賛成で支援が決定したことに対し、世界各国からも高い評価を得た。英紙インデペンデントは、「公明党はキャスチングボートを背景に、湾岸90億ドル追加支援で日本政府を動かし、政治を変えている」と伝

えた。米紙ニューヨーク・タイムズは、「少数政党である公明党が、日本の現代史上初めて、自民党以外の政党として、日本の政治の決定について中心的役割を果たすことになった」と報じた。そのほか、ドイツやスイスの新聞も、公明党の活躍を取り上げた。アメリカの株式新聞には、公明党が反対すると90億ドル支援がつぶれ、それが株価にどう響くかという解説記事まで掲載された。湾岸問題で公明党が悩み苦しんで議論し、決定した過程が全世界に報道され、結果として公明党が世界に知られ、それなりに理解された。

この90億ドル支援問題が決着した後、公明党が主導的役割を果たしてPKO法の成立を期すことになる。

●法制定20年余、国民の中にしっかり定着

湾岸戦争は戦後日本の平和観、国家観を根底から問い直す契機となり、その教訓から1992（平成4）年に制定されたのが国連平和維持活動（PKO）協力法である。

PKO法の制定は、日本だけが平和ならいいとする、いわゆる「一国平和主義」を乗り越え、世界平和に日本が貢献する、戦後日本の新しい生き方を切り開いたものである。戦後政治の一画期とされる。

しかし同法の成立は困難を極めた。戦後初めて自衛隊を海外に派遣するものであり、非武装で、武力不行使を前提とした世界平和への貢献とはいえ、世論の反発は強かった。社共両党は「青年に銃を取らせるな」と叫び、テレビは自衛隊観閲式の戦車隊や銃を持った自衛官の行進の映像を繰り返し流し、今すぐにでも日本が海外の戦争に参加するような錯覚を与えかねないイメージが作られつつあった。

世論調査では、反対論が賛成論を圧倒していた。例えば、法案審議が始まっていた時点ではあるが、91年11月10日付で発表された朝日新聞の世論調査では、国連平和維持隊（PKF）への自衛隊参加について、賛成30％に対し、反対は倍近くの58％だった。国会審議も法成立のギリギリまで大荒れに荒れた。法案に反対する社会党な

どが採決妨害のため参院の本会議場で「5泊6日」、衆院の本会議場で「4泊5日」もの異常な牛歩戦術を行った。

これに対し、公明党は、当時、野党の立場にありながら、同法制定に終始主導的な役割を果たした。「世界の中の日本、かく生きるべし」との信念に基づき、同法制定のスタートとなった「自公民3党合意覚書」から、法案作成への関与、そして国会審議の要所要所で、牽引役を務めた。もし公明党の尽力がなければ、PKO法は91年12月の〝自社演出の強行採決〟の時点で、メディアが「事実上の廃案」「廃案濃厚」と一斉に報じたように、廃案になっていた可能性が高かった。そうした難局を打開し、廃案濃厚だったPKO法を蘇生させたのも公明党の懸命な取り組みがあったからである。

PKO法制定後20年経った2012年の時点では、同法に対する国民の評価は大きく変わった。例えば、読売新聞は社説で「今年はPKO協力法制定20周年である。自衛隊は世界各地で実績を上げたことで、国際的な評価を受け、国民の理解も広がった」(12年3月18日付)と書いた。現に、内閣府世論調査では、PKO法施行2年後の1994年度に実施された「外交に関する世論調査」において、国連平和維持活動に「これまで以上に参加すべきだ」または「これまで程度の参加を続けるべきだ」と答えた者の合計が58・9%であったのに対し、2012(平成24)年度の同調査では83・3%にまで上昇している。同法の制定に向けて議論・審議していた頃とは想像もできないほどの変化であり、PKO法が今や国民の中にしっかり定着していることを物語るものである。

●出発点は「3党合意覚書」

PKO法は1990年11月8日の自公民3党幹事長・書記長の「3党合意覚書」が出発点である。同合意は次のような内容である。

一、憲法の平和原則を堅持し、国連中心主義を貫く

一、今国会の審議の過程で各党が一致したことはわが国の国連に対する協力が資金や物資だけではなく、人的な協力も必要である

一、そのため、自衛隊とは別個に、国連の平和維持活動に対する協力する組織をつくる

一、この組織は、国連の平和維持活動に対する協力及び国連決議に関連して人道的な救援活動に協力を行う

一、また、この組織は、国際緊急援助隊派遣法の定めるところにより災害救助活動に従事することができる

一、この合意した原則にもとづき立法作業に着手し早急に成案を得るよう努力する

この自公民3党の合意から半年後の91年5月7日に、改めて自公民3党幹事長・書記長会談で同合意を確認。具体的な法制化に向けての作業を開始した。政府・自民党がタタキ台となる案を作るとし、中間段階で3党幹事長・書記長がその案の報告を受け協議を行うなどを決め、政府案策定に当たっても3党幹事長・書記長が実質関与した。

ただし、自民党幹事長は91年4月に行われた東京都知事選敗北の責任を取り辞任した小沢一郎から小渕恵三に変わり、その小渕も自民党が出した政治改革法案廃案の責任をとる形で辞任。宮沢内閣発足直前の91年10月末に綿貫民輔が就任している。従って、自公民3党幹事長・書記長の中で、変わらずに当事者としてその衝《しょう》に当たったのは公明党の市川と民社党書記長の米沢隆だった。

とりわけ、「市川氏は、PKO協力法の生みの親の一人である。公明党書記長時代、自公民『三党合意』(90・11)を取りまとめ、『国際平和協力隊』方式による自衛隊参加を編み出した人だ。派遣『五原則』の法案盛り込みや平和維持隊本隊業務(PKF)凍結にも市川氏の手腕が発揮されたことはよく知られている」(前田哲男編著「検証・PKOと自衛隊」)との証言があるように、PKO法制定を主導したのは公明党書記長の市川である。

当時、国会の勢力図は、自民党は衆院では過半数議席を有していたが、参院では過半数割れの状態であり、公

明党が単独でキャスチングボート（決定票）を握っていた。3党合意の法制化といっても、公明党の同意がなければ意味を持たず、法案成立も実現しなかった。

●「五原則」法文化、公明党が強く要請

法制化作業の一番の要は〝法案に何を盛り込むか〟であり、法律としての真価を問うものだ。それについて公明党は「ＰＫＯ参加五原則」を法律の中に明記させ、盛り込ませた。法制化作業の中心となった外務省と公明党との話し合いの中で、公明党側が求めたものだ。公明党の闘いの中で最も大きく評価されている点である。法案作成の任に当たった外務省の丹波實国連局長は「五原則を、ＰＫＯ法案の中に反映させたのはとくに公明党からの強い要請があったからである」(「わが外交人生」中央公論新社刊）と記しており、また有馬龍夫・内閣外政審議室長も「五原則の法文化を最初に言われたのは市川公明党書記長でした」(有馬龍夫・元日本政府代表「オーラル・ヒストリー」政策研究大学院大学刊＝以後「有馬口述史」）と証言している。

ＰＫＯ参加五原則とは、ＰＫＯ部隊の活動の前提となる原則を定めたものだ。その五原則とは①紛争当事国が停戦で合意し、停戦協定を結ぶ②紛争当事国が、国連のＰＫＯ部隊の受け入れを合意する③国連のＰＫＯ部隊の活動は中立を厳守する④上記の原則が満たされなかった時は、ＰＫＯ部隊の活動を中断、もしくは撤収できる⑤武器使用は要員の護身に限る、というものである。それを法律に盛り込んだことは、時の政府の恣意や逸脱を塞ぎ、「これ以外のことはできない」という形で政府を縛ったということである。

国連のＰＫＯは、武力不行使で、紛争が終わった後の活動であり、非強制、説得による活動が基本。紛争当事国が国連の仲介により停戦を合意し、停戦協定を紛争当事国が守ることが回復された平和の継続につながる。その停戦協定が守られているかどうか、守られるように、中立の立場で監視するのがＰＫＯだ。目的は平和の維持

だ。88年には国連のＰＫＯがノーベル平和賞を受賞。永世中立国のオーストリアが既に参加し、スイスも当時参加を準備していた。それでも国民世論の中には、日本のＰＫＯ部隊が、海外で武力行使に巻き込まれるのではないか、戦争の引き金を引くのではないかとの強い懸念があった。反対する社共両党が自衛隊の海外〝派遣〟をあえて〝派兵〟呼ばわりしていたことも影響しただろう。

●多国籍軍参加への不安を取り除く

では、これに対する確実な防止策、歯止めは何か。文字通り、前提とする五原則に適《かな》った活動であれば、この懸念は消える。ということは自衛隊のＰＫＯへの派遣を可能ならしめるＰＫＯ法に、五原則を書き込むしかない。そのことによって、政府の決定を縛るしかない。一方で、自衛隊をＰＫＯに参加させる際、その可否を国会による事前承認を必要とするという主張があった。どちらをとるかの議論となった。たしかに国会による事前承認論は、分かりやすい。国民世論上も受けが良いかもしれない。だがである。国会での議論で、その派遣の是非を、何を基準に判断するか。その明白なモノサシは何か。結局は五原則に適う派遣かどうかで判断するしかない。単なる多数決の議決にゆだねると、逆に五原則を形骸化するような議決も生まれる可能性を必ずしも否定できない。国会の議決は重いものである。

そこで公明党は、単なる多数決による事前承認よりも、五原則を法文化する、法律の中に内蔵（ビルトイン）する、法律に明記して内閣の決定を縛った方が良いと判断し、外務省、政府側に要請したのである。

日本におけるＰＫＯ研究の第一人者といわれる香西茂・京大教授は、ＰＫＯ参加五原則を法律の中に明記したことを高く評価し、「国連軍や多国籍軍に参加する機会を粉砕し、不安を除去した」と評している。当時あった〝ＰＫＯが多国籍軍や国連軍参加への一歩になるのではないか〟との不安の解消と、また逆に〝第一歩にしたい〟

との期待を打ち砕いたわけである。この意味で「五原則」の法律明記は非常に重い意味があったのである。

91年8月2日の自公民3党幹事長・書記長会談で政府側から中間報告が示され、平和維持活動協力隊の任務範囲として停戦の監視、選挙監視などの他に、国連平和維持隊（PKF）への参加が表明された。

それを受けて、公明党として、衆参全国会議員が参加する国会対策委員会（全員国対委）をひんぱんに開き、党内論議を本格化させた。それまで外交・安保・内閣の3部会合同で計10回議論をしてきたことを踏まえ、8月8日を皮切りに同19日、23日、28日と都合4回の全員国対委を開き、党内論議を集中的に行った。政府側の説明・質疑応答を含めると7回に及んだ。これには党所属の衆院議員46人と参院議員20人（国民会議も含む）の全員を対象とし、公明党・国民会議の高桑栄松、中西珠子、和田教美、広中和歌子の各参院議員もほぼ毎回出席した。

第1回目の8月8日の党衆参全国会議員による全員国対委には政府側から大島理森内閣官房副長官、有馬内閣外政審議室長、野村PKO法体制準備室長、西村同室次長、山崎内閣外政審議室審議官、さらに外務省の丹波国連局長、柳井条約局長、渋谷総括審議官、高須国連局国連政策課長、防衛庁の畑山防衛局長といった政府側の実務者が勢揃いした。

●全党挙げて大議論。各党間でも群を抜く

このような形の党内論議は党の歴史の中でかつてなかった。3部会合同討議や全員国対委の他にも、党大会や中央委員会、毎週の中央執行委員会、常任企画会議、三役会議、さらには地方議員や党員、支持者との懇談や意見聴取など、あらゆる機関、レベルで党内論議を重ねた。まさに全党挙げての大議論だった。各党間でも公明党の議論は群を抜いていた。後に、当時内閣外政審議室長だった有馬龍夫は「この党（公明）がわが国の平和にとってのPKO参加の重要性をとことん、かつ、透明な議論を通じ、末端に及んで共通の認識とするに至ってお

れた」（「有馬口述史」）と語っている通りの光景である。

そして9月9日の自公民3党幹事長・書記長会談で、政府・自民党側から、五原則法制化、国会報告の義務づけ、隊員規模の法制化、ＰＫＦ参加と憲法に関する政府統一見解の提示といった考えが示された。公明党は9月10日の衆参両院議員懇談会で図った結果、党の主張がほぼ反映されているとして、「ＰＫＦ参加についても概ね賛成」で党内はまとまった。「中央執行委員会一任」となり、11月22日に賛成を決定した。

国会審議の経過はこうである。91年8月5日に海部内閣の下で臨時国会（会期は10月4日までの61日間）が召集され、9月19日にＰＫＯ法案が国会に提出された。衆参のＰＫＯ特別委員会が設置され、9月24日に衆院本会議で趣旨説明と質疑、9月26日に衆院特別委で審議が始まり、10月2日、この法案は衆院特別委で継続審議扱いとなり、次の国会で審議されることになった。この秋、政変があり、10月27日に宮沢喜一が自民党総裁に、綿貫民輔が同党幹事長に就任した。11月5日に臨時国会（会期は12月21日までの47日間）が召集され、首相指名選挙で宮沢が首相に指名され、11月18日にＰＫＯ法案の審議が始まった。11月22日に衆院特別委で中央公聴会、11月25日に福岡市と仙台市で地方公聴会が開催された。審議は順調に進んでいるかに見えたが、11月27日に衆院ＰＫＯ特別委員会で、突然、採決が行われた。

●自社演出・馴《な》れ合いの「強行採決」劇

自民党議員による質疑打ち切り動議の「委員長！」という発言を合図に、間髪入れず同特委の社会党委員（13人）以外を含む同党議員約60人が、まるでラグビーのように委員長席に殺到してマイクを取り上げ、採決を実力で阻止しようとして議場内は怒号が飛び交い大混乱。そんな異常事態の中で採決が行われ、公明党も自民党と一緒になって「強行」劇に加担したように見なされた。

しかし、この時の強行劇に公明党は全く関与していない。あずかり知らぬことだった。自社が水面下で手を握り、自民が泥をかぶり、〝数で押し切られた〟とする社会党理事の同党内向けの言い訳をつくってあげて顔を立てる。自民は採決の実をとるという自民党と社会党の以前からの慣行ともいうべき馴れ合いのシナリオである。55年体制型の自社演出の典型的パターンでもあった。シナリオ通りに事が運ばれ、採決5分前に社会党幹部が委員会室の社会党理事の席にフラッとやって来て、「5時半だぞ」と念押ししていたのを目撃されていた。

この日の翌28日、第30回公明党大会の初日であった。各紙の朝刊は、大見出しで〝強行採決〟を報じていた。党大会出席の代議員から、市川書記長や神崎武法国会対策委員長は激しく突き上げられる一幕があった。

国会では事態収拾へ向け、11月29日夕、自社公民4党の幹事長・書記長会談が開かれ、席上、自民の綿貫幹事長が「27日の採決（可決）は有効だが、来月（12月）2日に特別委を開き、もう一度採決結果を確認し、3日の本会議で採決したい」との提案があり、11月27日の採決の際、法案に反対した社会・民社も了承。12月2日にPKO特委（林義郎委員長）を開き、11月27日の委員会採決の有効性を確認して、12月3日の衆院本会議で自公の賛成多数（民社党は反対）で可決され、結果として円満にPKO法案は参院に送付された。だがこの臨時国会では採決されず、参院で継続審議の扱いとなり、翌年の通常国会に先送りされた。

しかしこの後、円満に衆院を通過したはずなのに、国会は、まず参院で、次に衆院で採決を引き延ばすための延々と続く社共両党議員らによる牛歩国会となり、荒れ模様となる。

なお、この時の〝自社馴れ合い〟採決については、多くの証言がある。例えば、評論家の田原総一朗は、あの不可解な〝強行採決〟は社会党の謀略、すなわち「社会党から、3時間前に審議を打ち切ってほしいと申し入れてきた」のを自民党が受け入れた結果であったと暴露していた（「サンデー毎日」91年12月22日号）。また、「週刊読売」（91年12月15日号）は、「一見『大モメ採決』のようでありながら、一皮めくれば『シナリオ通り』が真相だったらしい。反対する社会党には『カッコよく討ち死にしたい』という思惑があり、事前には、質疑打ち切りの段取りも示されていたそうだ。とんだ茶番劇と言われても仕方のない一面だろう」と伝えている。

●「廃棄濃厚」の法案、公明の尽力で〝蘇生〟へ

12月10日にPKO法案が参院で翌年の通常国会への継続審議となったことに対し、翌11、12日付の新聞各紙は、1面トップで「通常国会でも見通し立たず、廃案が濃厚」(「朝日」)、「継続でも廃案濃厚」(「読売」)、「大勢は『いずれ廃案』」(「毎日」)と、事実上廃案との見通しを報じていた。マスコミだけでなく、国会内でも「このままでは廃案」との空気が強く漂っていた。

この局面に対し、廃案を阻止するため、公明党は党内関係者で協議し、事態を分析した。四つの点に問題があったとし、第一は強行採決という手続きの失敗が、法案の評価に悪い影響を与え、メディアの報道で、国会が混乱している印象を与えた。社会党の仕掛けたワナが効果を発揮し、反対の世論に火を点《つ》けたこと。二点目は「自公民PKO与党」と呼ばれていた民社党が、この採決で法案に反対し、強行採決による世論の批判を回避し、〝国会事前承認論〟を浮き上がらせたこと。三点目はメディアがPKF反対をことさら強調したこと。四点目は、自・公・民3党間に情報の共有による判断の共有がなかった、などである。

第一点は、時間の経過で、自社演出が明白になり、公明党への誤解も消えた。二点目は、時間をかけて検討し、結論を出すことにした。三点目は、PKF活動の〝一時凍結〟をすることを、翌年の通常国会で提言する方針を党として決めた。四点目は、市川書記長が自民の綿貫幹事長、民社の米沢書記長と相談して、3党のいわばPKOに限定した情報の共有と判断の共有を図るための司令塔的な役割を果たす自・公・民3党による衆参にまたがる協議体をつくることで合意した。この協議体は、国会の常任委員長室で何回か行われた。自民党は92年1月24

日開会の通常国会から増岡博之に代わり梶山静六が国対委員長に就任していた。

●事前の合意覆《くつがえ》す突然の民社委員長提案

ところで、四つの問題点のうちの、二点目の民社党の言う事前承認論だが、これは同党の大内啓伍委員長が91年9月5日の全逓の大会で、突然ブチあげたものである。この大内発言が、その後の自・公・民3党の足並みを乱れさせた原因で、同党はその後、国会事前承認論を唱え続け、それが法案に入っていないことを理由に、91年11月27日の衆院特別委、その直後の衆院本会議採決で法案に反対した。民社党は法案に反対することによって、賛成の自公対反対の社共の間でいわば国民受けの〝漁夫の利〟を手にした形だった。逆に公明党は、国会事前承認という、いわば最高のシビリアン・コントロールとされるチェックにあまり前向きでないかのように受け止められ、一部マスコミで悪者視すらされた。

実は、「五原則」の法文化で、国会による事前承認を不要とする認識は、自・公・民3党の幹事長・書記長レベルでは、よく理解され、合意されていたのである。

当時、官邸の事務方の内閣官房副長官（全官僚組織のトップ）であった石原信雄が回顧録でこの件について、こう語っている。「大内委員長が突然、PKO派遣の決定について国会の事前承認をとるべきだといいだしたんです。……米沢さんは書記長でしょ。書記長までは事前承認なしで話は固まっていたのに、委員長は全然連絡なしにポンと事前承認は絶対必要だといっちゃったわけですから。だから米沢さんはえらく怒っちゃって、『勝手にしろ！』というような感じなわけです」（「首相官邸の決断」中央公論新社刊）と。

首相だった宮沢も、幹事長、書記長レベルでは、事前承認を不要とする合意があったことを認めている（「宮澤喜一回顧録」岩波書店刊）。政党間で、書記長レベルで合意したものを、委員長がひっくり返すのは極めて異例のことである。

この事前承認論について、公明党はこう考えていた。内閣の決定により、五原則が法律案に明記され、その法案は衆参両院の議決で法律として成立する。内閣は、この法律に基づいて自衛隊のPKOへの参加のための実施計画をつくる。内閣は、この段階で五原則に反する事態への自衛隊派遣の決定は法律違反になるのでできない。シビリアン・コントロールとは、自衛隊の出動は内閣の決定と国会の議決に従うことだ。法文化された五原則は内閣の決定と国会の議決を既に受けているので、その法律による自衛隊の派遣はシビリアン・コントロールをクリア（承認済）している。従って五原則が法文化された以上、国会による事前承認は二重の縛りであり、屋上屋を架し、内閣の決定の迅速性を奪うだけの意味しか持たない。これを認めると、国会は二つのモノサシ（規準）を持つに等しい。国会の議決は重い。国会の事前承認を受けたとして、将来、五原則を形骸化した自衛隊の派遣に道を開く恐れなしとしない。それでもメディアや世論の一部には事前承認論を求める声が強かった。

この問題に対し、市川書記長は解決策をこう考えた。五原則の法文化と国会による事前承認という二つのモノサシが、別々に機能せず、一つのモノサシとして機能させるにはどうしたらいいのか。事前承認といっても、国会の論議では結局は、自衛隊派遣の可否を決める規準は五原則に適う派遣なのかどうかに尽きる。であるならば、「五原則を確認する手続きとしての国会による事前承認」とすれば、一つのモノサシとしてしか機能しないと。そこで市川は、92年4月25日、田原総一朗が司会を務めるテレビ朝日の「サンデープロジェクト」に単独出演し、同番組で、自衛隊をPKOに派遣するに際しては、「五原則を確認する手続きとしての国会による事前承認であれば受け入れる」と提案。この市川発言に、1週間前、同番組で事前承認論を繰り返していた大内が反応。市川と会談した大内が市川提案を受け入れて、この件は決着し、法案の一部修正が行われた。

公明党は、戦後初めて自衛隊を海外に派遣することであり、自公2党よりは、自公民3党による、より多数の票決によるＰＫＯ法の議決を望ましいとしていた。その公明党の努力が実を結んだのである。

92年1月24日に通常国会が召集され、この国会の予算委員会で、公明党はＰＫＦの一時凍結を提案した。2月4日の衆院予算委員会で、質問に立った市川書記長が、国民及びアジア諸国の理解を得る時間的必要性を理由として、渡辺美智雄外相に、ＰＫＦ活動の「当分の間の凍結」を提案。渡辺外相は即答は避けたが、この提案が後に自・公・民3党間の合意となり、法律によって凍結し、法律によって解除するという法案修正が行われた。これはあくまでも、世論の理解を広げ、ＰＫＯ法案の廃案を防ぐためのものであった。公明党は「ＰＫＦに反対なので、ＰＫＦを凍結した」との誤った理解が一部にあるが、凍結前の法案に賛成しており、それは明らかな間違いである。この措置が〝廃案濃厚〟からＰＫＯ法の〝蘇生〟につながっていくのである。

●憲政史上に残る愚挙、社会党ら〝異常牛歩〟

そして92年6月を迎え法案採決の場面に移るが、反対する社会党は度を超した牛歩戦術や最終局面で議員辞職願提出騒ぎを演じた。憲政史上に残る愚挙、暴挙と批判された。

あの時、自公民3党が賛成であったため法案の成立は確実視されていた。反対する社会党、共産党、社会民主連合は最後の抵抗のパフォーマンスだったのだろう、牛歩による投票引き延ばしで衆参それぞれの本会議場にて参院で5泊6日、衆院で4泊5日を費やした。議席から投票箱まで延々二晩もかけた。議場では、疲れて熟睡する議員や、眠気をとばすため議場で体操する議員もいたことが新聞・テレビでも伝えられた。さらに最終段階で社会党衆院議員137人全員が議員辞職願を出して衆議院解散に追い込む戦術も行われたが、桜内義雄衆院議長が辞職願を受理しない対応をしたため頓挫した。またＰＫＯ法案の成立を妨害するために内閣不信任決議案の提出も取り沙汰されたが、結果として内閣信任決議案が可決された。

●参院選で審判、「公明、過去最高議席獲得」

ＰＫＯ法成立直後の92年7月に参院選が実施され、同法をめぐり国民の審判が下された。この時、社会党の当選者は前回の46議席から大幅減の22議席にとどまり、得票率も前回より一挙に32％も減らす大惨敗だった。これに対し公明党は6選挙区完全勝利と比例区8人当選を果たし、過去最高と同じ14議席を獲得。3年前の参院選敗北の雪辱を果たし、党再建への確かな一歩を歩んだ。国民はＰＫＯ法成立を明確に支持したのである。

公明党にとって、90億ドル支援問題からＰＫＯ法成立までの経験は、当時野党でありながら国の新しい生き方の決定に関わり、党自体も議員も鍛えられ与党的な経験を積んだ。結果として、政権与党へのトレーニングになり、後の細川政権の実現、自民党との連立政権参加につながった。

PKO法は自公民3党の賛成多数で可決・成立した。この大事な投票に社会、社民連両党は欠席した＝1992年6月15日　衆院本会議

第12章　歴史的な細川連立政権に参加

―政権交代可能な政治改革実現を推進

1993（平成5）年8月6日、国民世論の高い支持率と熱狂に包まれて、非自民・非共産の8党派からなる細川連立政権が誕生した。38年間続いた自民長期政権はついに幕を閉じ、歴史的な与野党政権交代が実現。「かつて『ベルリンの壁』と並んで『難攻不落』にみえた『保守一党支配の壁』が……崩れ落ちてゆく」（松山幸雄・共立女子大教授「朝日」93年8月1日付）と評された。本格的な連立政権の成立という意味でも片山・芦田内閣以来、実に45年ぶり。以後ずっと続く連立政権時代の幕開けとなった。文字通り「政治の風景」を一変させる出来事であった。

公明党は、以前より「政権交代のある民主主義」の実現をめざし、与野党政権交代実現の先頭に立ってきた。前年92年11月の第31回党大会で、自民単独政権に代わり得る「新しい政権の軸」を作ることを打ち出し、政界再編、選挙制度改革の実現に向け精力的に取り組んできた。

93年当時、最大の政治課題は、ロッキード事件、リクルート事件、共和事件、佐川急便事件など相次いだ政治腐敗との決別であった。そのためには企業献金禁止などの政治資金制度改革とともに、政権交代可能な政治体制の実現が焦点だった。当時の選挙区制は中選挙区制（定数は概《おおむ》ね3～5人の複数）。大政党の自民党は同一選挙区に各派閥がそれぞれ候補者を立て、選挙区によっては定数5人で、自民党が5人当選するところもあった。その結果、複数の自民党候補が同士討ちを演じることとなる。同一政党のため政策で争うのではなく、専ら有権者へのサービス合戦や地元利益誘導に走ることとなり、それが「金のかかる選挙」「金権政治」「派閥政治」を横行させる元となっていた。ただし野党にとっては複数候補を立てる余力などなく、1人を当選させるのが精々《せいぜい》だった。

しかし、自民党政治が繰り返す汚職・疑獄事件など「政治とカネ」の相次ぐ不祥事件、政治腐敗に対する国民の怒りは頂点に達していた。政治腐敗との決別を願う世論は沸騰していた。腐敗との決別には与野党政権交代が一番だが、89年参院選で参院での与野党逆転が果たされた以降でも野党第1党の社会党の不決断が依然続き、野党間の実のある連立・連合ができなかった。結果として中選挙区制が自民党の一党優位政党制存続を許し、長期自民党政権の土壌となっていた。否、中選挙区制こそが政権交代なき万年与党・万年野党体制の根幹視され、「55年体制」の支柱と見なされた。

●公明、当初は「連用制」を主張

自民党はリクルート事件発覚後の89年参院選で大敗後、同党なりに政治改革論議を本格化させ、自らの弊《へい》である金権政治・派閥政治・利益誘導政治の打破、そして「政党中心・政策中心」、政権交代可能な民主政治の実現をめざし、中選挙区制度を抜本的に見直し「小選挙区比例代表並立制」とする政治改革大綱を打ち出していた。これに対し公明党は、議席確保の上では中選挙区制の方が有利であるが、日本政治の再生という大局観に立ち、自党への有利不利を乗り越えて、中選挙区制を見直す政治改革に同調する方針を取った。

公明党は、党内に政治改革本部（本部長・井上義久衆院議員）を設置し、同本部での議論をベースにして、党として当初、比例代表小選挙区併用制で、選挙制度改革の論議に対応することにした。「併用制」はいろいろな運用の仕方があるが、比例代表で獲得した議席を基本に議席配分を決める制度で、総定数を超える超過議席を認めるものだ。この点が欠陥であると指摘された。後に、その欠陥を是正した「連用制」が、民間政治臨調（政治

改革推進協議会＝亀井正夫会長）によって提言され、この連用制を党としても採用した方が良いと決めた。

この連用制について、市川雄一書記長は、社会党の赤松広隆書記長や日本新党の細川護煕代表と会談し、政治改革の案とすることで合意した。特に、細川代表とは、政権交代こそ腐敗と決別する最大の政治改革であり、そのためにも自民党に対抗し得る新しい政権の軸となる政治勢力の結集が必要との認識でも一致していた【写真】。

政治腐敗決別のための政治改革については、91年秋、自民党の海部俊樹首相が、政治改革に不退転の決意で取り組む、できなければ重大な決断をすると言明。その改革の成否には内閣の命運がかかっていた。結局、できず仕舞いに終わり、同内閣は退陣を余儀なくされ、同年10月に宮沢内閣が受け継ぐことになった。宮沢内閣は公明党の主導的な協力により、92年にＰＫＯ協力法を成立させることはできたが、政治改革については、自民党内に異論を抱える事情で方針が揺れていた。宮沢喜一首相はテレビ出演（93年5月31日）で「政治改革はこの国会でやるんです。私はウソをついたことがありません」と啖呵《たんか》を切っていたほどだが、通常国会終盤の6月16日、結局自民党内の事情で断念に追い込まれてしまった。

●公明が解散・総選挙の流れつくる

そこへ至る最終局面の十数日間は、政局含みの膠着《こうちゃく》状態が続いていた。当時、自民党幹事長を経験していた小沢一郎は、政治改革の実現に強い意欲を表明していた。市川書記長とは、電話で連絡を取り合っていた。小沢からは「宮沢首相が政治改革を決断できなければ、党を割って出てでもやる」との強い決意が伝えられていたが、最後まで宮沢内閣での政治改革の決断に強い期待を寄せていた。そのため宮沢首相の言を左右する揺れに影響され、対応方針を決めあぐねていた。

野党として、この事態にどう対応すべきか。手をこまねいて見ているわけにはいかない。公明党は宮沢内閣不信任決議案を提出して、解散総選挙に追い込むべきだと思っていた。しかし野党第1党の社会党は前年の参院選で敗北。党執行部が交代（92年1月）し、山花貞夫委員長、赤松書記長の体制であった。新執行部にとって、宮沢内閣を解散に追い込むかどうかは重要な政局判断であり、決断しかねているように思われた。

公明党は衆院で46議席であり、単独で不信任案（51議席以上が必要）提出の資格はない。それに、不信任案が可決されるかどうかの確たる見通しもなかった。しかし強い世論の後押しもあり、全体として政局は、政治改革の断行へと流れが出来つつあり、この流れに背を向けることは難しいのではないか。ここは公明党が内閣不信任案提出の方針を決めれば、不信任案可決、解散総選挙への局面打開はできる政治状況であると判断したのである。野党として、公明党独自の判断で動くべきだとし、市川書記長は党三役会議の協議を経て記者会見で「宮沢内閣不信任決議案を早急に提出すべきだ」と発言。

内閣不信任
決議案提出

公明が方針決定

社会・民社も同調の方向

公明党は十四日、国会内で党三役会議を開き、宮沢内閣に対する内閣不信任決議案を早急に提出すべきだとの方針を決めた。

三役会議後に記者会見した公明党の市川雄一書記長は、「首相は明確に今国会で、改革を実現するといってきたが、与野党妥協の努力もせず、会期の延長もしないというなら不信任に値する」と表明した。

市川氏は決議案の提出時期については、「十五日の自民党総務会で妥協の努力を放棄することが明確になれば、ただちに提出したい」と語った。同党はこの方針を同日、社会、民社両党に伝え、共同で決議案を提出するよう要請した。

一方、社会党もこの日の三役懇談会などで、不信任決議案提出を求める声が相次ぎ、決議案提出に向け本格的な準備作業に入った。十六日に六野党・会派の首脳会談を開き、野党の結束を図りたい考えで、民社党も社会、公明両党が決議案を提出した場合には、同調する見通しだ。

この発言がマスコミに大きく報じられた。朝日新聞は1面（93年6月15日付）に4段見出しで「公明党、内閣不信任決議案提出の方針決定、社会・民社も同調の方向」と報じ【写真】、政局に強い決定的なインパクト（衝撃）を与え、政局は一気に解散総選挙へと動いたのである。事実上、公明党が政局転換への流れをつくったのだった。

宮沢内閣不信任案は6月18日、衆院本会議で、自民党の羽田派も賛成して35票差の大差で可決。衆院は解散。俗に宮沢首相の公約違反を指して「ウソつき解散」とも呼ばれた。選挙戦（7月4日公示）の最大争点は「自民党政権の継続か、非自民政権の実現か」であった。

野党による内閣不信任案の提出を契機に、6月22日に内閣不信任案には反対した武村正義を代表に自民党を離党した10人が「新党さきがけ」を結成。続いて23日に内閣不信任案に賛成した元自民党羽田派の44人が羽田孜を党首、小沢一郎を代表幹事とする新生党を結成。政界再編の引き金を引いた。

衆院選は7月18日投開票の結果、自民党は223議席で、過半数の256に及ばなかったものの、比較第1党としての議席を確保。一方、野党側は社会党が改選前の133から半減の70に転落の大敗北。公明党は6議席増の52（国民会議の草川昭三を含む）。自民党から飛び出した新生党55、日本新党35、共産15、民社15、新党さきがけ13、社民連4、無所属29、という結果だった。

選挙後の新政権樹立のキャスチングボートを握っていたのは、日本新党とさきがけ。両党は連携し、一体的に動いていた。当時の報道の中には、内閣不信任案に反対票を投じた新党さきがけの武村代表が古巣の自民党との連立を模索する動きもあった。帰趨をはっきりさせていなかった両党は結局、各党に「この指とまれ」といわれている提案を行った。それは、穏健な多党制とされる「小選挙区250、比例区250の並立制」であった。

●非自民政権実現を優先し「並立制」に乗る

公明党は、小選挙区を含む並立制には違和感を感じつつも、非自民政権の樹立による政治改革の実現を優先して、この提案に乗り、細川連立政権の成立を推進した。この時の事情について、市川元書記長はこう述懐する。「かつて日本新党の細川代表と政治改革の選挙区制の案として『連用制』で合意していただけに、心にふっきれないものが残ったのは事実だ。野党の時と、首相になる決意をした時とでは判断が変わったということであろうか。しかし、それはそれとして政権に参加した以上、公明党も私もこの選挙区制の実現に誠心誠意尽力した」(「公明」2013年9月号『細川連立政権を回顧して(上)』)。

7月28日、細川護熙が非自民7党1会派の首相指名候補となることを受託。8月6日、衆参両院本会議の首相指名投票で、細川日本新党代表が、河野洋平自民党総裁を破って、第79代首相に就任した。衆院議長選出では、社会党の土井たか子を第68代の議長に選出した。憲政史上初の女性議長の誕生だった。

8月9日に組閣が成り、公明党・国民会議から総務庁長官に石田幸四郎、郵政相に神崎武法、労働相に坂口力、環境庁長官に広中和歌子の4人が入閣【次頁に写真】。政務次官には大蔵、外務、通産、自治、防衛庁に各5人が就任。この細川内閣の出発に対し、世論調査の内閣支持率は軒並み70%台後半から80%台前半までの高支持率を記録。いかに国民が与野党政権交代を望み、歓迎していたかの証拠だった。

細川首相は8月10日の所信表明演説で、「年内に政治改革を実現させなければ責任を取る」と表明。文字通り「政

治改革内閣」を旗印としたが、政治改革実現は難航を極めた。内閣として9月17日に政治改革関連4法案を閣議決定、同日からの臨時国会に提出。一方の自民党案は、議席配分を小選挙区３００、比例代表１７１で、投票方式は1票制（政府案は2票制）。審議は遅れに遅れ、連立与党と自民党との間で政治改革法案の修正協議が行われた。連立与党側の責任者は公明党の市川書記長。修正交渉の全権が委任された。補佐役として、民社党の米沢隆書記長、さきがけ・日本新党の園田博之代表幹事が就いた。自民党の責任者は森喜朗幹事長だった。

　連立与党側は、自民党との修正協議を通し一部修正案を提出。11月16日の衆院政治改革特別委員会で採決を行い、混乱なく粛々と可決。同18日に衆院を通過させた。修正に当たっては、細川首相と河野自民党総裁とのトップ会談が決裂したものの、会談の際に細川首相が示した修正内容に即し、衆院の総定数は政府原案のままの５００で、①定数配分は小選挙区２７４、比例代表２２６（政府原案は小選挙区・比例代表とも２５０）②比例代表の単位は全国一本③投票方式は2票制。また、政党への公費助成の総額は、自民党案と同じく年間３０９億円（国民一人当たり２５０円）となっている。

さらに、政治家個人への企業・団体献金の禁止については、自民党側は激しく抵抗したが、市川書記長は「連立内閣の魂として決断した問題」として貫いた。衆院特委の可決に至ったのは、与野党修正協議を徹底的に行ったことが大きな布石になったからだった。市川書記長が修正協議の主導権をがっちり握ったことが大きかった。市川書記長に対し、11月6日付「朝日」では、「次々に球を繰り出す交渉ぶりは、与党内でも『まさに適役』との評価が高い」と伝えている。11月18日の衆院本会議採決では、自民党の西岡武夫ら13人が政府案に賛成。一方、与党・社会党の中から5人が造反し政府案に反対した。政治改革4法案は難航の末、ようやく衆院通過にこぎつけた。

参院に送られた政治改革法案だが、参院自民党が激しく抵抗。同党の審議拒否によって参院政治改革特別委員会は空転続き。世論の反発を恐れて自民党側は12月24日になって、やっと同党委員も出席して法案の総括質疑を行い、実質審議をスタートさせた。参院送付後36日ぶりの遅れに遅れての審議入りだった。このため細川首相は同日、就任直後に公約した年内成立の断念を公式に表明し、国民に陳謝。そして翌１９９４年1月29日までの国会会期内成立に政治生命をかけるとの決意表明を行ったが、年明けの審議も荒れに荒れた。

会期末ギリギリの、94年1月21日の参院本会議で採決となったが、大波乱が起きた。自民党から5人の賛成者が出たが、与党・社会党から17人もの反対者が出て、法案は否決されてしまった（賛成１１８、反対１３０）。この時、前年10月に山花に代わって社会党委員長になっていた村山富市は、これで法案が廃案になると思ったのだろう、「参院で否決された時は『しめた』と思った」（「朝日」２０１３年6月15日付）と吐露している。当時の与党第1党の党首の言葉として、唖然《あぜん》とする。造反した同党議員とまるで同列である。

参院で否決されたため、連立与党側は衆院から参院に両院協議会の開催を求めたが、自民党は当初は難色。1

月26日にやっと設置を了承、初会合が開かれた。しかし、妥協の調整はつかず、翌27日、衆院側協議会議長の与党側・市川書記長は「協議は整わなかった」として協議打ち切りを宣言し決裂した。

●細川・河野会談で自民に譲歩し最終決着

結局、土井たか子衆院議長の斡旋により、1月28日夜、細川首相と河野自民党総裁のトップ会談が行われ、結論として細川首相が全面的に自民党に譲歩する形で合意。その内容は①衆院小選挙区比例代表並立制の定数を小選挙区300、比例代表200とする並立制②比例代表の選出単位を11ブロックとする③企業・団体献金は政治家個人に政治資金管理団体一つとし、5年間に限って年間50万円を認める――などで、施行期限を抜いた成案が、1月29日の衆参両院本会議で可決・成立した。ここに抜本的な政治改革が与野党の合意に基づいて事実上実現することになった。同法が実際に施行されるのは94年12月。当時の村山内閣下で小選挙区の区割り案が成立し、1カ月の周知期間を置いてからである。

リクルート事件以来、国政の対立点となってきた政治改革法案は約6年を経て遂に実現の運びとなった。以後2019年10月までに8回の衆院選があり、2度の与野党政権交代が起きた。その長短是非論は大要二つだ。「政権交代が起きやすい。大きな腐敗もなくなった。所期の目的はほぼ達成された」(市川元書記長「朝日」13年6月11日付)。自民党政治の特徴だった派閥政治・利益誘導型政治も影を潜めた。一方で、二大政党化の目的は必ずしも果たされず、相次ぐ新党の誕生、政治家の離合集散を激しくし、また「新人が当落を繰り返す。大衆迎合に陥りやすく、大局を見る政治家が育たない。そういう弊害が起きている」(市川元書記長「朝日」6月12日付)。

同政治改革が実現してから20年を迎えた13年夏、その功罪論がメディアで取り上げられた。上記のような指摘が多々示されたが、その際、「向こうが自民党案を99%のんだ」(河野元自民党総裁「日経」13年8月11日付)としているこことに対し、「のんだ」側の細川元首相は「小選挙区を300にするのはきつい。ほとんど小選挙区そのもの」で「苦渋の決断でした」と語る（「朝日」13年6月11日付）。また市川元書記長は「連立与党内にかなり不満の感情を残す決着だった」「『連用制』から始まった公明党の立場としても、違和感を感じつつも、党執行部としては、政権最大の課題であった政治改革の実現のために、受け入れざるを得なかった。まさに苦渋の決断であった」「結果として、支持者に重い負担を強いる結果になったことについて、当時も今も、心に強い痛みを感じている」（「公明」13年9月号『細川連立政権を回顧して（上）』）と述懐する。

一方、村山元社会党委員長は「細川・河野トップ会談でかえって悪い内容で合意したのは残念だった」（「朝日」同）と語っている。社会党一部議員の造反により、彼らの思惑とは裏腹に招いた結果である。そうした決着となったことについて、本来なら当時の連立与党陣営に対する責任の上からも、往時の事とはいえ、まず「お詫び」や「陳謝」の言葉があって然るべきだろう。それがなく、「かえって悪い内容で合意したのは残念だった」と単純に悔しがるのでは、あまりにも自己本位的としか映るまい。村山は直後に首相に就任しただけに、なおさら彼の独り善がり、責任倫理感の欠如を浮き彫りにしよう。

この政治改革について、河野元自民党総裁は自党の案を「99％」通しながらも「大失敗」（「朝日」13年6月13日付）と全否定。村山元社会党委員長も「社会党としては失敗だった」（「朝日」13年6月15日付）。「55年体制」の主役だった自社両党の元党首が、脱「55年体制」をめざした政治改革に否定的であるのは故なくもない。

対して、市川元書記長は「選挙制度を1回変えただけで日本の政治がよくなるほど現実は甘くありません。改革の持続が必要です。民主主義は年月をかけて成熟していきます。細川政権への交代から、まだ20年。二大政党的システムがうまく機能するには政党や政治家、国民意識の成熟が必要で、長い視野で考えるべき」（「日経」13年8月4日付）と総括する。

●与野党大合唱〝コメ一粒たりとも入れぬ〟

難航に難航を重ねた末、やり遂げた「政治改革」とともに、細川内閣の業績として評価されているのが、国内市場における「コメの部分開放」を認める決断をしたことである。これも政治改革と同様、歴代自民党政権がやり残してきた懸案であった。

日本はコメ市場の開放を強く求められており、コメ輸入自由化問題はガット（関税貿易一般協定）のウルグアイ・ラウンド（新多角的貿易交渉）の焦点となっていた。1986年から始まったウルグアイ・ラウンドでは、「例外なき関税化」が打ち出されており、原則としてすべての輸入制限を関税に置き換えて、他の一切の国境措置を認めない、とされた。この原則通りに適用されると、コメ市場は完全自由化され、国際競争力のない日本の米作農家は大打撃を受けることになる。これを回避するには、代わりにミニマム・アクセス（最低輸入量）を日本が受け入れる、つまりコメの部分自由化に踏み切らざるを得ないが、自社民共の各党は「コメは一粒たりとも入れない」との反対姿勢。野党の自民党は強硬な反対。連立与党内でも第1会派の社会党内には自民党以上に強い頑《かたく》なな反対のグループがあった。

このウルグアイ・ラウンドの合意期限は93（平成5）年12月15日。コメの市場開放問題は、自民党政権下では「内閣をつぶす覚悟がないとできない」といわれた難題。細川政権にとって、大難題の政治改革法案が難航の末、93年11月18日にようやく衆院を通過し、審議の舞台は参院に移った直後であるが、ウルグアイ・ラウンドの合意期限を前にコメ問題での決断を待ったなしで迫られた。

公明党は、この時点の3年前にこの問題を党内で議論し、一定の方向性を打ち出していた。90年4月25日、市川雄一書記長は横浜市内で開かれた党神奈川県本部大会で挨拶し「ウルグアイ・ラウンドでも日本は追い詰められており、一定量の輸入は認めざるを得なくなるだろう」と発言。「『コメ開放』、容認も」と各紙に報道された。

当時、毎日新聞編集委員の岩見隆夫は「『勇気ある発言』(竹下首相がそう言った)。とにかく市川は平成コメ騒動の端緒をつくった。得点である」(「毎日」90年7月3日付『近聞遠見』)と評価した。さらに党内論議で「コメの部分自由化容認」に踏み切ったことに対し、「同党ははっきりとコメの部分開放容認の態度を打ち出している。……率先してタブーに挑み、大きな一石を投じた公明党の決断に敬意を表したい」(「毎日」社説90年7月23日付)等々、各メディアも高評価したが、公明党提唱の部分自由化案を自民党政権は無視し、解決を引き延ばしてきた。

●公明、コメ部分開放容認へ合意形成促す

それから3年後の細川政権のこの時、公明党は連立与党の一員として、改めて責任ある党内合意をつくらなければならなかった。日本は「例外なき関税化」は避けたい。すると代償措置としてミニマム・アクセスを受け入れざるを得ない。ところが、関税化は反対。コメ部分開放もダメとの与野党にわたる大合唱。これでは政権は対応できない。日本がウルグアイ・ラウンドの合意を壊す羽目になる。もしそうなれば世界経済に重大な悪影響を及ぼすことになる。自由貿易の恩恵を一番受けている日本として、それはできない。連立与党内では、やはり社会党はギリギリまで揉めた。

この状況に照らして公明党は早目に手を打った。全県に影響が及ぶ問題なので、93年11月27日、全国県本部長会を開き、全党的に議論した。もちろん関税化には反対。その代償措置としてのコメ部分開放を容認するかどうかである。市川書記長は議論の大勢を「妥協案である部分開放は検討に値する」と要約し、記者発表した。これが翌日の新聞、テレビで「コメ部分開放容認へ」と大きく報道された。

さらに、「連立与党で明確に容認の方向を打ち出したのは初めて」とか「社会党の反対姿勢が予想外に強いこ

とや政治改革法案への影響を懸念し、あえて連立与党内の世論を『開放』に引っ張る先導役を買って出たものとみられる」との報道や解説もあった。朝日新聞は1面トップの扱いだった。

東北、北海道の本部長から反対意見も出されたが、今後の対応は中央執行委員会に一任され、12月10日の拡大中央執行委員会（非中執の衆参両院議員も参加）で党三役一任となった。細川政権で公明党が先導役を果たすつもりはなかったものの、党内合意をつくる作業が、結果としてこの問題で連立与党の合意を促すための先制の貴重な一石になったのである。

この件について、社会党の結論が出たのは12月14日午前2時30分ごろ。ウルグアイ・ラウンドの事務局長に午前1時までの最終返答期限を2時間延長してもらって決着した。社会党は連立離脱してでも反対するかどうかの瀬戸際ギリギリの議論であった。最後は「党としては反対だが、首相の判断を了とせざるを得ない」ということであった。

細川内閣は午前3時に臨時閣議を開き、コメ市場の部分開放を盛り込んだガットの最終調停案受け入れを正式決定した。ここに日本として7年越しの農業交渉がついに終結した。

●挫折した細川首相の国民福祉税構想

政治改革法が成立後6日目の94年2月3日未明、細川首相による国民福祉税構想についての記者会見が行われた。消費税率について「平成9（97）年4月1日から3％を7％にアップする」というもの。ところが、記者に7％の根拠を聞かれ、細川首相は「腰だめの数字だ」と答え、大騒ぎとなった。結局、翌4日の与党代表者会議で白紙撤回が決まった。

この時の首相会見の経緯について、市川元書記長はこう振り返る。「私の記憶では、たしか首相記者発表についての社会党の了解をとるのに時間がかかり、会見が異例の深夜になったと思う。『腰だめ』発言には、正直いって驚いた。官邸の準備不足につきると思う。なぜ7％なのか、きちんとした考え方を説明して欲しかった。そうすれば問題はなかったのではないか。不用意な発言であったとの思いが強かった」（「公明」２０１３年10月号『細川連立政権を回顧して（下）』）。

国民福祉税構想の背景としては、日米包括経済協議があって、米側は日本の内需拡大を要求。そのための方策として、所得税の減税を米側に言わざるを得ない状況があった。所得税・住民税減税などを含め約6兆円の減税総額である。この減税財源と、迫りつつある高齢社会に備えて社会保障の財源を併せて確保するための消費税率の引き上げであった。

公明党は、この消費税率引き上げ問題に、何回も全衆参国会議員による議論を重ね、大筋で容認の合意ができていた。当時、市川が懇意にしていた経済学者の宮崎義一・京大名誉教授から、消費税のもつ逆進性の緩和にも役立つ完全な福祉目的税にしてはどうかと助言されたのを受け、市川書記長は与党代表者会議で、完全な福祉目的税化を提案した。しかし合意には至らず、「国民福祉税」という名前だけ使われたのだ。

●政権揺るがす首相と官房長官の〝亀裂〟

この国民福祉税構想に対し、社会党の村山委員長は「連立離脱も辞さず」と猛反発。首相の女房役である武村官房長官も、深夜の首相会見直後の定例会見で、「過《あやま》ちは改むるに如《し》かず」と発言。細川首相に公然と異を唱えた。普通なら「官房長官更迭」となるケースだ。メディアも「『細川─武村』間に冷たいすきま風」（「読売」）、「首相と武村長官の亀裂深刻に──連立政権の基盤に重大なカゲ」（「産経」）などと書きたてた。

細川首相は2月14日、「下旬めどに内閣改造」の意向を固めたとされ、「官房長官更迭図る」（「朝日」１９９５

年2月15日付）と大きく報道された。しかしこの時点では94年度政府予算案がまだ未成立なため、内閣改造よりも予算成立を優先させることで決着した。

政権を揺るがした首相と官房長官との〝亀裂〟。市川元書記長は「この事態も政権の求心力を弱める一因となった」とし、こう述べている。

「首相と官房長官との意見調整は、二人の間で行い、少なくとも意見の不一致があったとしても、外に漏れることは絶対に避けるべきだ。意見が合わないなら、官房長官が首相の意に従うか、身を引くべきだ。官房長官は首相の意を体して内閣を取り仕切る立場にあるからだ。93年12月にも、武村官房長官の異例の行動が、どこの党の官房長官かといわれる事態があり、その行動がとがめられ、更迭論が浮上したことがあった。……だが国民福祉税のこの時は公然と細川首相に異を唱えたのである。武村氏の主張の是非の問題ではない。内閣不一致、首相とその女房役である官房長官との間に亀裂があることをあからさまに示し、混乱を招いた責任は重い。これでは連立政権は立ち行かない」（前掲「公明」）。

93年12月の「異例の行動」とは、武村官房長官が自民党幹部とは頻繁に会っているのに対し、与党代表者会議には一度も顔を出さないなど与党幹部と論議の場を持とうとせず、細川首相や連立与党の代表者会議の意向とは意見を異にする動きをしていたことである。

●「政治改革」達成で8党派結束目標失う

ところで、細川首相は、佐川急便グループからの1億円借り入れ問題で、自民党から激しい追及を受け、衆院予算委員会が1カ月にわたり空転した。後日、追及側の自民党幹部も首相辞任に値するほどのことではなかったと語っているが、この問題をきっかけとして94年4月8日に、細川首相は辞任を表明した。

細川内閣崩壊は首相個人の金銭問題が直接の契機であるが、そもそも細川内閣の主目的は政権交代可能な政治体制を生み出す政治改革の実現であった。それが叶ってしまい、8党派の連立を結束させる次の目標がなくなってしまったことが、政権が短命に終わった主因であったのであろう。

元々、憲法や安全保障などで理念や主張が異なる8党派が参加した細川連立政権で、唯一といってもいい一致点が政治改革だった。それが達成された後は「一気に求心力を低下させることになった」(村川一郎・石上泰州「日本の政党」)のである。

●羽田内閣、社会党離脱で過半数割れ

細川首相が退陣し、新生党の羽田孜党首が首班指名を受けた直後の94年4月25日、大内啓伍民社党委員長の提唱による統一会派「改新」の結成が発表され、社会党の政権離脱(翌26日)のきっかけをつくる騒ぎがあった。公明党はこの件について、全く関与しておらず、寝耳に水のような話だった。市川元書記長は当時を振り返り、こう語る。

「確か前日の夕刻だったと思うが、小沢氏から電話で趣旨の説明があり、事情に詳しいとされる民社党書記長の米沢隆氏が、院内の公明党控室にきて、説明を聞いた。米沢氏は『実はいま新生党、日本新党、民社党の三つで院内会派を結成する話が進んでいる。社会党を上回って第一会派になる。小沢(一郎)さんに頼まれて市川さんのところにきた。細川首相も承知している。社会党の村山富市委員長にも、ウチの大内委員長が了解をとっている。公明党が入ると大きくなりすぎるので、まずこの3党でスタートさせてほしい』と語った。いまなぜ社会党を刺激するのか、民社党の大内氏が影響力を発揮したいのか、と思ったが、社会党も、連合の山岸会長も了解しているとのことなので、『分かりました』とだけ答えた。私は事前に会派をつくる打ち合わせにもタッチして

いないし、何も関与していなかった」(前掲「公明」)。

羽田内閣は4月28日発足。公明党から石田幸四郎委員長が総務庁長官として留任したほか、新たに二見伸明運輸相、日笠勝之郵政相、森本晃司建設相、近江巳記夫科学技術庁長官、浜四津敏子環境庁長官の5閣僚が就任した。

羽田政権は、社会党やさきがけが離脱して衆院178議席となり、過半数割れの内閣になっていた。対する自民党は206議席を有し、6月29日の会期末までに内閣不信任決議案を提出することを決め、羽田政権に揺さぶりをかけてきた。羽田政権は発足と同時に、解散か総辞職かの選択を余儀なくされていた。

これに対し、羽田首相は解散に強い意欲をもっていたが、解散を打てば1人区の選挙区割り法案がまだ未成立であるため、中選挙区制での選挙となり、政治改革法の行方が不透明になる。何のための細川政権だったのかということになりかねない。そうした判断の下、羽田首相は94年6月25日、94年度予算成立直後に、旧制度での選挙を避けるため総辞職を選んだ。連立与党側は衆院での首班指名で自民党と争うことになった。

実は94年早々の時点から自民党はひそかに社会党左派に接触し、村山首班の自社連立を打診、工作していた。当時、自民党の亀井静香がこの工作に当たっていた、と自ら語っている。現に細川政権下の4月17日、自社の間で連立政権をめざす「極秘合意文書」が作られるなど裏で進んでいたのだ(「読売」94年12月28日付『村山連立政権誕生の経緯』)。

●村山・自社さ政権に「野合」批判

6月29日に行われた衆院における首相指名選挙は、1回では決まらず、決選投票に持ち込まれ、投票の結果、連立側の海部俊樹が47票差で破れ、自民党が担いだ社会党の村山富市が首相に指名された。

ここに公明党が参加した細川内閣・羽田内閣は11カ月で幕を閉じた。

この自社さ政権は、当時どう見られていたか。例えば朝日新聞「ミニ時評」(94年7月4日付)欄には、こう描かれた。「ここ数日、『野合』ということばが、日本中に響き渡っている。……村山新内閣誕生の記者会見で、何十回となく飛び出した『野合』ということばは、わたしなどの世代には、なんとなく隠微で卑語の感じがある。裏通りでこそこそとささやかれる、隠花植物的なものを想起するのだ」と。

他にも「談合」「悪い冗談」「背信内閣」「55年体制内閣」といった言葉があふれた。外交・防衛など自社両党の基本政策が180度も違っていることから、「『水』と『油』よもやの同居」(「朝日」94年7月1日付)などと伝えられた。ドイツの有力週刊誌「デア・シュピーゲル」(7月4日号)は『ばかげた結婚』と報じた。

自社「野合」の象徴例は、両党の安全保障政策が「水」と「油」ほど違う点。ところが社会党は党大会の議論も決定も抜きで、村山首相の就任後初の衆参本会議における所信表明やそれに続く質疑への答弁一つで、党是であった自衛隊違憲を〝合憲〟に、日米安保条約廃棄を〝堅持〟に変えてしまったのである。結党以来40年間にわたって掲げてきた「非武装中立」の基本政策を一夜にして捨て去った。これも世間を驚かせ、啞然《あぜん》とさせた。まさに「政治の根幹についての不信を人々に植え付けた」(石川真澄・朝日新聞編集委員「世界」94年8月号)のである。社会党のあまりのご都合主義、無原則、無節操ぶりを物語って余りあるものだった。

しかしこれでは村山政権として、直面する外交防衛の諸課題に適切に対応することは無理であろう。「一国の防衛や外交にかかわる首相の判断は、国の命運や安否を左右する決断だ。安保政策変更の答弁は、夜を徹して考えた結論であると村山は言うが、一夜漬けの知識や思索で涵養《かんよう》される感性に属する問題ではない。極めて乱暴で、社会党支持者のみならず国民との約束を欺くものであった。自ら野合性を告白するような非民主的なやり方だった」(市川元書記長　前掲「公明」)。

●村山首相の支離滅裂な〝自衛隊合憲〟論

この村山首相による、社会党の安全保障政策転換に対し、市川書記長は翌95年1月27日の衆院予算委員会総括質疑（首相以下全閣僚出席）の場で、村山首相の自衛隊に関する憲法解釈について追及した。同質問の概要は、市川が執筆した論文「細川連立政権を回顧して（下）」（前掲「公明」）の中でこう論述されている。

——一般に最高裁をはじめとする裁判所での違憲性審査は、憲法の前文（まえぶん）は裁判規範ではなく、憲法の何条によるか、条文の解釈によって判断されるというのが憲法学者の定説である。この理解を前提として、社会党の村山首相に、従来、社会党が自衛隊を違憲とした根拠は、憲法の何条のどの条文によるものなのか、また村山首相が衆院本会議の答弁で自衛隊を合憲としたのは、憲法何条のどの条文によるのかを約一時間近く糾した。ごく当たり前の疑問であるし、首相として明らかにすべき責務があるはずだ。

しかし村山首相の答弁は「憲法ぜんぶんです」と繰り返すのみであった。この「ぜんぶん」が「前文」なのか「全文」なのかも言わない。普通、憲法前文はゼンブンと読まず、マエブンと読んでいる。そこで憲法前文（まえぶん）は裁判所における違憲性審査の規範にはならないというと、それでも「憲法ぜんぶん（全文）です」と答える。質問の答えになっていない。全文のどの条文かと聞くと、「ぜんぶん（全文）です」という。

今までの政府見解は、独立国家には固有の権利として自衛権がある。だから自衛隊は合憲だとしている。ただし、憲法第九条の条文に照らして、それは個別自衛権の保有であり、国際法的には認められているが、集団的自衛権の行使は許されないとしてきた。この見解とも違う。社会党は従来から、憲法九条を根拠として自衛隊を違憲としてきた。社会党発行の文書の引用でそれを言うと、村山首相は「憲法ぜんぶん（全文）です」と繰り返すのみであった。憲法九条によると答弁すれば、社会党は憲法九条により自衛隊は違憲であったが、社会党の委員長が首相に就任したから、九条によって合憲になったといわざるを得ない。それを避けていたのは見え見えであった。「全文!全文!全文!」と言って答弁を逃げていたのである。

首相たるものが、自衛隊の違憲、合憲の憲法判断を示し得ない。聞いている国民が納得する見解を述べられないと言うことは異常である。かつて革新の旗頭であり、護憲を誇りとしていた社会党のあまりにも無様な変わりようにあきれるばかりであった。――

この体たらくの村山を首班とする自社さ政権に対し、例えば政治学者の蒲島郁夫・筑波大教授（現熊本県知事）は、こう断じる。「とりわけ自社さ政権は、非自民政権の政権担当能力が十分育成される前に連立政権を崩壊させたこと、自民党の体質改善が十分に行われる前にその政権復帰を許してしまった、という二つの点で問題であった」（「朝日」95年4月11日付）と。

非自民政権の細川内閣・羽田内閣は短命に終わったが、従来の自民党政治では決して成し得なかった政治改革をやり遂げた。議会制民主主義の核心は、政権交代である。それが契機となって、政治・行政・経済・社会と広い裾野に及ぶ改革への波動を起こすなど、わが国戦後政治の流れを大きく変える足跡を残したことは確かである。文字通り〝日本版ベルリンの壁〟崩壊を体現する内閣だった。

公明党にとって初めての与党経験となった細川政権。その経験から、同政権を主導した市川元書記長は、当時を振り返って「とにかく政権与党として政治の現実と向き合うのは大変な労苦である。だが、その労苦の中にしか国や国民の期待に応える道がないことを忘れてはなるまい」（前掲「公明」『細川連立政権を回顧して（下）』）と述懐している。印象に強く残る言葉であった。

第13章　新たな政権勢力構築へ新進党に参加

―参院議員の一部と地方議員は「公明」（藤井代表）に所属

1994（平成6）年12月10日、新進党は横浜市の国立横浜国際会議場で結成大会を開き、衆参214人を擁する一大政党として船出した。「たゆまざる改革・責任ある政治」を旗印とした。結党時の国会議員数が200人を超えるのは、55（昭和30）年結成の自民党以来39年ぶりである。党首は海部俊樹元首相、幹事長は小沢一郎である。旧公明党陣営から副党首に石田幸四郎、政務会長に市川雄一、国会運営委員長に神崎武法、参議院議員代表に黒柳明が就いた。

●自民に代わる、もう一つの政権勢力発足

この新進党には村山自社さ政権の成立で下野した非自民・非共産勢力の新生党、公明党、民社党、日本新党や、新たに自民、社会両党から離党した議員らが結集した。自民党に対抗し、自民党に代わり得る、もう一つの政権勢力として、誕生した。「55年体制の発足以来、久しぶりに大きな政党が結成された。……新進党が発足することは、少なくとも、今後の政治の歯車を動かしていく上で、欠かせない条件が一つ整ったという点で評価すべきである」（佐々木毅・東大教授「東京」94年12月9日付）と期待された。

衆院の新しい選挙制度として小選挙区制が導入され、小選挙区の区割り法が成立（94年11月21日）後、次期衆院選は定数1の小選挙区で争われることになる。旧連立与党側が、自民党、自社さ政権側に勝つためには、各選挙区で候補者を1人に絞るなど大同団結、結束することが求められた。そのため9月から旧連立の野党各党は年

内の新・新党結成に向け準備を本格化するとともに、衆院の院内統一会派「改革」を届け出たのである。

●「定数1」の小選挙区制対応へ大同団結

公明党はかねてより、政権交代のある政治の枠組みを作り出すには、自民党に対抗できる「新しい政権の軸」が欠かせないと主張してきており、新・新党参加をめざした。8月以来党内論議を尽くし、11月5日に第33回党全国大会を開き、「分党・二段階」方式で新・新党に参加する方針を承認した。採択された「活動方針」に、参加理由をこう示した。

「(新しく導入された選挙制度の並立制は) その制度的特徴として、政治の側に政権交代可能な二大政権勢力を醸成し、国民の側には政権の担い手を選ぶことを明確にする、といえます。この新選挙制度を前提として考えた場合、公明党としては、志を同じくする、あるいは政策の共通性を持つ人たちと大きな勢力をつくることによって政権獲得をめざし、その政権の力で自分たちの理想や政策を実現していくという行き方の方がベターではないかと判断し、このたび『新・新党』移行を決意するに至りました」

「現実問題として、衆院選は今後、定数1の小選挙区制が基本となることから、公明党単独のままでは少数勢力となり、政権の座をめざすことは困難であり、自らの理想や政策実現の機会はより遠のいてしまうという事情もあります」

●「分党・二段階」方式で参加

「分党・二段階」方式は、8月30日の第76回党中央委員会で了承され、続く10月1日の第77回党中央委員会で、地方議員、地方組織の圧倒的多数の同意のもとに承認され、11月5日の党大会で決められたものである。

すなわち、①公明党を解散の上、二つの党に分党し、一方は衆院議員と翌95年の参院選で改選を迎える参院議員を主体とした党（公明新党B）を結成し、この党が新・新党に参加する。もう一方には、翌年改選されない参院議員のうち国民会議を除く12人と地方議員、党職員、機関紙などを継承する党（公明新党A）を結成する――とした。

「二段階」とする理由について、市川書記長は党大会の質疑答弁で、こう述べている。

公明党には3000人の地方議員と、47都道府県にそれぞれ都道府県本部があり、600人の党職員と、日刊の公明新聞を発行している。新・新党に参加する党の中で、民社党以外の党は国会議員だけで、党本部も借りているだけ、日刊の機関紙もない。47都道府県に都道府県本部はなく、職員も少ない。地方議員も全国的にいない。だから非常に身軽である。「そういう違いがある中で、公明党は党を解散して新・新党に参加しようとしている。時間がかかるのは当然で……極めて常識的な方法」「人間の集団は機械か何かを動かすみたいに簡単には動かせない。労働界の統一も、今日の『連合』に至るには十数年要している」と。

市川書記長はさらに、「来春の統一選に約2000人を公認して戦わなければならない公明党として、新・新党が地方議員をどういうふうに公認するのかということも議論中という状況の中で、我々は責任ある公認作業を進め、統一選を勝利する体制をつくらなければならない。新・新党に参加する他の党の人たちの選挙は、個人後援会方式が主体だ。公明党はどちらかというと党営型で、党の組織が主体だ。戦い方が基本的に違う。その辺の調整も全くついていないうちに、2000人の皆さんに移行してくださいというわけにはいかないのではないか」「一番安定した状況の中で、（公明の皆さんが）移行に最も適した時期を選んで移行していただくというのが、お互いに一番良いのではないか」と答えている。

●「公明」と新進党、「よき友好関係」で

新進党結成大会を目前に控えた12月5日、公明党は第34回臨時全国大会を開き、33回大会で確認された通り、党を新進党に参加する「公明新党」と、地方議員と一部参院議員（12人）で構成する「公明」の二つに分党。同日午後、それぞれ結成大会を開いた。

「公明」の代表には藤井富雄・東京都議、幹事長には渋谷文久・神奈川県議を選出。「改革は地域から――『草の根の党』として、再び庶民の中へ」をスローガンとし、①人間主義の党、②生活者重視の政治、③地方主権の確立、④人と自然との共生、⑤世界に貢献する日本――を基本的方向として掲げた。「公明」と新進党は、それぞれの主体性を尊重することを基本に、「よき友好関係を維持する」とした。

一方、「公明新党」は石田委員長をはじめ衆院議員52人と、参院議員12人が所属し、10日の新進党結成大会に参加した。

新進党結成の翌95年は戦後50年の節目の年であるが、

阪神・淡路大震災での村山政権の対応を厳しく批判する市川雄一氏（左）＝1995年1月27日
衆院予算委員会

1月17日に阪神・淡路大震災、3月20日にはオウム真理教による地下鉄サリン事件が起きるなど大事件が相次いだ。同年7月の参院選は新進党にとって結党後初の国政選挙であり、前年に誕生した村山自社さ政権への審判とともに、「新進党対自民党」という二大政党制への国民の判断が問われた。

●新進党、初の参院選で自民破り大躍進

選挙結果は改選議席126中、自民46（改選数33）、新進40（19）、社会16（41）、共産8（5）、さきがけ3（1）……であった。自民党は前回3年前の参院選での獲得議席67を大幅に下回った。

これに対し新進党は選挙区で22議席、比例区で18議席の計40議席を獲得し、自民党にわずか6議席差と迫る大躍進。比例区では自民党の15議席より3議席多く、獲得した得票数は1250万票（得票率30・8％）で、自民党の1109万票（同27・3％）を上回った。選挙区の得票も、新進党が1100万票（得票率26・5％）を集めてトップ、自民党の1055万票（同25・4％）を引き離した。

一方、社会党は改選数の3分の1程度にとどまる惨敗だった。村山首相は選挙中、政権信任のための勝敗ラインを自社さ3党で75議席とする考えを表明していたが、それを10議席も下回ってしまった。国民から不信任を突き付けられたのである。しかし連立与党側は3党で改選議席の過半数（64）を1議席上回ったとして、民意に反して村山首相の続投を決めた。

新進党が比例区、選挙区ともに得票数で自民党を上回ったことは、新進党が自民党に対抗し得る「もう一つの政権の軸」として国民の心の中に登場したことを示している。自民党対新進党という「二大政党制時代」の開幕を感じさせた。

●自民、選挙敗北で筋違いな責任転嫁

参院選では、終盤の世論調査で新進党の優勢が伝えられるや、自民党は「新進党は創価学会党だ」「新進党を支配しているのは創価学会だ」などと事実を歪めて中傷する怪文書まがいのミニ・パンフを全国にばらまいた。また河野洋平総裁（副総理・外相）は公示日より「特定の宗教団体に蹂躙されている政党が政権を握れば国の政治が特定の集団の手に落ちる」などと新進党と創価学会への批判・中傷を繰り返した。他の幹部らも同様な批判を展開した。

同党は参院選敗北についても、自らを省みることを棚上げにして、もっぱら「低投票率・組織票にやられた。創価学会票にやられた」などと責任転嫁。さらに選挙後、マスコミの試算で次期衆院選の議席予測として「新進党が過半数制す」との情報が出回ると、自民党は恐れをなし、「次の選挙では何と戦わなければならないかは、はっきりした。独裁、独善の政治手法を許してはならない」（8月4日の両院議員総会での河野総裁挨拶）などと危機感を露わにし、筋違いな「新進党は創価学会党だ。だから創価学会と対決する」とこじつけて、創価学会への対決姿勢を一段と強めた。〝内部矛盾の外部転嫁《てんか》〟さながらに、党外に「敵」をつくって、選挙敗北に至った同党の内部的な矛盾や抱える課題から、内外の目を逸《そ》らすものだった。

●政教分離原則に反する自民の学会批判

自民党が創価学会攻撃を強めようとする動きに対し、新進党の市川雄一政務会長は8月3日の同党の首脳会議・政権準備委員会（「明日の内閣」）、党役員会、四局長・正副幹事長会議の合同会議の席上、「党首、副党首の皆様、執行部として、的確な反論をしてほしい」と訴え、大要こう述べた（「公明新聞」95年8月4日付）。

「自民党の創価学会攻撃は不見識だ。政権与党として、宗教や宗教団体に中立であるべきだ。細川政権の時に、当時の公明党出身の閣僚や公明党幹部に、宗教への中立が守れるかと聞いてきたのは、当時野党の自民党だった。われわれは当然、憲法の政教分離の原則を堅持する、宗教への中立は守ると答えた。その自民党が与党になって、与党の重い立場を忘れて、特定の宗教団体を中傷、誹謗するのは、明らかに政教分離の原則を踏みにじるものだと思う。与党の自民党やさきがけの国会議員の中にも、かなりの人が立正佼成会や霊友会など特定の宗教団体の支持を受けている。もし、こうした特定の宗教団体の感情を代弁しているとしたら、それこそ政教一致ではないのか。政権与党としての見識に強く疑問を感じる」

「今回の参院選の勝利に、創価学会の皆さまの貢献が大きかったことは紛《まぎ》れもない事実で、心から感謝している。しかし新進党は労組の連帯組織である友愛会議をはじめ多くの団体の支持を受けている。創価学会はその多くの支持団体の中の一つだ。参院選の勝利は、そうした多くの支持団体の皆さまが一生懸命応援してくださった結果である。自民党や社会党も、さきがけも、たくさんの特定の宗教団体や労組、業界団体の支持を受けている。全く同じ形態であり、選挙は、より説得力をもって、より多い支持をだれが勝ちとるかの競争だ。それに敗れたのは政党自身の責任で、それ以外の何ものでもない」

「毎日新聞の世論調査（7月27日付）でも、投票に行った無党派層を一番とらえたのは新進党だ。実に無党派層の34％の人が新進党に投票したとされる。そのことを踏まえた上で、同紙は『新進党の躍進には無党派層の支持という要因も大きく、旧公明党の組織票だけに頼ったものでなかったことをうかがわせる』と論評している。従って、自民党の創価学会攻撃は、与党として政教分離の原則に反するし、自身の政党としての在り方への反省を他に転嫁する卑劣なものといわざるを得ない」

●新進党内の党内亀裂が深刻化

ところで、参院選での新進党勝利は、国民の期待先行の投票の結果であり、それを超えて「政権を担える党」として発展するには、党員拡大など組織と支持基盤の確立・拡大が求められた。しかし旧8党派の寄り合い所帯としての結束力の弱さ、意見の相違、不協和音などが時間を経るにつれ表面化した。

とりわけ党内亀裂を深めたのが、95年12月に海部俊樹の党首任期満了に伴い、実施された第2代党首選。18歳以上の一般人の参加を認めての初の党首公選は、羽田孜副党首と小沢一郎幹事長の一騎打ちとなり、小沢が羽田を破って選出された。この党首選で小沢支持グループと羽田支持グループ双方の多数派工作が激化。それが尾を引き、翌年1月には羽田支持グループが政策集団として旗揚げ。「新進内対立・修復困難に」(「読売」96年1月23日付)などと観測された。いわゆる「小沢」対「反小沢」といった感情的対立が人事や路線をめぐる内紛劇の背景となった。

小沢新党首の下、迎えた96年1月開会の通常国会。通称「住専国会」と呼ばれた。この住専問題への対応をめぐっても、小沢支持グループと羽田グループの意見対立が目立った。

●村山首相、「住専」で政権放り出し

住専問題とは、90年代のバブル崩壊によって、個人向け住宅ローンを主に取り扱う住宅金融専門会社（住専）が多額の不良債権を抱えるようになった。これら住専には農林系金融機関を中心とした金融機関が貸し込んでおり、その貸し倒れ、損失処理が遅れることによる金融システムの破綻が懸念された。

そこで金融システム破綻を防ぐためとして、６８５０億円の公的資金の投入が閣議決定され、95年12月、村山

首相と武村蔵相はそのための住専処理法案を国会に提出した。

ところが公的資金（税金）投入に対し、国民、野党の反対が強く、「『住専国会』迫り苦悩」「袋だたきにあうのは必至」（「日経」96年1月6日付）とされる国会乗り切りが困難とみてか、首相の村山は96年1月5日、突然退陣表明した。

本予算案の国会提出前に編成した首相が退陣することは過去に例がない。住専処理策を決めた首相、蔵相が政治・行政上の義務と責任追及を逃れるための敵前逃亡のような無責任極まりない〝政権放り出し〟であった。

後継首相には自社さ〝与党内たらい回し〟で、自民党総裁の橋本龍太郎が就いた。

住専処理のための公的資金投入額6850億円の積算根拠があいまいであり、不良債権問題の全体像も不明なため、それを織り込んだ予算案に新進党は反対。小沢党首は、自社さ政権が一度も国民の信任を受けておらず、解散により国民の審判を早急に受けるべきだとし、新進党は審議拒否・委員会室前の座り込み戦術を敢行した。しかし解散に追い込めず、結局、予算案は住専処理を凍結することで与野党が合意。その後6月に住専処理法は可決成立し、7月に住宅金融債権管理機構（現・整理回収機構）が設立された。

●新進党、衆院選で事実上敗北し挫折へ

新進党にとって正念場となったのは、中選挙区制から小選挙区比例代表並立制に変わって初めて行われた96年10月の衆院選（解散は9月27日）。争点は、「自民党か、新進党か」の二大政党による政権選択をめぐってであった。

新進党は政権奪取のため、自民党を上回る361人の候補者を立て、単独過半数確保をめざしたが、結果は改選議席を4議席下回る156議席にとどまり、政権交代は叶わなかった。事実上敗北視され、「二大政党制の確

立と政権交代を追求した新進党は、初めての総選挙で挫折した。この党は……当初から寄り合い所帯と言われてきた。政権交代の展望が遠のくと……一気に求心力を失った」(石川真澄・山口二郎「戦後政治史」)と評される状況となった。

一方、自民党は28議席増の239議席。選挙戦では新進党と民主党が都市部で共倒れとなり、自民党が漁夫の利を収めるケースも多かった。自民と連立を組んでいた社民党は選挙直前に分裂。左派系が残った同党は改選前の30議席を大きく下回る15議席、新党さきがけも9議席から2議席へと惨敗した。自民党は復調したものの過半数には至らなかったため、社民、新党さきがけとの連立を維持したが、社さ両党は閣外協力となり、組閣は自民党単独となった。

社会党は96年1月の党大会で、社会党から社会民主党へと党名変更を行った。また解散翌日の9月28日に結党された民主党は鳩山由紀夫、菅直人の2人を代表とし、社民党(右派系)と新党さきがけの所属議員を中心として結成されたが、ブームは起こらず、解散時勢力の52議席を維持するにとどまった。

●羽田、細川元首相ら離党者相次ぐ

選挙後、自民党は単独過半数確保をめざして、新進党議員の引き抜きを始めた。その新進党は同年12月に羽田孜と羽田を支持する議員13人が離党し、太陽党を結成。以後、新進党から政権志向の強い保守系議員らの離党者が相次ぐようになった。97年6月には細川護煕が離党。同年7月の東京都議選では11人の新進党公認候補全員が落選した。

当時、党分裂の遠心力が強まって、衆院選後の1年間で新進党からの離党者は結党時の2割に当たる40人にも達した。

97年12月18日に行われた小沢一郎の党首任期満了に伴い実施された新進党の党首選。前回の公選制を廃止し、国会議員と地方の代議員による投票で行われ、小沢と鹿野道彦（元総務庁長官）の2人で争われた。結果は230票対182票で、小沢が再選された。新進党は、党首選で「党再生のため、党名、綱領、党組織等全てにわたって改める」と公約した小沢党首の下、いわゆる〝解党的出直し〟を期すこととなった。

●「参院選どう戦うか」で藤井・小沢会談

この党首選に至るまでの間、公明の藤井代表は、新進党に対し、結束を訴え続けてきた。前年10月の衆院選後の状況は「新進党の内紛」ばかりがマスコミ等で報じられ、国民世論の支持率も急落。98年夏の参院選を7カ月後に控えた12月時点において、「このままでは、これまで新進党を応援してきた公明の党員・支持者が存分に力を出し切れないのではないか」と憂慮する声が公明内に起きていた。

そこで公明として、12月7日の拡大中央委員会で、来夏の参院選について、①新進党の基盤に大きな影響を与えず②公明の党員・支持者が安心して支援活動を展開できる③新進党に活力を与えられるような選挙戦とする――ことを可能とするため、「政党名で投票する比例区だけを公明で戦いたい」との方向性を表明。藤井代表が12月10～12日にわたり、小沢党首と協議した結果、「比例区は公明で」を小沢党首が了承した。

ところが12月25日に、再選された小沢党首から藤井代表に対し、「比例区だけ公明というのは中途半端。選挙区、比例区とも公明の方がすっきりする。新進党内の旧公明党参院議員全員を公明に合流させてはどうか」との新提案があった。これに対し公明として、新進党として合意していることであれば受け入れる、と小沢党首に26日に回答した。

●新進党解党。3年余りで幕閉じる

その翌日の12月27日に開催された新進党の両院議員総会。この日の議題は旧公明党系参院議員の「分党」とそれに伴う事務手続き上の新進党の解党だった。政党助成法によると、その政党が合意の上で「分党」を認める場合（このときは新進党内の旧公明党系参院議員を「公明」に合流するための分党）、その政党がいったん解散した上で、複数の新しい政党を結成することが必要とされている。いわば「協議離婚」と同じ方式だ。その事務手続き上としての新進党の解党が、両院議員総会の席上で小沢党首より報告された。

この新進党の分党は、旧公明党系参院議員が抜けただけで、そのまま大きな勢力として再結成されるはずだった。しかし再結成に向けての動きの中で、まず旧民社党系議員のうち労組系議員がいち早く「新党友愛」を結成することとなり、それが契機となって鹿野道彦らが「国民の声」を立ち上げ、小沢辰男らの「改革クラブ」、小沢一郎らの「自由党」、そして旧公明党系衆院議員が「新党平和」、さらに分党時から予定されていた旧公明党系参院議員による「黎明《れいめい》クラブ」と、急転直下、ほぼ旧政党の枠組みごとに6党に分裂することとなった。

12月31日、新進党は正式に解散され、ここに3年余りの歴史に幕を閉じたのである。

公明側としては、新進党が解散し、6党に分裂する事態は、全く予想外の推移だった。

また、小沢とともに、自民党を離党して、新生党、新進党に参加した渡部恒三衆院副議長は、12月30日、地元の福島県会津若松市の後援会の会合で、「まったく想像していなかった。ぼうぜんとしている」（「朝日」97年12月31日付）と驚きを語った。

●自・社2党の「55年体制」は打破

新進党の3年間は、日本の政治を閉塞させてきた、自社馴れ合いの「55年体制」を打破した点については「それなりに目的を果たした」(五百旗頭真・神戸大教授「潮」98年3月号)と評価されているが、自民党に対抗し得る、もう一つの政権担当可能な大政党をつくるとの、二大政党制の構築という点では未完に終わった。

ちなみに、羽田と行動を共にして新進党から太陽党に移り当時事務局長に就いていた政治アナリストの伊藤惇夫はその著「政党崩壊」の中で、「太陽党にいても、新進党内からの不協和音は伝わってきた。梅雨が明けてしばらく経った頃、新進党に残っていた反小沢系の議員から、『新進党内の旧民社系二十数人と旧日本新党系の十人前後、それに太陽党で新党立ち上げの話し合いを持ちたい』といった内密の打診も。もはや、崩壊は時間の問題であった」と述懐している。

新進党解散後、旧公明党系の「新党平和」「黎明クラブ」、それに自由党以外の党は民主党に合流した。それ以後の民主党は以前と区別する形で「第二次民主党」とも呼ばれた。

●「新しい公明党」98年11月にスタート

公明党系の黎明クラブは98年1月18日、当初の予定通り地方議員主体の「公明」と合流。ここに参院議員と地方議員は一本化された。「公明」の代表に浜四津敏子、幹事長に鶴岡洋を選任した。同年7月の参院選は公明として戦った。

また新党平和は、最終的には公明に合流することをめざしつつ、野党全体の勢力との連携も視野に入れながら、ウイング(翼=つばさ)を広げるべく、改革クラブ(小沢辰男代表)と院内統一会派を組んだ。そして98年11月

7日、「公明」に合流することとなった。ここに60余人の衆参国会議員、全国3000人余の地方議員、30万党員を擁する一大政治勢力として、「新しい公明党」が結成された。代表に神崎武法、代表代行に浜四津敏子、幹事長に冬柴鉄三が就いた。

●民衆直結の新しい政治勢力の核を創る

「旧に戻るということではなく、民衆直結の新しい政治勢力の核を創る」「単に議員の合流にとどまらず、『大衆とともに』との結党の精神、公明党の永遠の原点に立ち返ること、すなわち『国民との合流』との意義を持つ」（神崎代表挨拶）党として、スタートした。

第14章　公明の政権参加、憲法上問題なし

―政局、選挙の度に繰り返される不毛な〝政教一致〟論議

政局の節目ごとに、また選挙の季節になると、公明党と創価学会攻撃を狙って繰り返される「政教分離」論議、「政教一致」批判。疾《と》うに決着済みの問題であり、論破し尽くされてきているにもかかわらず、政党、政治家、マスコミの一部で、意図的、政略的に蒸し返されてきた。

●宗教団体の政治活動は自由

そもそも憲法第20条で規定する「政教分離」原則とは、基本的人権である「信教の自由」を制度的に保障するためのものであり、国家という公権力は宗教に介入、関与してはならないということを規定したものである。つまり国家の「非宗教性」ないし「宗教的中立性」という意味での、国家と宗教の分離、国家権力と宗教（宗教団体）との分離ということであって、規制の対象はあくまで国家である。本来なら「国・教分離」と表現するのが妥当だ。

従って、政治・政党と宗教（宗教団体）の分離ではなく、ましてや公明党と創価学会の関係性の分離などでは全くないことは明白である。そもそも憲法の「名宛人」は国家、つまり国家・公権力を規制するものであって、私的な部門（政党や宗教団体など）を縛るものではない。

そして宗教団体が選挙支援を含む政治活動を行うことに何ら問題はなく、それは憲法の「信教の自由」（第20条）、「集会・結社・表現の自由」（第21条）の上からも当然認められている権利である。もし宗教団体だけを除外

し差別的に扱うなら、それは宗教・信仰の有無で不利益な扱いをしてはならないという「信教の自由」原則を侵害することになり、何よりも「法の下の平等」(第14条)の大原則に違背することは明白だ。

また宗教団体がその活動の一環として政治活動を行うことができる以上、自らの施設の会館などを使用することも憲法上、問題はない。さらに宗教団体が支援・支持する政党・政治家の政権参加も、憲法上全く問題がないことも明らかであり、公明党の政権参加も全く問題がないことも当然である。

以上のことは、現憲法制定（1946年）以来60年余の国会論議や、最高裁判所の判示、憲法学会の通説（多数説）などから動かし難いものとなっており、既に決着済みの問題である。

●冬柴議員、内閣法制局長官に見解質す

村山自社さ政権下での94（平成6）年10月12日の衆院予算委員会。公明党の冬柴鉄三は、主として大出峻郎《たかお》・内閣法制局長官を相手に、憲法の「政教分離」原則の解釈について質疑を行った。内閣法制局長官は当時、「内閣の憲法の番人」として政府の憲法解釈を代表する立場に位置づけられていた。大出長官の答弁要旨は、次のようなものである。

一、憲法の定める政教分離原則とは、信教の自由保障を実質的なものにするため、国およびその機関が宗教に介入し、または関与することを禁止するものである。

一、憲法第二十条の一項後段の規定「いかなる宗教団体も、国から特権を受け、又は政治上の権力を行使してはならない」は、宗教団体が国や地方公共団体から統治的権力の一部を授けられて、行使することを禁止する、との意である。そのことは憲法制定の第九十帝国議会での金森国務大臣の答弁に示された通りで、その見解は変わっていない。統治的権力とは国や地方公共団体が独占している立法権、課税権、裁判権、公務員

任命権、戸籍編製権などを指す。

一、宗教団体が政治的活動をすることは、「憲法上、排除されていない」つまり禁止されていない。憲法上保障されている。そのことは憲法第二十一条の「表現の自由」規定からも、当然認められている。宗教団体に許されている政治的な活動の中には、選挙運動も含まれる。政治活動の過程で、宗教団体がその施設を利用することも憲法上問題ない。

一、宗教団体が推薦・支持した候補者が公職に就き、また国政を担当する（閣僚、次官など）ことになっても、当該宗教団体と国政を担当することになった者とは、法律的には「別個の存在」であり、憲法上問題はない。

そのことは70（昭和45）年4月24日付の質問書（春日一幸議員）に対する政府答弁書の中でも示されている。

この冬柴質問が行われた背景は、前年の93年8月に誕生した細川連立政権について、下野した自民党は細川政権の中核が公明党であると見て、公明党と支持団体の創価学会に対し、国会の場で事実を歪めた週刊誌記事なども材料に宗教弾圧的な攻撃的質問を執拗に繰り返した。自民党議員らの論法は憲法の政教分離規定をねじ曲げて解釈し、宗教団体である創価学会が公明党を選挙で支援することも、宗教団体を支持母体に持つ公明党が政権の中に入ることも、憲法が禁じている「政教一致」に当たるといわんばかりの暴論であった。

細川政権・羽田政権後に、村山自社さ政権発足により自民党が政権の座に返り咲いた後も、その攻撃的態度は変わらず、さらにエスカレートした。

●村山「四月会内閣」下で学会攻撃に拍車

それというのも村山内閣発足直前の6月23日に開かれた「四月会」（俵孝太郎代表幹事、反創価学会の宗教団体、学者、評論家、ジャーナリストらの集まりといわれる）の設立総会に、河野・自民、村山・社会、武村・さきがけの3党首が揃って出席し歩調を合わせた。その1週間後の6月30日に村山内閣が成立。その後も、村山首相、河野外相兼副総理、武村蔵相の3人は、同会の会合に度々出席し、創価学会に対する批判・中傷発言を行ったことから、村山内閣は反公明党・創価学会の「四月会内閣」とも別称された。

同村山内閣の閣僚の中には、自民党内に反創価学会の議員集団「憲法二十条を考える会」(亀井静香会長、白川勝彦会長代行、島村宜伸幹事長)を作り、さらに「反創価学会の学者や文化人を集めた『四月会』を発足させ……ここを舞台に自民、社会、さきがけの連携をさぐった」(「朝日」94年7月1日付)とされる、その中心人物の亀井が運輸相として初入閣。そんな内閣の存在が、彼らを急先鋒とした自民党陣営の公明党・創価学会攻撃に拍車を掛けた。

●政教分離原則を逸脱する閣僚発言も

四月会の事実上の創設者である亀井は初入閣後、週刊誌のインタビューで、「これまで公明党と創価学会に対して政府も手加減していたが、これからは違います。政教分離の問題は、あくまでも追及します。……政府の立場としては、大蔵大臣の武村さんに学会の税務問題を追及してもらう。大石寺との闘争については警察、法務省に協力を仰ぎ、宗教法人としての適格性については与謝野文部大臣が取り組みます」(「週刊新潮」94年7月14日号)などと発言したと伝えられた。

この発言が事実なら、一宗教団体に対して、政治権力が介入し圧迫を加えようとする露骨な意思表明であり、憲法の信教の自由、政教分離原則に真っ向から抵触する暴言以外の何物でもない。

先の冬柴質問では、週刊誌上のこの亀井発言を取り上げ、「政教分離原則を大きく逸脱する重大な暴言」と指摘。その上で、連立与党の3党首である村山首相、河野副総理・外相、武村蔵相のそれぞれに内閣法制局長官が示した憲法解釈について、それを遵守するかどうか迫り、それぞれ遵守する旨の確認を取ったのである。

●冬柴質問で、誤れる俗論・迷論を打破

細川内閣発足時から、村山政権下で冬柴質問が行われる当日までの1年2カ月余の間に、衆参予算委員会などで公明党と創価学会の関係などを取り上げた自民党議員は実に延べ19人にも及んだ。他に日常的に公明党・創価学会攻撃に余念のない共産党も2人の議員が質問に立った。

その中には、矢野元委員長が政界引退後に「文藝春秋」に書いた手記の中で「政教一致とも言われても致し方ない面がある」などと、あたかも党と学会に問題があるかのように記した箇所が利用され、下稲葉耕吉参院議員ら自民・共産の国会議員6人が計8回にわたってその〝矢野手記〟を振りかざして公明党と創価学会攻撃を行う場面もあった。

それら自共両党議員の質問内容は憲法規定を自己流にねじ曲げて解釈したり、あるいは憲法原則とは無関係な〝エセ政教分離論〟を振りかざすなど、誤れる俗論・迷論に属するものがほとんどであり、それらを打破し正すために、事前に市川雄一書記長や神崎武法国会対策委員長ら執行部と協議・打ち合わせの上、冬柴は質問に臨んだのである（冬柴質問の全容は公明党機関紙委員会発行『『政教分離』―その俗論・迷論を斬る」に所収）。

冬柴質問により、憲法の政教分離原則とは何かが国会の場で改めて明確にされたが、村山内閣の一部閣僚や当時の自民党執行部はそれを無視する言動を続けた。

●〝選挙目当て〟の民主党首脳の難クセ

ところで、公明党に向けて、「政教分離」違反云々の批判が再び持ち出されたのは、99年10月に小渕恵三を首

班とする自民党・自由党・公明党の3党連立政権に公明党が参加したことに対してである。野党第1党・民主党の当時の代表・鳩山由紀夫、政調会長の菅直人が〝公明党の政権参加は憲法第20条に違反する〟などとの批判を盛んに行った。それは公明党の政権参加直後ではなく、7カ月経ってからの、衆院総選挙（2000年6月25日実施）直前の5月初旬、突如、公明党と創価学会攻撃を始めたのだ。また同月、同党所属参院議員名でイヤガラセ的な質問主意書を政府に出した。

そうした同党の動きについてメディアで、鳩山ら執行部が5月の連休中、長野県内に集まって協議し、総選挙に向けて「公明党と全面的に対決する方針を決めた」（「朝日」2000年5月10日付）と伝えられ、「総選挙を目前に控えながら支持率低迷がつづいていることから、『自公批判を鮮明にしなければ勝機はない』」（「朝日」同）というのが理由とされた。また背景分析として「次期総選挙の有効な争点が示しきれない民主党の焦りがある」（「毎日」同）などとも報じられた。まさに選挙目当てそのものの動きであった。

●無定見すぎる鳩山、菅発言

そもそも公明党・国民会議から4人の閣僚を出した細川政権では、鳩山も菅も、公明党と一緒に連立を組み、鳩山は内閣官房副長官を務めた。当時は鳩山も菅も憲法違反云々などむろん一言も言っていない。また当時の民主党幹事長・羽田孜が6年前に首相として内閣を作った際、公明党は羽田内閣に6人の閣僚を出した。

鳩山、菅の論法によれば、細川内閣も憲法違反の内閣、また自党の幹事長も憲法違反の内閣を作ったことになってしまう。

そんな無定見な話はなく、現に鳩山は前年99年11月17日の党首討論で公明党の連立参加の憲法問題に触れた時、小渕恵三首相から細川政権の際に、鳩山らも公明党と一緒に連立を組んだことを逆に突かれ、「だから、私どもは（公明党の連立参加は）憲法20条違反とは言っていない」と弁明せざるを得なかったのである。

しかも民主党は、98年7月の参院選結果を受け橋本内閣が退陣した際、当時は菅が党代表だったが、衆参両院での首相指名選挙で、公明党（当時、衆院は「新党平和」、参院は「公明」）に対し、「菅直人代表に指名をいただければありがたい」「菅直人と書いてほしい」と要請してきた。首相指名で協力を求めることは、もし菅首相が実現すれば、公明党と一緒に連立政権を組むという話につながる。

鳩山、菅が公明党の政権参加を〝違憲〟というなら、この時の菅への首相指名選挙での協力要請は違憲となることも承知で呼び掛けたことになる。もしそうなら、それこそ国民を欺く重大な過ちを犯したことになる。

そのように、鳩山や菅は、自分たちと同じ仲間でいるときは何も憲法問題とはならず、自分たちと与野党に分かれて政治的に対立したときは一転、憲法問題になるなどとして批判するのは、自己本位の身勝手論、ご都合主義そのものの、へ理屈だ。要するに彼らの憲法観がその本質において無節操であることを自ら語っているようなものである。両氏の政治的見識を疑わざるを得ない。

●憲法制定時から一貫した政府見解

公明党の政権参加については、歴代内閣の憲法解釈において「全く問題なし」として一貫している。すなわち、「宗教団体が推薦・支持し、当選した議員が、国政を担当するにいたる場合（閣僚や副大臣就任）でも、その宗教団体と国政を担当する者とは、法律的に別個の存在であり、宗教団体が『政治上の権力』を行使していることにはならない」（趣旨）とし、政教分離原則に何ら背くものではないとしている。

そのことは、前述のように、冬柴質問に対する大出長官答弁や、歴代内閣法制局長官答弁でも、一貫して表明されている。時代を遡れば、70（昭和45）年4月24日付の政府答弁書、否《いな》46年の憲法制定の際の国会論議（社会党・松沢兼人議員の質問に対する、憲法担当の金森徳次郎国務大臣の答弁）においても、同趣旨の見解が示されている。

●不毛な論議、日本社会の未成熟さの表れ

そのように憲法制定以来の一貫した牢固たる見解となっているものだ。公明党に対する「政教一致」批判、「政教分離」違反云々の蒸し返しは政略的な、〝ためにする〟不毛な論議、カビの生えたような批判でしかない。

江橋崇・法政大教授は、こう指摘する。「本来、憲法問題ではない公明党の政権参加問題や創価学会の政治参加の問題、あるいは公明党と創価学会の関係を、『憲法上の問題として騒げばいいや』といった手法でしか批判できない。そのこと自体が日本社会の未成熟さ、グッド・ガバナンスといったものの欠如の表れだということです」（「公明新聞」99年9月25日付）と。

自社さ政権下で創価学会攻撃

――宗教法人法「改正」口実に〝学会叩き〟の喚問要求も

「権力を持っているものは、一方でより大きな権力をえようとする傾向を示すと同時に、少しでも今持っている権力を失わないため反対者を抑圧するという傾向を持っている」（石田雄・東大名誉教授「市民のための政治学」明石書店刊）とされるが、村山自社さ政権、中でも当時の自民党はそんな権力者の通弊、権力の魔性に侵されていたといえる。

村山自社さ政権成立（1994年6月）後の、同年12月に新進党が結成され、以降の国内政治は「自民党対新進党」という二大政党対決構図となった。村山内閣と政権に返り咲いた自民党は何よりも政権維持を至上目的視して、95年7月の参院選、それに続く96年10月の衆院選を節目とし、新進党への攻撃、とりわけ新進党の最大の支持基盤が創価学会であるとして、創価学会をターゲットとする攻撃を激化した。

特に「次期衆院選の前哨戦」とも見られた95年7月の参院選で、新進党が大躍進。選挙結果を基にマスコミが試算した次期衆院選の議席予測として「新進党が過半数制す」との情報が出回ると、自民党は強い危機感を募らせ、創価学会への批判・攻撃を一段と強めた。

村山内閣と自民党は、95年3月に起きたオウム真理教による地下鉄サリン事件の再発防止を大義名分として、同年4月から始まった宗教法人法見直し論議を創価学会対策にスリ替えようとする巧妙で卑劣な動きを示したのである。

95年8月20日付朝日新聞は、自民党内の宗教法人法改正論議について、「創価学会対策　自民、絡める動き」との大見出しの記事を掲載、こう伝えた。「……参院選での新進党の躍進後、自民党内では『法改正は創価学会対策の色合いが濃くなってきた。今やオウム対策は二次的なものだ』（閣僚経験者）と、政治的思惑が表面化してきた。自民党の文教関係議員には『創価学会が困るような改正はできないか、これから智恵を絞りたい』と話すメンバーもおり、創価学会のような巨大な宗教法人だけを対象として優遇税制の見直しにまで踏み込む考えも出ている」。

その報道を裏付けるように、自民党の加藤紘一政調会長は「宗教は……本質的に議会制民主主義と相いれない」「宗教法人が政治にかかわる際には、自重、遠慮が必要だ」（「産経」95年9月4日付）と述べ、それを改正の理由に挙げている。加藤は直後の幹事長就任後も同様な発言を繰り返していた。

また亀井静香組織広報本部長（前運輸相）は、度重なるテレビ出演で、宗教法人法「改正」の目的は「ご承知のように創価学会ですね。はっきり申し上げまして」（95年10月22日のテレビ朝日「サンデープロジェクト」）と学会対策であることを明言し、その後も創価学会の活動を牽制する発言を折に触れ、繰り返した。

さらに、参院選後の8月に文相に就任した島村宜伸は「特定の宗教が突出すれば、他の宗教が侵される。憲法の保障する信教の自由が侵される場合は、何らかの形で制約しなければならないことになるだろう」（「朝日」95年8月10日付）と述べた。この島村発言については、「彼のいう『制約』とは、いかにもっともらしい粉飾をほどこそうとも、つまり宗教への干渉・介入にほかなるまい」（「中外日報」95年9月19日付）と指摘された。

●「宗教管理・統制法」的内容へと変更

宗教法人法「改正」問題は4月下旬に宗教法人審議会で議論を始めた当初は、3年程度時間をかけて検討するとしていたが、参院選後に審議は急テンポで加速され、臨時国会の開会日当日の9月29日に文相への報告書提出が強引に行われた。

前日の28日の同審議会総会では、11人の宗教関係者の委員のうち7人（総委員数15人）が反対もしくは慎重論を表明したが、元文部次官経験者の同審議会会長は一方的に審議を打ち切った。わずか4カ月間（6月から9月）の超スピードの審議期間だった。

村山内閣は宗教審の報告書を基に「改正」案を作成し、10月17日に国会に提出。これに対し、宗教審の7人の委員は、10月17日と同25日の2回にわたり、「手続きに重大な疑問がある」として、文相に審議の再開を要求したが、全く受け入れられなかった。そのように「改正」案の基となった宗教審の審議には重大な疑義と欠陥があった。そもそも最初から「改正」ありきで臨時国会に〝間に合わせる〟ため審議会を形式的に〝利用〟する構図が見てとれるのであった。

●法「改正」は〝学会封じ込め〟狙い

オウム真理教が起こした一連の事件の再発防止から始まった「改正」論議であったが、途中から「法改正を狙う与党の狙いは……新進党の強力な支持基盤である創価学会の封じ込めという政略だ」(「毎日」95年10月8日付)と指摘されるように、創価学会をターゲットとするものにスリ替わり、信教の自由に関する問題を党利党略目的の政争の具として利用したのである。

同「改正」案の内容は、①複数の都道府県で活動する宗教法人の所轄庁を都道府県知事から文相へ移す②財務関係を中心とした一定の書類を毎年定期的に所轄庁へ提出する③宗教法人法に備え付けが義務づけられている書類および帳簿について、信者その他の利害関係人から閲覧請求があったときは、請求権者に「正当な利益」があることと「不当な目的」によるものでないと認められる場合、応じなければならない④所轄庁に対し、宗教法人が収益事業の停止命令(第79条)、認証の取り消し(第80条)、解散命令請求(第81条)に定める事由に該当する疑いがある場合、宗教法人審議会の意見を聞いた上で、宗教法人に報告を求め、質問する権限を付与する——というもの。

このような「所轄を文相に移管」「所轄庁への書類提出義務」「情報開示」「所轄庁の報告聴取と質問権」などの規定は、宗教法人に対し公権力が介入・関与する余地があり、法の運用次第では「信教の自由」を侵しかねない。

そもそも宗教法人法は、「宗教法人に法人格を付与することを唯一の目的とする法律(法第一条)であり、所轄庁が宗教団体を管理するための法律ではない。法人格を取得するということは、財産を取得したり、契約を結ぶなどの法律行為を行う能力を取得するということであり……いわば団体の出生届、または戸籍登録に類する法律なのである。……政教分離の原則（ノーコントロール・ノーサポート）に立ち、宗教活動に対するいっさいの規制を加えない一方で、いかなる保護も、援助も与えていないのである」（洗健・駒沢大教授「中外日報」95年9月16日付）。

また立法の際の国会審議においても、宗教法人法は「宗教法人の宗教活動を規制したり、監督するためのものではありません。したがって、宗教法人の所轄庁には、社団法人の主務官庁に与えられているような監督権限はありません」とされている。「信教の自由保障ということに最大限の配慮をして作られた法律」（洗健教授「公明新聞」95年11月25日付）なのである。

これに対し、「改正」案の内容は、宗教団体の信教の自由（活動の自由）を保護するために制定された宗教法人法の基本的性格を変え、宗教法人を管理・監督するための「宗教法人管理法」「宗教法人統制法」的な色彩の法律へと質的に変更しようとするものであり、憲法の精神に抵触する疑いがある。

●宗教界から轟々たる反対の声

当然、宗教界からは轟々《ごうごう》たる反対の声が沸き起こった。新進党の「政治と宗教に関する委員会」が全国334の宗教団体を対象に行ったアンケート調査によれば、「臨時国会での改正が必ずしも必要でない」とする宗教団体は9割近くに上った。その理由として、①慎重に検討すべき②信教の自由を侵す「改正」である③オウム問題は刑法など現行法でも対処できる④オウム事件と「改正」問題は別問題⑤「改正」問題を政争の具にすべきではない――などを挙げた。

しかし同「改正」案は、宗教界の大半や新進党などが猛反対する中、政府・与党の極めて性急かつ強引な国会運営によって、10月31日から衆院で審議が開始され、実質審議わずか6日間の11月10日に衆院宗教法人特別委員会で強行可決、同13日に与党の自民、社会、さきがけの3党と共産党の賛成により衆院本会議で可決された。

11月10日の衆院宗教法人特別委員会では、新進党の草川昭三と、島村文相の間でこんな激しいやり取りがあった。「文相の本性というか、本当の気持ちを端的に表している発言がある。文相は『今度の改正案が通ったら、毎年創価学会を徹底して身体検査をしてやる。ともかくパンツの中まで、ケツの穴まで見てやる』と発言していた。そういう暴言を吐いたのは事実だ。あなたはバッジを外して大臣をやめなさい」。島村文相は「言っていない。証拠を出してもらいたい」と否定したが、草川は「法案が（国会に）提出された直後の10月19日、文相は衆院本会議中に休憩を取り、国会内2階の自民党控室で言った発言だ。これがあなたの本音なのだ」と語気鋭く畳み掛けるなど、一時議場がヤジで騒然となる一幕があった。

●〝魔女狩り〟的な「参考人招致」騒動

法「改正」を創価学会攻撃に絡める自民党の意図は、審議の舞台が参院に移ると、より露骨になった。95年11月11日付「朝日」は、10日午前の自民党役員連絡会での模様を、こう伝えた。「亀井静香組織広報本部長『創価学会の池田大作名誉会長や秋谷栄之助会長ら、改正案に反対している人の意見を聞いて、法案を成立させるべきだ』、村上正邦参院幹事長『参院議員総会で、反対している人を参考人か証人かで来てもらうという話をしたら、拍手万来だった』」。

さらに村上参院幹事長は「参考人招致を拒否するなら、証人喚問という形をとらせていただく」と述べ、亀井組織広報本部長は「証人喚問は全会一致が慣例だが、規則があるわけではない。場合によっては採決で喚問を決めることもある」（11月14日の記者会見）などと恫喝《どうかつ》的発言までしていた。加藤紘一幹事長、村岡兼造国会対策委員長も同様な発言を行っていた。加藤幹事長は、内輪の会合でこうも息巻いていたと伝えられた。「池田さんは一回の招致、喚問じゃすませない。選挙までに何十回でも来てもらいますよ」(「週刊朝日」95年12月8日号)と。

参院宗教法人特別委員会は11月27日から実質審議入りしたが、2日目の審議が終わったばかりの28日夕、同特委の委員長(自民党)は、一方的に同特委の休憩を宣言、与党側が求めている参考人招致を同日中に強行議決する構えを見せた。衆院審議では出なかった「参考人招致」問題を突如持ち出し、それが委員会審議の最大の焦点とされた。しかも自民党は「『どんなことがあっても池田氏を国会に引きずり出す』(幹部)」(「東京」95年11月29日付)などと創価学会の池田名誉会長を専《もっぱ》ら名指ししての招致を執拗に要求した。

法案審議に当たって、委員会で参考人を呼ぶ場合、関係者や専門的知識を持っている人に意見を聞くことは認められているが、参考人の出席や意見陳述は任意であるのが通例だ。それを一方的な多数決議決で有無を言わさず強制すること自体、異常である。ましてや証人喚問となれば、出席が義務付けられ、偽証した場合は偽証罪に問われる可能性があるため、従来から慎重には慎重を期してきた。それに大体、喚問要求が出されるのは不祥事や事件がらみのケースが通例だ。それを、事件とは全く無関係な法案審議で声高に喚問をチラつかせるなどというのは前代未聞の異常事である。

もしそんな暴挙が罷《まか》り通れば、国会の場で、時の権力に好ましくないと思う団体や人物を魔女狩り的に狙い撃ちすることが可能となり、中世の暗黒時代さながらの権力の暴走、強権的抑圧政治となってしまう。この時の与党とりわけ自民党執行部の執拗な国会招致要求はそんな危惧を抱かせるものだった。

「党利党略が露骨な『参考人』騒動」と題する95年12月1日付「読売」社説は、こう論じた。

「〈創価学会を攻撃、新進党に打撃を与えるため、是が非でも池田大作・創価学会名誉会長の参考人招致を実現しようという自民党はじめ与党。これに対し……池田氏の招致だけは何が何でも阻止しようという新進党〉」と与野党対決構図を図式化した上で、「与党が招致を求めた宗教界の参考人三人のうち二人は創価学会幹部であることなど、〝創価学会たたき〟の意図が露骨過ぎる。政治と宗教のあり方を真摯に議論しようというより、次の衆院選に備えるため『新進党イコール創価学会』のイメージ作りに躍起になっている感さえある。参考人招致を最初から多数決で決めようという態度も問題だ。参考人招致や証人喚問の決定は、全会一致で行うことが長い間の国会の慣例だった。そうでないと多数党が数の力で招致・喚問を乱発する危険があるからだ。この慣例は守られなければならない」。

●秋谷会長、国会で自民の党利党略を批判

結局、12月1日未明の参院宗教特委で与党と野党の平成会（公明と新進党の統一会派）など各会派の代表者会議での合意の下、全会一致の議決により、12月4日の同特委での参考人質疑に秋谷創価学会会長をはじめ6人が呼ばれることになった。

そもそもこのケースの場合、秋谷会長が出席する必然性はなかった。既に文部省は、「改正」案を作成するに当たり、創価学会の代表を宗教法人審議会に招いてヒアリング（意見聴取）を行っており、その際、学会の代表者は、宗教法人法「改正」の各論点について、一つひとつ、なぜ反対かという創価学会としての見解を明快に述べているからである。

4日の参院宗教法人特委に参考人として出席した秋谷会長は冒頭意見陳述の中で、「今回の法『改正』の背景にあるのは次期総選挙対策であり、対立政党の支援団体を攻撃しようという党利党略である」と強く批判。また「改正」案に反対する理由として、戦前の宗教団体法、治安維持法によって弾圧を受けた創価学会の歴史を踏まえた上で、「改正」案は現行宗教法人法を変質させ、宗教団体の国家管理を狙う意図が隠されていると指摘。「『信

教の自由』を脅かしかねない性格である以上、絶対に許してはならない」と強調。また財務関係書類の提出義務や所轄庁の「質問権」などは政教分離原則に違背するとの認識を示した。

さらに秋谷会長は、宗教が政治に関与する際の前提として、①国家権力を使って布教しない②国家から特別の保護や特権を求めない③支持する政党や候補者が宗教的中立であることを求める——との3項目を挙げ、公明党を支援していた時代も、公明党が新進党に参加してからも、この原則は明確であると述べた。さらに学会として、政党に対する献金は「公明党を支持していた時代より今日まで一切なかった」と表明するなど、国民の一部にある誤解を解いた。

この参考人質疑で、自民、共産の委員は持ち時間すべてを使って秋谷会長一人に質問を浴びせ、質問を通して創価学会の選挙支援活動があたかも違法であるかのように描き出そうと躍起になった。しかし秋谷会長は、根拠のないウワサや伝聞、週刊誌情報などに基づく低次元の質問も含め、一つひとつの質問に真正面から答え、自民党などからの〝政教一致批判〟の誤りを明快に論破する陳述を行った。これにより参考人招致を通じて学会のイメージダウンを図ろうとした策謀は、ことごとく〝空振り〟に終わった。例えば、自民党などが学会攻撃のたびに持ち出す住民移動の問題についても、秋谷会長は「そうした事実があれば、いつ、どこで、だれがやったのか、具体的に示してもらいたい」と反論。根も葉もない悪質デマを一蹴した。

また、参考人質疑の中で、宗教法人法「改正」案の中身について、与党側の委員は「最低限のささやかな改正。大げさなものではない」などと繰り返し、反対する方がおかしいといわんばかりの質問に終始したが、洗健参考人（駒沢大教授）は、専門家の立場から、宗教法人法「改正」案が、いかに宗教擁護法である現行宗教法人法を宗教管理法・宗教統制法へと変質させる危険な試みであるかを厳しく指摘。

さらに洗教授は、参考人招致をめぐる騒動について「外から見ていると、かなり異常」と語り、〝特定の人物を引きずり出し、徹底的に追及してやる〟云々の言動に対し、「宗教を尊重するところがまるで欠けている人たちが宗教の基礎に関わる法改正を目指すというのは大変不幸」と強い疑問を呈した。宗教法人審議会の委員でもある力久隆積参考人（善隣教教主）は、「改正」案の基になった宗教審の報告書とりまとめが、「政治日程に合わせて」いかに不明朗な形で行われたかを生々しく陳述し、「改正」案を「白紙に戻して検討し直すべきだ」と訴えた。

同「改正」案は12月7日に委員会可決、同8日に参院本会議で可決され、成立した。それに至る一連の経緯は、法「改正」の意図、目的、手続き、手順、内容のどれを取ってみても「憲法上、問題あり」であり、わが国憲政史上に重大な汚点を残すものだった。

●自民、「憲法20条」政府見解変更へ蠢動《しゅんどう》

このような創価学会攻撃に狂奔する自民党に対し、苦言を呈する声も多くあった。例えば95年11月30日付の日本経済新聞の社説は、「自民党は第一党の責任をもっと自覚を」とのタイトルで、自民党は「新進党という強力なライバル保守党が出現して、これまでのように『保守』の金看板を独り占めすることもできなくなった」ため、「自信を失った自民党はいま、新進党＝創価学会たたきに血眼になっている。……自民党の有権者に発するメッセージが『創価学会たたき』だけというのはあまりにも寂しい話である」と痛烈に批判。その上で、「新進党・創価学会たたき」に血道を上げるのではなく、「硬直化した行政機構や経済構造の改革をどう進めるのかという当面最大の課題について、自民党は第一党としてもっと明確な方針を有権者に示す必要があるのではないか」「自民党は第一党としての責任をもっと真剣に自覚した方がいい」と注文をつけた。

だが加藤幹事長ら当時の自民党執行部は、そんな忠告も馬耳東風の態で、創価学会封じ込めに向けて、さらな

る宗教統制の道を画策した。

例えば、憲法第20条の政教分離規定についての政府解釈変更や宗教団体の政党創設の禁止などをめざして、「宗教法人基本法」「政教分離基本法」（仮称）の制定へ向け蠢動した。党内にワーキンググループを設置し、96年の年明けから「創価学会の政治活動の制限を念頭に置いたものとみられる」（「朝日」96年1月29日付夕刊）試案の取りまとめや議員立法化への作業を進めた。

また1月再開の通常国会冒頭で参院本会議の代表質問に立った自民党の村上参院幹事長は橋本首相に憲法第20条の「政教分離」原則の政府見解を変更するよう迫り、4月24日の参院予算委員会でも同党の久世公堯参院議員が大森政輔内閣法制局長官を相手に同様の質問を行った。

なお、この件について、95年11月27日の政府・与党首脳連絡会議において加藤幹事長らが「内閣法制局の見解は数十年前のもので、今の世に合わない」などと憲法の政教分離規定の政府解釈見直しを求めたと報じられた（翌28日付朝日、毎日など各紙）。同様な動きは11月7日の閣僚懇談会の席でもあり、武村蔵相、島村文相、深谷隆司自治相ら数人の閣僚が大出内閣法制局長官に詰め寄り、「見直し」への圧力をかけたと伝えられていた（朝日、読売、東京などの各紙）。

しかし結局、この策謀は、内閣法制局が自民党からの度重なる要求に応ぜず、従来通りの憲法解釈を堅持したこともあり、連立与党は96年4月末、憲法違反の疑いが強いとみられる「宗教法人基本法案」「政教分離基本法案」の国会提出を見送ることとなった。

●政権維持至上視し、デマ・悪宣伝に狂奔

その一方で、自民党は96年1月18日開催の同党大会で採択した「96年運動方針」において、「いま、わが国の

政治にとって最も憂うべきは、宗教団体・創価学会が新進党という政党の仮面をかぶって国民を欺き、政治の権力を握ろうと画策していることである」などと事実を歪めた言い掛かりをつけ、「これと戦うのが今度の総選挙である」と唱えて、敵愾心《てきがいしん》を露わにした。

それに基づき、同年10月の衆院選、さらに98年7月の参院選を節目として、党を挙げて「新進党は創価学会党である」などという悪宣伝に狂奔。さらに反学会グループとも結託し、彼らが謀略的に仕組んだ陰湿な「ウソ」「デッチ上げ」の類を学会のイメージ・ダウン狙いで全国にまき散らすなど、一宗教団体に対し宗教弾圧さながらの批判・攻撃を加えた。全ては選挙のためであり、自ら保持する政権の維持を至上目的視することから始まったものだった。

第15章　自民党との連立政権に参加

─公明の対応で〝金融恐慌回避〟。自公連立の原形に

●山一證券破綻など日本経済非常事態

1997（平成9）年11月は日本経済がまるで「破断界」を越えたような非常事態下にあった。同月3日、準大手の三洋証券が倒産。同17日、北海道拓殖銀行が経営破綻。そして24日、山一證券が自主廃業を発表するなど金融機関の相次ぐ破綻を機に、日本は未曾有《みぞう》の金融危機に突入した。都市銀行や四大証券の一角が破綻したことは、大きな衝撃を与えた。いずれもバブル期の無謀な投資、融資が不良債権となり、経営破綻に陥ったものである。バブル崩壊後の不良債権問題が大きくクローズアップされ、その後の日本長期信用銀行、日本債権信用銀行の一時国有化、経営破綻へと続くのだ。

この年の4月、橋本政権は消費税率を3％から5％に引き上げ、また医療費の本人自己負担を1割から2割に引き上げ、さらに2兆円の特別減税の廃止などで計9兆円の負担増を国民に求めた。その結果、景気は大きく失速。さらに同年7月にタイの通貨危機（急激な通貨下落現象）が起こり、インドネシア、韓国などにも波及するアジア通貨危機へと拡大。加えてロシアの財政危機も再び顕在化した。日本の製造業にとって、成長センターといわれたアジア地域への輸出に悪影響が出るなどで、不況が深刻化した。その中での11月に起きた一連の金融機関の破綻である。日本経済を根底から揺るがす「危機の序章」が始まったのである。

●橋本内閣による最悪の「政策不況」

これに対し橋本内閣は、市場が著しい円安・株安の危険信号を発し続け、経済危機打開のために国内外から積極的な財政出動を求められていたのに、逆に長期間にわたる緊縮財政にレールを敷くような、２００３年度までに赤字国債発行額をゼロにするとの財政構造改革法（財革法）を山一證券破綻直後の11月28日に成立させた。それに縛られて財政出動を伴う景気対策を自ら封じ込めてしまった。１９９８年度当初予算では11年ぶりに政策経費が前年度より削減された。景気は急速に凍りつき、一気に悪化した。米国政府や国際通貨基金（ＩＭＦ）からの圧力もあり、橋本内閣はようやく12月17日に緊急対策として97年度に２兆円規模の特別減税の実施を発表。しかし経済の減速を止められず、年明け後に総額16兆円規模の総合経済対策の発表や、財革法の一部改正に踏み切らざるを得なかった。

そうした橋本内閣の経済対策は、海外からも「ツー・リトル、ツー・レイト（小さすぎて遅すぎる）」と批判されるなど、小出し・後出し・場当たり的でタイミングが外れ、戦後最悪といわれる不況を拡大させた。まさに橋本内閣による「政策不況」「経済失政」そのものだった。

●自民、参院過半数割れ。小渕内閣発足

その最中に行われた98年7月の参院選。自民党は改選議席61に対し、事前の予想を大きく下回る45議席しか獲得できず大敗。非改選と合わせて１０３議席で、過半数（１２６）に遠く及ばなかった。同党は選挙直前の5月に離党議員の復党などで衆院での単独過半数を回復したことから、社民党、さきがけとの連立を解消（98年6月1日）していた。

一方、公明（浜四津敏子代表、同年11月に衆院の新党平和と合流し「公明党」再結成）は選挙区で4（公認の東京、大阪と、推薦の埼玉、福岡を含む）、比例区7で改選議席の11を確保、非改選と合わせて24議席となった。この参院選から投票時間の延長、不在者投票の容易化などの制度改正が行われた。

橋本は選挙惨敗の責任を取って退陣。小渕恵三が7月30日に新首相に指名された。この時の首相指名選挙では参院での決選投票で公明など野党が支持した菅直人民主党代表が142票で首相指名され、103票の小渕を破ったが、衆院の議決の指名を優先するとの憲法の規定により、小渕が首相に就いた。

小渕内閣の最大課題は経済再生と金融システムの安定化であった。日銀の速水優総裁は小渕内閣発足直後の98年9月9日の日銀・金融政策決定会合で「大銀行19行ですらデフォルト（債務不履行）を起こしかねない」と発言していたと、10年後の2009年1月に日銀が公開した議事録で明らかにされた。実際、日本長期信用銀行は翌10月に経営危機が表面化し、一時国有化された後、同月に経営破綻。日本債権信用銀行も一時国有化された後、12月に経営破綻した。この年、第二地銀の国民銀行、幸福銀行、新潟中央銀行の破綻が相次いで起きた。

●公明、「早期健全化法案」を修正し賛成

参院選後の臨時国会（7～10月）は、金融危機の克服が最大テーマで、「金融国会」と呼ばれた。アジアの通貨危機から始まった金融危機はこの頃、アメリカ、そしてブラジルなど中南米にも波及し緊迫化していた。とりわけ日本は危機的状況となっており、〝日本発の世界金融恐慌の恐れ〟が声高に指摘されていた。

その対応として、国会では、まず金融機関の破綻後の混乱を防ぐための「金融再生法案」が審議された。同法案は最終的に、自民党が平和・改革（当時の公明党の衆院会派名）と、民主党、自由党の野党3党案を〝丸のみ〟する形で修正され、10月12日に成立した。それと連動して、金融機関の破綻を未然に防ぐために公的資金を投入

する「金融早期健全化法案」が次のテーマとなっていた。最終的に同法案は、平和・改革の修正要求を自民党が可能な限り取り入れて修正したことで、10月12日に行われた平和・改革と自民党、自民党と自由党の個別の党首会談で合意し、平和・改革、自民党、自由党の与野党3党による共同修正で10月16日成立した。これに対し、野党第1党の民主党は同法案に反対した。

●最悪事態回避へ与野党の枠越え判断

平和・改革（＝公明党）が破綻前の金融機関に公的資金を投入する「金融早期健全化法」に賛成したのは、景気低迷が長期化する中で銀行が独自に資本増強するのは難しく、銀行が資金繰りに窮して破綻すれば、取引先への影響は大きく、日本経済が底割れする危険があったからだ。一部野党の批判「銀行を助けるため」というより、預金者や中小・零細企業を救うことが最大目的であった。金融機関の貸し渋り・貸し剥《は》がしも、深刻な社会問題となっていた。

こうした最悪事態を回避・打開するために、与野党の垣根を越えて、国家・国民の立場から政策判断することが何よりも重要であると考えたのである。「未曾有の経済危機の深刻化に対応するためスピードが何よりも求められた」（坂口力政策審議会長）のであり、「国民のために何が必要か」を政策判断の基軸に据えて行動する公明党の真価を発揮した局面であった。

当時、国会運営で第一義的にキャスチングボート（決定票）を握っていたのは野党第1党の民主党だが、自民党との違いを強調するあまり〝責任ある対応〟ができなかった。否、同党は次第に旧社会党のように反対・抵抗政党への路線に傾斜していった。勢い第3党の中道の公明党が前面に立って国民のための政策判断を貫くこととなったのである。

●公明の政策対応で「日本は救われた」

なお、当時、大蔵省財務官として国際社会で〝ミスター円〟と呼ばれていた榊原英資は、退官後の翌99年7月18日放映のテレビ朝日の番組「サンデープロジェクト」の中で、「(98年の金融早期健全化法成立について)これが自民党と公明党の妥協で成立するんです。あそこで平和・改革がいち早く賛成して……これで日本は救われたと思います。あれがなければ、日本はあそこで、ドーンと恐慌に近い状況に落ちていたと思います」と語り、公明党の政策対応により〝日本の危機が救われた〟と評価した。

榊原は、2000年4月9日放映の同番組でも、再度こう発言していた。「98年の9月から10月というのは、世界恐慌直前だったと思います。日本も金融国会をやっていたのですが、あの金融国会のあの時の行き方では、日本が金融恐慌に突入する可能性が極めて高かった。……公的資金を破綻前の金融機関に早急にすべきだということで9月22日の日米首脳会談を受けて、小渕さんは方針転換です。自民党はそれで行くのですが、公明党は野党共闘を組んでいたのですが、自民党に賛成するんです。今の自公体制の原形がここにある。……自公が中心になって60兆円(金融システム安定に向けた資金枠)を用意した。これによって、日本は救われたと思います。そこで、日本が金融恐慌に突入することが救われたんだ、ということは歴史的にきちっと検証されると思います」と。

●自民一党支配終焉《しゅうえん》。「連立の時代」本格化

自民党は海部、宮沢内閣時代に続いて再び参院で過半数を割り込んでおり、小渕内閣の政権運営は困難を極めていた。現に臨時国会会期末の98年10月16日には、防衛庁の不祥事に対する監督責任が問われ、野党が提出した額賀防衛庁長官に対する問責決議案が参院で可決され、額賀は1カ月後に長官辞任に追い込まれた。自民党の「一

党支配の時代」は終焉し、「連立の時代」が一段と鮮明となり本格化した。

当の自民党自身も、〝もはや単独政権の時代は終わった〟と認識せざるを得なかったのだろう。小渕内閣と自民党は同内閣発足直後の98年8月以来、他党との連携、連立を模索。同年11月19日には、小沢一郎党首の自由党との間で連立合意がなされ、翌99年1月14日に「自自連立政権」が発足した。

一方、公明党は98年11月7日に「公明」に「新党平和」が合流し、「新しい公明党」として出発。新公明党は、「参院で与党が大幅に過半数を割っているなか、自民、民主両党に次ぐ衆参計六十五人の第三勢力は、法案の賛否などをめぐってキャスチングボートを握る」(「朝日」98年11月8日付)と指摘される立場に立った。結成大会では、神崎武法代表、浜四津敏子代表代行、冬柴鉄三幹事長の新執行部を選出した。

●「合意形成政治」「政策実現政党」掲げる

結成大会では、確たる理念・政策体系を持った中道政治の「新しい結集軸」の形成が打ち出され、国会対応では、独自性を保持しつつ「合意形成型政治」を掲げ、さらに的確な政治路線の選択のもと〝政策は政党の生命。政策実現こそ政党の使命〟として「政策実現政党」が標榜された。

なお、大会質疑や終了後の記者会見で、神崎代表は「自公連携・連立は考えていない」「野党に軸足を置く」と言明した。

同大会で掲げられた「政策実現政党」の旗の下、公明党は予算編成権を持たない野党ながら、政府・与党の反対の厚い壁に「風穴」を開け、緊急経済対策の一環として戻し減税の意味も込め個人消費喚起と地域経済活性化を図るための総額7000億円規模の地域振興券(商品券)実現や奨学金制度、児童手当制度の拡充、また緊急雇用対策の一環として2003億円の緊急少子化対策を盛り込ませるなどの成果を勝ち取った。

一方、中道政党としての独自性を基本にしつつ「合意形成型政治」の方針に基づき、安易な反対一辺倒ではなく、例えば日米防衛協力のための指針（ガイドライン）関連法に対し、公明党の修正要求を受け入れさせ、成立に協力。さらに組織的犯罪防止対策のための通信傍受法についても公明党の修正案を反映させて賛成。国旗・国歌法、改正住民基本台帳法についても賛成した。

その公明党に対し、自民党は政権参加に強い期待を寄せることとなった。公明党が金融早期健全化法の成立に協力し、あわや金融恐慌突入という国家的危機を回避させた行動や、国の安全保障政策などで現実的で責任ある対応を貫いていることなどを評価したからであろう。

●自民が公明に連立参加を要請

99年5月2日、訪米中の小渕首相は同行記者団に「公明党は日米防衛協力のための指針（ガイドライン）関連法案をめぐり現実的対応をした。……今回のことを通じ、自自、自公、もっと言えば、自自公という形で協力して究極の国民に対する責務を負うことができれば、これは大変大切なことだと思う」と発言。また同首相は6月1日、政治評論家との会食で、公明党が閣内協力に踏み出すことへの期待を表明。さらに6月7日、小渕首相が公明党に閣内での連立政権参加を要請する意向を固めたとの報道が一斉に流れ、同日、野中広務官房長官が記者会見で「互いに政策を共有し、予算を編成し、政策を遂行していくというのは、やはり閣内でやっていかなければ。それが支持者の理解を得るのに一番いい」と言明。森喜朗幹事長も同日「できれば、概算要求で協力し合うとか、予算編成で協力し合うという形で責任を共有しあうことが、スムーズな政党間の協力になる」と述べ、公明党の閣内協力への期待感を示すとともに、概算要求段階から政権参加を望む考えを示した。

こうした小渕首相らの発言に対し、神崎代表は6月8日の記者会見で、「この問題は7月の党大会の前後に、どうすべきかを考えるべきテーマだ。今の段階では特段の考え方をもっているわけではない」と発言。また6月11日付読売新聞インタビューで「閣内協力か閣外協力かは（自民党と）政策協議をした上で、合意できた時にどういう連携をするかという問題で、今は早すぎる話だ」と述べた。

「自自公」連立をめざす小渕首相（自民党総裁）は、6月28日の自民党役員会で公明党に閣内協力を呼び掛けることを正式表明した。これに先立ち、野中官房長官、森幹事長は、自由党本部に小沢党首を訪ねて会談。自民党が公明党との連立協議に入ることについて、小沢党首は基本的に了承した、と伝えられた。

そうした経緯の下、7月7日、小渕首相からの呼び掛けで神崎代表との自公党首会談が国会内（常任委員長室）で行われ、同会談において首相から直接、公明党に対し連立参加が要請された。その際、同日、先に連立を組んでいる自民党と自由党との党首会談がもたれ、公明党との新たな協力関係を築くことで合意したことも伝えられた。

小渕首相は「昨年来の未曾有の不況の中、公明党の協力を得て、金融関連法案の成立、予算の早期成立を図ることができたこと。公明党の果たした役割の大きさは、今日の経済の回復傾向に顕著に現れていることを見れば歴然である」と語り、「諸問題の迅速な対応のためにも公明党が内閣の一員として政権に参画することを期待する」と要請。「話し合いの具体的時期は、2000年度予算の概算要求の作成作業も共同して行うのがよいのでその時期が適当と考える」と述べた。

●臨時党大会開き、連立参加方針を決定

これに対し、神崎代表は「提案を重く受け止める。7月24日に臨時全国大会を予定しているので、大会で議論をし、大会後に返事を申し上げたい」と答えた。神崎代表はさらに、「確認したいことがある」とし、「公明党は、

自自連立合意の上に公明党が連立するという型は望んでいない。特に、衆院小選挙区比例代表並立制について、比例代表からのみ50議席を削減するという自自合意を承認して自自公連立を行うということは認められない」と述べた。小渕首相は「公明党の独自の主義・主張があることは当然だ。衆院定数50削減法案については、現在、国会および6党の選挙制度等に関する協議会で協議中であり、その推移を見守りたい。自自公連立内閣が誕生したならば、まず与党間で結論を出すことになると考える」と述べた。

小渕首相によるこの連立参加要請に対し、「政治が迅速、的確に対応するために、三党が可能な限り速やかに連立政権を発足させるのが望ましい」(「読売」社説1999年7月8日付)等の論評がなされた。

公明党は自公党首会談後、党内調整を本格化。7月10日には、衆参国会議員と地方議員代表が参加して拡大中央幹事会を開き、党大会提出の運動方針案(素案)を集中討議し、「一つの大きな選択肢」として連立参加・閣内協力の方針が示されている政治路線を大筋で了承した。また14日には、支持団体の創価学会と連絡協議会を開催。学会側から、「党大会で十分議論してほしい。その後の路線については、党の判断を尊重する」との考えが表明された。15日の常任役員会で運動方針案を了承。19日の中央幹事会で同方針案を決定した。

7月24日、公明党の第2回臨時党大会が開かれ、連立政権に参加する方針を決定した。挨拶した神崎代表は、「日本の政治には、未曾有の難局を乗り越える政治的リーダーシップ、それを遂行するためには政治の安定が何よりも必要」として、「政権協議が整えば、堂々と連立政権に参画し、内閣の一員として、その責任を共有すべきだと考える」と述べ、公明党から閣僚を出す「閣内協力」に踏み込む考えを表明した。

●「政治の安定」と改革のリーダーシップ発揮図る

神崎代表は挨拶の中で、連立政権参加への理由をこう述べた。すなわち、公明党の「合意形成型政治」の手法が日本の政治に一定の成果をもたらしてきたことは事実だ。しかしキャスチングボートを握る公明党が、政府与党に一つひとつ政策要求し実現していくやり方や、これまでの是々非々型で政府提出の法律案を修正させるだけの〝受け身〟の姿勢に終始してよいのか。今の日本は切迫する課題が山積している。この未曾有の難局を乗り越える政治的リーダーシップが今こそ必要であり、かつ、それを遂行するには政治の安定が何よりも必要だ。国内政治は自民党の一党支配が終焉し、本格的な「連立の時代」へと向かっている。国民の求める「政治の安定と改革のリーダーシップ」を力強く展開していくためには、公明党が連立政権に参画して政治的安定を図り、かつ政策や諸施策の企画・立案、予算案の段階から公明党の政策や考え方を積極的に提起し、改革のリーダーシップを発揮していくことが求められている。今こそ公明党は日本の政治と真正面から向き合い、政治により責任を持たなければならない、と。

連立政権に参加することにより、政策立案の出発点から合意形成を図っていくというのは運動方針で強調されている「合意形成型政治」の新展開である。それは即「政策実現政党」としての公明党の存在性を高めることになる。

●連立参加、「中道政治」実現するチャンス

党大会では異論や懸念の声も出された。例えば、「参院選を『反自民』『非自民』で戦い、『軸足は野党に』と言ってきた。唐突過ぎる。公明党がめざす新しい政権のパートナーにふさわしい自民党に変革したのか」「公明党は『是々非々』の立場で、多くの実績を積んできた。従来型の是々非々でいいのではないか」「自民党との連立で、数の少ない公明党が主体性を発揮できるのか。自社さ政権での社会党の二の舞いになるのではないか」「閣外協力にとどめた方が良いというのが基本的考えではなかったか。なぜ閣内協力の選択肢を取ったのか」等々だ。

神崎代表の答弁（要旨）は、こうであった。

「自民党一党支配の時は、『反自民』『非自民』の立場で戦うことが国民の利益にかなうと考えてきた。しかし今は、自民党は単独では政権運営できなくなり、連立の時代になってきた。しかも現在、経済が混乱するなど緊迫した状況下で、『自民対反自民』『自民対非自民』という政治の枠組みに意味があるのか。むしろ今は、政治が国民のために何をなすことができるのかが問われている。公明党が掲げてきた中道政治を実現する、まさにいいチャンスであると、積極的に受け止めるべきだ」「今回めざす連立は保守・中道の連立政権であり、公明党としては中道政治の旗は引き続き高く掲げていく。自社さ政権では社会党が基本政策を一夜にして変えたことから国民の信頼を失った。公明党は基本政策を明示した上で、自民党との政策協議を進めていくので、社会党の二の舞いにはならない」「閣外の方が独自性は発揮しやすいが半身の姿勢。閣内は責任を共有し、政策の実現もしやすくなるという違いがある。党内で議論を重ねる中、『むしろ真正面から政治に取り組み、責任を分かち合うべきである』との声が高まった」……

〝社会党の二の舞い〟云々とは、村山自社さ政権発足（94年6月）時の社会党国会議員数は、衆参を合わせて150人弱いた。それが96年の村山内閣総辞職後に社民党に改称。その後の選挙惨敗や党分裂で衰退し、5年後の99年7月時点では5分の1の30人以下の少数政党に転落していた。その前例から当時公明党に対し、自民党に〝呑み込まれる〟〝使い捨てにされる〟といった陰口が随分叩かれたのである。

●「自自公」3党連立、99年10月スタート

党大会で連立政権に参加する方針が決定されたことを踏まえ、神崎代表は7月26日、自公党首会談に臨み、小渕首相に「政権協議が整えば、閣内に入り、連立政権をつくる用意がある」と表明。小渕首相は「公明党が国家

的見地から英断を下されたことに心から敬意を表する」と感謝の意を表した。

連立参加を決断した公明党に対して、「三顧の礼をもって内閣に迎えられる」(「毎日」7月25日付)と評する報道もあった。

ただし自自公3党連立は、すんなり進んだわけではなく、自由党が衆院比例定数の50削減法案を国会会期中に採決することを強く主張し、一時は連立離脱の構えを取った。結局、会期末の8月13日に小渕・小沢会談が持たれ、定数削減法案は継続審議として次期国会の冒頭で処理することで自・自両党間で合意がなり、自自連立の継続が決まった(定数削減法案は翌年の通常国会で処理され、20削減で決着)。また自民党内で白川勝彦団体総局長ら一部議員が公明党との連立に反対し、その旨の意見書を発表したり、加藤紘一前幹事長や山崎拓前政調会長が「公明党とは閣外協力にとどめた方がいい」と主張する動きもあった。

臨時国会終了後、自民、自由両党に公明党が加わる連立政権発足に向けた政権・政策協議が行われ、10月4日

に3党間で合意が成立。小渕、小沢、神崎の3党首が同日、合意書（「三党連立政権合意書」と「政治・政策課題合意書」）に署名【写真】。翌5日に3党の連立政権がスタートした。公明党からは、続訓弘《くにひろ》参院議員が総務庁長官に就任した。

●10年間にわたり日本の政治の中枢担う

神崎代表は、連立政権入りして3カ月半後の2000年1月19日、自民党大会に招かれて挨拶。「公明党は90年代に入って、野党という立場でありながら、湾岸90億ドル追加支援やPKO問題、金融不安解消など、日本の進路を決める局面で重要な役割を果たしてきた」と強調。連立参加の決断について、「危機的な日本を立ち直らせるために、泥をかぶってでも日本の政治に真正面から取り組まなければならない、政治を安定させて改革を着実に断行しなければならない、との思いから決断した」と力説した。その際、結党以来の反自民・非自民の旗を降ろして、初めて自民党大会に出席した心境を述べた冒頭挨拶が取り上げられ、「はるばる遠くへ来たもんだ」とメディアに話題的に紹介された（「朝日」00年1月20日付）。

自自公3党連立はその後、自由党が00年4月5日に連立を解消、同党を離党したメンバーが保守党（扇千景党首）を旗揚げして自公保3党連立となり、保守党が衣替えした保守新党の自民党合流（03年11月）以降は自公2党連立となった。

公明党が連立のパートナーとなった内閣は小渕内閣から始まり、森、小泉、安倍（第1次）、福田、麻生内閣と続き、自民党が09年9月に下野するまでの10年間にわたった。公明党は文字通り、20世紀末から21世紀開幕直後の内外激動の中、日本の政治の中枢を長期にわたり担うこととなった。

第16章　連立政権で「改革のエンジン」役

―公明が04年・年金抜本改革を主導。環境政策でも大前進

「政治の安定と改革のリーダーシップ発揮」――公明党の連立政権参加の旗印である。10年間・6内閣と続いた自民党との連立政権のうち、与党が衆参過半数・安定多数を制していた、小渕内閣（1999年10月～2000年4月）、森内閣（00年4月～01年4月）、小泉内閣（01年4月～06年9月）、第1次安倍内閣（06年9月～07年9月）の約8年間は、政権基盤が安定していたことで、諸改革が着々実行に移されていった。

公明党にとって連立のスタート台となった小渕内閣での喫緊の課題は、経済の立て直しである。連立直後の1999（平成11）年11月に、公明党の主張を盛り込み、中小企業支援や生活基盤の充実などを柱とした18兆円の経済新生対策を決定、積極的な金融・財政政策をとった。その結果、「経済の顔」といわれる株価は翌2000年2月9日には2年半ぶりに2万円台を回復。1999年10月に一時1万3000円を割り込みバブル崩壊後の最安値更新から実に7000円以上も上昇した。大胆な経済対策を打ち出したことで、景気を回復軌道にあと一歩で乗せられるまでになった。

この最重要課題の景気・経済の立て直しとともに、連立政権で公明党が強く主張し推進して実を結んだ実績、「改革」の成果は枚挙に暇《いとま》がないであろう。

●政治腐敗防止へ様々な改革実現

例えば、連立初期段階において、政治腐敗防止への様々な改革を実現させた。〝隗《かい》より始めよ〟との言葉通り、

諸改革を進めるに当たって、まず政治（家）改革に取り組んだ。公明党は、連立政権が鮮明にすべき第一の課題は、国民の政治への「信頼性」を回復することにあるとした。民主主義の政治は、国民の政治への信頼が基礎。いかなる改革も政治に対する国民の厚い信頼がなければ一歩たりとも前進しない。その国民の信頼を一番傷つけるのは「政治とカネ」をめぐる不祥事・スキャンダルであり、主に自民党政治家によって引き起こされてきた。政治に対する信頼失墜のみならず、相次ぐ事件・不祥事への対応に追われて国政が渋滞し、本来取り組むべき政治・政策課題の処理が停滞したり、改革がスローダウンするケースも少なからずあったのである。

●政治家個人への企業・団体献金を禁止

特に政治腐敗の温床として指摘されてきたのが、政治家個人に対する企業・団体献金。それまで一企業・団体当たり年間50万円まで献金が受けられるようになっていたが、公明党が連立与党内で強く主張した結果、連立参加1年目の2000年1月1日から政治家個人（資金管理団体）に対する企業・団体献金が禁止となった。「政・官・業」のもたれ合いを断ち切る措置である。リクルート事件など政治家個人への献金は「政治腐敗の温床」と言われ続けてきたが、旧来の保守政権では抵抗が強く、実現できなかった難題だった。

また同年11月には、政治家や秘書らが、あっせん行為（口利き）による見返りを得ることを禁止する「あっせん利得処罰法」が制定された。この法律は、公共工事などの発注をめぐり政治家が影響力を発揮して見返りを得るという、これまでの日本の政治の有り様に対して、その根っこから〝政治の質〟を変える画期的な立法である。自社さ政権でやろうとして果たせず、政権崩壊の引き金となったものだった。法制定には根強い抵抗があったが、公明党が粘り強く自民党を説得し、実現させた。02年7月には処罰の対象に「私設秘書」も加えるように、法律を強化した。

さらに「官製談合防止法」の制定（同年7月）も公明党が主導した。これは公共事業の入札などで、公務員が受注業者に事前に予定価格を漏らし、業者間の談合に関与する〝官民癒着〟の不正行為を厳しく禁止するものである。役人と業者の〝癒着の構図〟に初めてメスを入れたのが公明党で、法制化に慎重だった自民党を説得して実現させた。07年3月から入札談合に関与した公務員に対する罰則が強化された。

これら一連の立法や措置は自民党単独政権では到底なし得ないものである。「清潔な政治」実現を結党以来の目標とし、一連の政界汚職・不祥事に際して常に不正追及の先頭に立ち、「政界浄化の公明党」との異名をとってきた公明党の強い働き掛けがあったればこそであった。

また政治家改革として、庶民の感覚からかけ離れ、庶民の目線から見て不適切と思える政治家の特権にもメスを入れた。勤続25年以上在職し永年勤続議員表彰の対象となった国会議員に対する月額30万円の特別交通費支給の廃止や、100万円の肖像画作製費と国会内掲額の制度も併せて廃止した。さらに勤続50年以上の国会議員に終身で年間500万円支給されていた憲政功労年金も廃止された。

●「循環型社会」形成へ本格的取り組み図る

自公連立は、保守・中道の組み合わせであり、政権の中に中道主義＝人間主義の理念を掲げる公明党という軸が入ることによって、旧来の保守政治の中では優先順位の低かった平和、人権、福祉、環境、教育・文化といった分野が政策展開の表舞台に躍り出た。

特筆されるのは、環境問題への取り組みだろう。公明党の提唱で、大量生産・大量消費・大量廃棄型社会システムを全面的に変革し、地球環境の保全を重視した環境型社会の構築へ向け、1999年10月の連立合意の中に2000年度を「循環型社会元年」と位置づけた。そのための枠組み法として、「節約・再使用・再利用」を徹底し、「ごみゼロ社会」をめざす「循環型社会形成推進基本法」を制定（00年5月）させた。七つの関連法が整備され、家電・自動車・食品・建設・容器包装のリサイクル法、環境教育推進法、新エネルギー法、自然再生推進法、フロンガス回収・破壊法の制定、猛毒ダイオキシン、ＰＣＢ（ポリ塩化ビフェニール）等の有害物質規制対策など、日本を「環境立国」とする取り組みを本格化させた。この循環型社会構築の諸政策について、小泉純一郎首相は「（01年5月7日の所信表明演説の中で）公明党の政策を取り入れさせていただいた」と公明党側に述べている。

また、公共事業が大規模事業偏重から生活密着型へと質的に大きく変化した。都市部での渋滞解消、公営住宅や駅のエレベーター設置、車いすでも安心して通行・移動できる街づくりに向けたバリアフリー（障害のない）化など、「人に優しい社会」へのまちづくりが大きく推進された。00年11月には高齢社会に対応する交通バリアフリー法が施行され、鉄道車両や駅の施設、道路、広場などのバリアフリー化が義務づけられた。

公共事業そのものも「ムダ・ゼロ社会」のスローガンの下、抜本的に見直された。01年度においては、与党による初の勧告で、計画段階や着工済みも含め改めて必要性を徹底的に洗い直した結果、２７２事業が原則中止され、その見直し規模は約2兆６０００億円に達すると見込まれた。道路の建設コストに限ってみても、１９９８年の15兆３０００億円が２００７年には8兆１０００億円とほぼ半減となった。また国の政策や事業を「必要性」「効率性」「有効性」などの観点から評価し、ムダをなくす画期的な「行政評価法」も制定（01年6月）された。

●特殊法人改革など「元祖ムダゼロ政党」

あるいは、公明党がリードして、01年6月に「特殊法人等改革基本法」が制定され、公的資金を受け、官僚の天下り先として、とかく問題になっていた公社、公団、公庫などについて、向こう5年間かけて抜本的、集中的な見直しが行われることになった。77ある特殊法人や国の補助金など関与を受けている86の認可法人について、廃止や民営化、非公務員型の独立行政法人化など整理、合理化されることになった。併せて163あったそれら特殊法人を改革実施後5年間で85に半減させ、それにより国からの特殊法人向けの財政支出を約1兆8000億円削減させた。

同改革は自社さ政権時代に腰砕けとなったものだが、業界や労組などの利害に左右されることのない公明党が政権の中に入ったことにより、国民目線、生活者の視点で行政改革に取り組むことができたといえる。

特に06年の「行政改革推進法」、07年の「特別会計に関する法」制定により、国の特別会計のムダを徹底的に洗い出した。「母屋でおかゆをすすって節約しているときに、離れで子どもがすき焼きを食べている」（一般会計で赤字を削っているのに、特別会計で浪費していることを譬えたもの）とは塩川正十郎財務相の国会答弁（03年2月）であるが、公明党は「事業仕分け」を唱え、特別会計の中身を厳しく点検。その結果、06年度に31あった特別会計を08年度には21に減らし、さらに3年後の11年度には17に縮減することを決めた。それにより実に27兆円を捻出させた。それら一連の行政改革の取り組みは、国民目線に立つ公明党が政権与党の一員であったればこそであり、公明党をして「元祖ムダゼロ政党」と称しても言い過ぎではないだろう。

人権政策でも公明党主導で成立させた法律は、児童虐待防止法、ストーカー規制法、DV（ドメスティックバイオレンス＝配偶者などによる暴力）防止法、民事法律扶助法、犯罪被害者保護法、個人情報保護法……など枚挙に暇がない。特に公明党と坂口力厚生労働相（小泉内閣）の強い働き掛けで小泉首相が、ハンセン病問題での地裁判決に対する国の控訴断念を決断（01年5月23日）し、同問題の全面解決へ導いたことも、「人権の党」を標榜する公明党らしい成果として評価を高めた。

ハンセン病原告団（左）に深々と頭を下げ謝罪する坂口厚労相＝2001年6月1日　厚労省内

●ハンセン病問題の全面解決導く

01年5月11日、熊本地裁がハンセン病訴訟（らい予防法違憲国家賠償訴訟）で原告全面勝訴の判決を下した。元患者らに賠償金を支払うよう命じ、国が敗訴した。国家賠償請求訴訟で国が敗訴すると、国は高裁に控訴するのが一般的で、この時も国は控訴する意向が強かった。厚労省や法務省など関係府省は「控訴すべき」で固まっていた。現に「本来であれば、政府としては控訴の手続きを採り……上級審の判断を仰ぐこととせざるを得ないところ」（総理大臣談話）とされていた。これに対し公明党は法的側面より人道を優先すべきとして、5月17日の中央幹事会で「控訴断念」の方針を確認。同日、神崎代表、浜四津敏子代表代行らが官邸に小泉首相を訪ね、「控訴断念」を強く申し入れた。

一方、公明党出身の坂口厚生労働相は、控訴に強く反対した。ハンセン病は伝染力が非常に弱く、治す薬もあったのに、国が患者を長い間隔離し、家に帰さず、誰にも会わせなかった。医師である坂口は、人権無視も甚だしいと思っていた。治る薬もあるのに隔離しているのは許せなかった。厚労相に就任した当初からこの問題に決着をつけようと思っていた。坂口は、政府内で孤立しながらも「控訴断念」を最後まで主張。最終決断する首相がもし「控訴する」と言ったら、厚労相を辞任するつもりで、内ポケットに辞表を入れていたが、控訴断念を表明したので、辞表は提出せずに済んだ。その政治姿勢は「厚労相『人権』貫く」(「朝日」01年5月24日付)と評された。

5月31日放映のテレビ朝日「スーパーモーニング」では『熱血漢〝坂爺〟総理に控訴断念を直訴 坂口力大臣のマル秘素顔』と銘打ち、政府が「控訴断念」を決めた裏に「坂口大臣の人知れぬ苦悩があった」と紹介。5月21日に坂口大臣と面会した全国ハンセン病療養所入所者協議会の神美知宏事務局長が番組の中で「(坂口大臣は)何日間も眠れないほど悩み続けているとの話でした。『控訴すべし』と政府部内で固まっていたようで、その強い意志をあえて抑える形で大臣自らの判断を最後まで貫き通していただいた」と証言。最後に、医師でもある坂口大臣自らの「私は医療の場に携わってきたから、今日までのその(医療の)犯した罪は誠に重いと思っております」との発言を紹介しながら、同番組では「小泉内閣で坂口大臣は今や、なくてはならない原動力となっている」と締めくくっていた(坂口は00年12月に第2次森改造内閣で厚相兼労働相に就任。01年1月に省庁再編で統合された厚生労働省の初代大臣。同年4月に第1次小泉内閣で厚労相に就任。04年9月に退任)。

5月25日に小泉首相が総理大臣談話を発表して控訴断念を表明し、6月7日に衆院で、同8日に参院でそれぞれ「謝罪決議」が採択され、6月22日にはハンセン病療養者入所者等に対する補償金支給等に関する法律が施行された。

●がん撲滅へ「対策基本法」制定を主導

「命を守る公明党」としての業績で特記されるのは、日本人の死因で最も多いがんの対策を強力に推進したことである。神崎代表が04年1月の衆院代表質問で、がん対策を国家戦略として強力に推進するよう強調。党内に「がん対策プロジェクトチーム」「対策推進本部」を設置し、国立がんセンターなど専門家との意見交換や医療現場などを視察。04年9月に浜四津代表代行が参院代表質問で、また神崎代表が06年1月の衆院代表質問で「がん対策法」の制定を提唱。06年3月に公明党が「がん対策の推進に関する法律要綱骨子」を発表。政府・与党連絡会議で神崎代表が「がん対策法案」の国会提出への協力を要請。そして06年6月16日に、公明党が特に日本で立ち遅れている分野として法制定に当たり主張してきた放射線治療の普及と緩和ケア（緩和医療）の充実を盛り込んだ「がん対策基本法」が全会一致で制定された。同法に基づき07年6月に「がん対策推進基本計画」が閣議決定され、向こう10年以内に75歳未満のがん死亡率20％減少をめざし、がん対策強化の具体的計画が推進されることになった。以下は、「基本法」制定に際し、医療関係者から寄せられた声である。

「わが国は04年に『第3次対がん10か年総合戦略』を立ち上げ、『がんの罹患率と死亡率の激減』をめざした各種対策を総合的に進めている。ちょうどこの時期に基本法が成立したことは、戦略を系統的に進め、『激減』の目標を達成する上で非常に重要であり、高く評価したい。今回の『がん対策基本法』の成立に向け……公明党も頑張ってくれたと思う」（垣添忠生・国立がんセンター総長「公明新聞」06年6月22日付）、「このたびの政府・与党、特に公明党が中心となって、国会で『がん対策基本法』を制定させたことは歴史に残る大きな出来事である」（山下孝・癌研有明病院院長補佐「公明新聞」06年7月2日付）、「……公明党の主張は、がん撲滅への理念に満ちており、連立政権の中で堂々とこの主張を打ち出し、自民党や民主党への刺激剤になった。がん対策がようやく力強さを増してくるだろう」（埴岡健一・東大医療政策人材養成講座特任助教授　同）。

●ピロリ菌除菌への保険適用実現

また、がん撲滅への一環として、胃がんの大きな原因とされるピロリ菌を取り除く除菌治療の慢性胃炎段階からの保険適用が13年2月に厚労省により「承認」されたことも、公明党の大きな成果である。松あきら参院議員が11年3月7日の参院予算委員会で取り上げたのをはじめ、秋野公造参院議員らも国会質疑で強く要請し、さらに100万人を超える署名運動も展開。12年12月の衆院選でも党の重点政策として公約に掲げるなど党を挙げて推進した。「これまでピロリ菌除菌による胃がん予防について、公明党ほど熱意を持って取り組み、それを実践してくれた政党はありませんでした」と語るのは、日本のピロリ菌研究の第一人者である浅香正博・北海道大特任教授（「公明新聞」12年4月2日付）。

さらに教育・文化の面でも、奨学金制度が成績重視から希望者のほぼ全員に対象が拡大され、また日本を文化芸術大国にと公明党が保守党と共同して日本で最初の「文化芸術振興基本法案」を国会に提出。その成立へ先導的役割を果たし実現に漕《こ》ぎ着けたことも大きな成果であり、「これまで『福祉の党』として活躍してきた公明党が、さらに『文化の党』として翼を広げていった」（劇作家・評論家　山崎正和「公明新聞」01年12月1日付）と評価された。

経営環境が厳しい中小企業への対策では、中小企業金融安定化特別保証制度の拡充、金融機関の貸し渋り・貸し剥がしなどで資金繰りに苦しむ中小企業を支援するため、資金繰り円滑化借換保証制度や売掛債権担保融資保証制度を創設、個人保証免除の融資制度もスタートさせ、また下請け企業を守るため改正下請代金支払遅延防止法も04年から施行させるなど手厚い対策を講じた。

●児童手当充実など少子化対策を強力推進

公明党が最も力を入れたのは福祉政策であった。一般に、福祉・社会保障といえば、年金・医療・介護の三つが柱とされる。公明党はそれに子育て支援を加え、4本柱の一つとして少子高齢化対策の流れをつくった。公明党案をベースに政府の中長期的な少子化対策となる「新エンゼルプラン」(00〜04年度)が策定され、多様な保育サービスの充実や育児休業制度の拡充が図られた。

中でも公明党が早くから少子化・人口減社会の到来を見据えて、子育て支援策の柱としてきた児童手当については、与党内で粘り強く主張し続け、固い壁に穴をこじ開ける思いで、一歩一歩拡充させてきた。公明党の連立参加時点では「3歳未満」(第1子・第2子月額5000円、第3子以降1万円)であったが、00年6月には「小学校入学前まで」に、01年6月には所得制限の大幅緩和(支給対象児童数が578万人から677万人へと100万人増加)、04年4月から「小学3年修了前まで」、06年4月から「小学校6年修了前まで」、07年4月から乳幼児加算として「3歳未満は第1子・2子でも1万円」へと、懸命に財源をやりくりし税制改正などによって捻出して、相次ぎ拡充を実現させてきた。

そのための4度にわたる児童手当法の改正に対し、民主党は「単なるバラまきだ」などと批判を繰り返し、各党の中で唯一、いずれにも反対した。にもかかわらず、同党はその後、財源を示さないまま、選挙政策で中学3年まで一人2万6000円の子ども手当を出すと打ち上げた。しかし民主党政権実現後、結局、財源のメドが立たず、同公約も多くの政権公約(マニフェスト)と同様に、実行されず仕舞いで、国民を欺く結果となった。

●〝持続可能な制度〟へ年金抜本改革

一方、肝心な年金・医療・介護の社会保障制度については、年金改革は04年に、介護保険改革は05年、医療保険改革は06年と、自公連立政権で3年続けて大改革を行った。とりわけ年金改革については公明党が主導的役割を果たした。

急速な少子高齢化の進展で、〈年金受給者〉が右肩上がりに急増するのに比し、〈制度の支え手〉の現役世代は年々減少。しかも国も地方も膨大な借金を抱え財政難。そのため、年金崩壊論が喧《かまびす》しかった。日本が世界に誇る「国民皆保険」の医療制度も、財政的に破綻寸前であった。社会保障制度は突き詰めれば、「負担と給付」の問題。このまま放っておけば、〈年金・医療・介護〉の制度は崩壊してしまう。そこで公明党は、「持続可能な制度」にすることが何よりも重要だ、制度が壊れては元も子もない、とし抜本改革に着手した。

公明党がリードした04年の年金抜本改革は、将来的に入ってくる保険料と、出ていく年金の費用バランスをどう取るかを勘案し、①保険料を14年かけて段階的に引き上げ、最終的に18・3%とし、２０１７年以降は固定する。給付は19年かけて少しずつ減らし、２０２３年度以降は給付の下限を固定する②年金財政のバランスを取るために「マクロ経済スライド」という年金額の伸びを自動的に調整する仕組みを導入する③標準的な年金受給世帯の給付水準は、現役世代の平均収入の50・2%以上を確保する④基礎年金の国庫負担を3分の1から2分の1に引き上げる⑤１４０兆円超（当時）ある年金積立金を高齢化が最も厳しくなる２０５０年以降取り崩し、将来の給付の底上げに充てる——というものだ。

この制度改革に当たり、具体的プランを持っていた公明党が、自民党との折衝、また政府案への取りまとめ作業で、主導的な役割を果たした。「年金改革論議をリードしたのは公明党だ。公明党は、03年11月の衆院選で、

『年金制度の抜本改革』を政権公約の目玉に据えた。……公明党案は、各党の公約の中で最も具体的だった」(「読売」04年2月17日付)、「2003年12月、与党年金制度改革協議会は年金の給付水準や保険料率などについて、公明党の主張をほぼ反映した合意文書を作成した。議論を主導したのは、公明党の北側政調会長だった」(同04年1月27日付)と伝えられた通りである。

●公明の決断、「大英断だ」との評価

この年金改革の断行は、国民にも、企業にも、政府にとっても〝痛み〟を伴う、つらく、重いものだった。しかしそのつらさを乗り越えなければ制度そのものが壊れてしまう。負担が増え、受給は減る。それが分かっているから、どの党も不人気なことはやりたくないとして、抜本改革を先送りしてきた。しかし公明党は自党の不人気とか、選挙での損得を超えて、〝火中の栗を拾う〟覚悟で、この年金抜本改革を推進したのである。

年金改革関連法が成立したのは04年6月5日。7月11日の参院選の直前であった。この公明党の取り組みに対し、年金問題の専門家である堀勝洋・上智大教授は「従来なら、政治が避け、先送りしてきた〝国民に不人気な政策〟を、しかも参院選前に断行した。私は、これは大英断だ、非常に勇気のあることだと思っています。この決断に果たした公明党の役割は非常に大きかったと思います」(「公明新聞」04年7月2日付)と高く評価した。堀教授はそれから8年経った12年時点でも、改めて当時を振り返り、こう評した。「国民には厳しい改正であったにもかかわらず、将来の年金制度と国民生活の安定のために行った大英断だったと評価している。本来、政治家及び政党は将来を見据え、当面は不利になることがあっても、あえて行う必要がある場合がある。当時の政権の見識に、いまも敬服している」(「潮」12年4月号)と。

●〝絵に描いた餅〟民主・年金改革案

なお、この「04年・年金改革」に対し、民主党は反対した。この時、民主党が対案とした「抜本改革」案なるものは、現行年金制度を一元化するとともに、保険料なしの全額税方式による「月額7万円の最低保障年金の創設」などであるが、全体的な財源の見通しも、大幅増税必至となる「年金目的消費税」の税率等も、肝心な数字は口をつぐんで一切示さず、曖昧模糊《あいまいもこ》なものであった。

しかし同党は04年参院選、07年参院選、09年衆院選のいずれでも、年金問題を選挙の最大争点に仕立て、「現行年金制度は破綻する」などと訴えて有権者の不安感を強く煽る一方で、同党の「抜本改革」なる案を目玉政策として大宣伝。文字通り一連の選挙勝利の〝決め手〟としてきた。しかし09年に圧倒的支持で政権交代を果たし、「抜本改革」なる案を実行する最大のチャンスが到来したにもかかわらず、国民の前に具体的数字の入った成案を示せず、全くの空理空論の、〝絵に描いた餅〟でしかなかったことを自己暴露した。

それに関して、「民主党政権の失敗の本質」と題した朝日新聞の記事（12年4月7日付）では、こう伝えた。「民主党の代表や幹事長として政権交代を目指してきた鳩山由紀夫に聞くと、明け透けな返答で驚いた。『年金がこのままではボロボロになって、年をとってももらえなくなるという語りかけは、非常に政権交代に貢献してくれた』」と。誠に唖然《あぜん》とする言葉だが、国民に対する民主党の数ある公約違反の中でも年金問題での背信行為ほど罪が重く悪質なものはないであろう。

ところで、公明党が連立政権に加わった当初、「公明党は呑み込まれる」「使い捨てにされる」といった陰口が随分叩かれた。現に「自民党は『アメーバー政党』と揶揄される。社会党や新党さきがけ、自由党、保守党などと融通無碍に連立を組み、相手は逆に独自性を発揮できなくなって消滅したり、議席を激減させたりしてきたからだ」(「読売」04年1月12日付) とも指摘されているが、公明党は埋没するどころか、政権の中で存分に〝公明党らしさ〟を発揮し、「改革のエンジン役」となって、存在感を高めていった。上記の年金改革や一連の政治改革の実現などはその典型例である。

●「公明と組み本当に良かった」官房長官

〝公明党らしさ〟発揮については、例えば小泉内閣の福田康夫官房長官は国会答弁で「公明党が(連立政権に)参加してくださり、平和主義とか、国民一人一人の考え方を大事にするとか、弱者の視点といった自民党に不足しがちな視点で、国民のニーズを拾い上げてくれている。公明党と連合体をつくって、与党を組んでやってきたことは本当に良かった」(03年9月30日の衆院テロ防止・イラク支援特別委員会)と率直に表明している。あるいは、御厨《みくりや》貴・東大教授は、「自民党はいろいろな人達の利益を大所しか押さえない。しかし公明党はひとしずくというところまで全部押さえていく」(「中央公論」03年9月号)と指摘し、連立政権の中での〝公明党らしさ〟を点描した。

一方、神崎代表は04年1月16日の自民党大会に招かれて挨拶し、「自民党は国という大きな視点で物事を考えている。公明党は生活者の視点、一人一人の視点で考えている」と述べ、「両党が切磋琢磨し、政策のすりあわせを真剣に行うことによって、一つ一つの課題を解決していくことが極めて重要だ」と強調した。実際に自公連立はその後の展開も含め、神崎発言のように、両党間での真摯かつ真剣な議論を通じ、両党の「視点の差」を相補完し合い、一致点を作り出し、合意を形成してきたからこそ、戦後政治の数ある連立政権の中で最長10年の政権継続となったといえよう。

●「生活者の政治」公明党発の政治概念

公明党の真骨頂は、「議員ネットワーク」政党と称するように国会議員・地方議員の全国約３０００人の議員が相互に密接に連携を取り合い、日常的に地域に生活現場に飛び込み、どの政党よりも地域に根ざし、現場の生の声を聞く政党であることだ。

「『生活者』という言葉を初めて前面に出したのは公明党だった』」(川上和久・明治学院大教授「２大政党制は何をもたらすか」ソフトバンク新書）と評されるように、政治の中に「生活者」の概念を最初に導入したのも公明党である。政治に必要なのは「国民目線」「生活目線」である。それを具現し体現できるのが公明党であり、従来の自民党政治の中で希薄だったその部分を、まさに公明党が連立政権の中で体現し反映してきた、といえるだろう。

第17章　連立政権内で〝歯止め〟役も

―「平和の党」の立場貫き、国家主義的傾向にはブレーキ

国の統治を行う政権与党は国家、国民に責任を持ち、日々生起する内外諸問題に現実的・具体的に対処しなければならない。国益・国民益を守るために、批判を浴びても、不人気でも、当事者として結論を出し、決断・決定しなければならない。

とりわけ国際的なテロとの戦い、「戦争と平和」の問題に関し、国際社会の中で日本の対応がシビアに問われる場面で、政権与党の一員、かつ「平和の党」としての公明党の判断が内外から注視された。

●「9・11テロ」に、目に見える貢献策打ち出す

2001（平成13）年9月11日、世界を震撼させた米同時多発テロが勃発。翌12日には国連安全保障理事会が、このテロを「国際の平和と安全に関する脅威」と認定し、「国連憲章の下での安保理の責任に従い、あらゆる必要な手順をとる」との安保理決議1368号を採択した。アメリカは、イスラム過激派のアルカイダの犯行と断定。10月7日未明、アルカイダの引き渡しを拒否するアフガニスタンのタリバン政権に対し武力攻撃を開始。同政権崩壊（01年12月半ば）後も、潜伏するテロ・グループ掃討作戦が続けられた。

この同時多発テロに対し、日本は国際社会の中でテロ防止と撲滅に向け、どう貢献するかが問われた。無資源国で貿易立国の日本はどの国よりも世界の平和と安全に貢献しなければならない立場だ。

小泉内閣は9月12日に全閣僚出席の国家安全保障会議を開き、「国際テロに対して米国をはじめとする関係国

と力を合わせて対応する」との対処方針を決定。同19日には、小泉首相が公明党の神崎代表、保守党の野田毅党首との与党党首会談での合意後、今回のテロに対処中の米軍等に対する医療、輸送などの支援、情報収集のための自衛隊艦艇派遣、周辺地域に対する人道的・経済的支援など7項目の対処方針を発表。湾岸戦争の経験を踏まえて、「目に見える貢献策」を打ち出した。

●公明の主張で、法律に「憲法の枠内」明記

同支援策を実行するために、自公保連立政権は10月5日、「テロ撲滅」と「人道的支援」を目的として、自衛隊を活用する「テロ対策特別措置法」を国会に提出、同29日に成立させ、国連決議に基づいたわが国の主体的な貢献の姿を世界に向けて発信した。法案提出から24日、テロ発生から48日で特措法を成立させる迅速な対応であった。

法案作成に当たって、公明党は「憲法の枠内」であることを法律に明記させ、米国でのテロ事件だけの対応に限定した2年間の時限立法とするなどの歯止めをかけた。また法案審議の段階で与党修正として「自衛隊派遣に関する国会の事後承認」「武器・弾薬の陸上輸送は行わない」との更なる歯止めをかけた。しかし野党第1党の民主党は反対の一点張りだった。

法案成立10日後の11月9日に、海上自衛隊の艦船3隻がインド洋に向けて日本を出航し、事前の情報収集に当たった。以後、テロに対処中の米英軍などへの洋上（公海上）での燃料補給などの任務に就いた。

●「人間の安全保障」こそ時代要請の理念

「9・11同時多発テロ」は、これまでの国家を唯一の安全保障の主体とする国家安全保障の考え方の根本的見

直しを迫った。これに対し、公明党はタリバン政権崩壊後のアフガン復興のみならず、21世紀の日本と世界の〝平和のキーワード〟として「人間の安全保障」の理念に立つべきだと改めて主張した。

この「人間の安全保障」の概念は国連開発計画（ＵＮＤＰ）発行の１９９４年版「人間開発報告書」で特集して以来広く定着。紛争の軍事的解決をめざす安全保障から、国際テロの温床となっている飢餓、貧困、差別、環境破壊など社会の不安定要因を除去することでテロや紛争の予防をめざすという考え方である。

公明党は98年11月の党大会（再結成大会）で、この「人間の安全保障」（ヒューマン・セキュリティー）を提唱。この公明党の主張を受けて、当時の小渕首相は同年12月、東京で開催された「アジアの明日を創る知的対話」で「人間の安全保障」の考え方に立つことを表明。また同首相のハノイでの演説を受け、翌99年3月、日本の提唱で、国連に「人間の安全保障基金」が創設された。

さらに森内閣で、公明党の主張を受け、この「人間の安全保障」は日本外交の柱の一つとして位置づけられた。それを踏まえ、神崎代表は、テロ特措法成立後の２００１年11月10日の党全国代表者会議で、「人間の安全保障」を、アフガン復興など日本の国際貢献の基軸に据えるべきだと強く訴えたのである。歴代首相の施政方針演説や外相の外交演説でも、この「人間の安全保障」の重要性が強調されている。なお、「基金」には、１９９９年の5億円拠出から始まり、公明党の推進もあって、２０１３年11月までには約４２８億円が拠出されており、国際的に評価の高い「基金」となっている。

●米、大量破壊兵器疑惑で対イラク武力行使

一方、アメリカは、02年1月のブッシュ大統領の一般教書演説で、イラク、イラン、北朝鮮を「悪の枢軸」と名指しし、生物・化学兵器など大量破壊兵器を保有する「テロ国家」であると非難。イラクに対し、03年3月20

日（現地時間）、大量破壊兵器の隠匿と拡散の脅威を重視して武力攻撃に踏み切り、フセイン政権を打倒した。

イラクは過去に大量破壊兵器の保有を公言。12年間にわたり国連査察を妨害し、17回にも及ぶ安保理決議を履行せず、国際社会に背を向けてきた。安保理決議１４４１では「最後の機会」が与えられていたにもかかわらず、同決議で課せられた大量破壊兵器廃棄の立証義務を果たさなかった。03年1月27日に出された国連調査団の正式報告でも「疑惑が解消されていない」とした。しかし大量破壊兵器の存在が確認されなかったため、国連安保理ではイラクに対する武力行使容認について、意見が分かれた。

アメリカのブッシュ大統領は3月17日、イラクのフセイン大統領に国外退去を通告する「最後通牒《つうちょう》」を行った。しかし、フセイン政権はこれを無視し、徹底抗戦を唱えた。このため、ブッシュ大統領は、イギリス、スペインなどと有志連合を組み、新たな安保理決議なしで武力行使に踏み切ったのである。

●〝大量破壊兵器存在せず〟で、戦争批判世界中に

イラク国内に入った米軍は大量破壊兵器の捜索を行ったが、発見されなかった。04年10月にアメリカが派遣した調査団は「イラクに大量破壊兵器は存在しない」との最終報告書を米議会上院軍事委員会の公聴会に提出。米政府は大量破壊兵器に関するアメリカ中央情報局（ＣＩＡ）の情報に誤りがあったことが原因であるとした。またアメリカが開戦理由の一つとしていたフセイン政権とアルカイダとの関係もないことが判明した。このためイラク戦争の大義が失われたとの批判が世界中に起こった。

なお後日、フセイン元大統領は拘束後の取り調べで、イラクが査察に非協力的だったのは「大量破壊兵器を保持していることをほのめかすことで、イランや国内の反政府勢力を牽制しようとした」ためだったとし、化学兵器などの大量破壊兵器は「湾岸戦争後の国連の査察で全て廃棄させられたため最初からなかった」と証言したと

される（米放送のＣＢＳ60ミニッツ「サダム・フセインの告白」）。

●公明、国連や米国に、平和的解決を強く要請。米英軍の武力行使を批判

米英軍等の武力行使に対しては、国際社会また日本国内でも賛否は分かれたが、小泉首相は3月20日、記者会見を開き、「日本政府は平和的解決への努力を続けるべきだと訴えてきたが、事ここに至って、残念ながらイラクは国連決議を無視し、軽視し、愚弄してきた。この際、そういう思いから、米国の武力行使開始を理解し、支持する」と述べ、続けて「日本は米国の立場を支持しているが、日本は一切、武力行使はしない。戦争の速やかな終結を希望しながら、イラク復興のために何が必要かについては国際社会と協調しながら、日本は国際社会の一員として責任を果たしていかなければならない」と訴えた。

これを受け、公明党の神崎代表は同日、アメリカが国連の新決議なしで武力行使に踏み切ったことについて、「遺憾といわざるを得ない」と批判。その上で、日本政府が米国の対応を支持することに関しては「『苦渋の選択』と理解し、日本政府の立場としては、やむを得ない」との見解を示した。

公明党は、米国の対イラク攻撃の可能性が高まった03年1、2月、国連の枠組みの中での平和的解決と戦争回避をめざし、神崎代表、冬柴幹事長らが、イラク、イラン、米国、それにアラブ地域の6カ国の駐日大使と相次ぎ会談。3月3日には党訪米団を派遣。神崎代表（団長）は3月4日に米国務省でアーミテージ国務副長官と会談、最後まで平和的解決へ向け努力することを強く要請。翌5日にはニューヨークの国連本部でアナン国連事務総長と会談し、「イラクが大量破壊兵器の廃棄を求める国連安保理決議を誠実に履行するよう、あらゆる手段を尽くして欲しい」とイラク説得へのギリギリまでの努力を求めた。

●人道復興支援へイラク特措法制定

イラク戦争は5月1日（現地時間）にブッシュ大統領によって「大規模戦闘終結」が宣言され、以後米英など連合軍による占領統治が始まった。国連安保理は5月22日、この占領統治を認知し、国連加盟国および国際機関にイラク国民への人道上の支援やイラクの復興支援を行い、イラクの安定と安全に貢献することを要請する決議1483号を全会一致で採択した。

これを受けて日本政府は、イラク復興支援の具体策を本格的に検討することになり、安保理決議1483を踏まえ、イラク国民に対する人道復興支援を主な任務とし、活動を「非戦闘地域」に限定する、イラク人道復興支援特別措置法案を6月13日に国会に提出。7月26日に成立させた。法案に反対する民主、社民、共産などの野党側は問責決議案提出や本会議場での一部牛歩戦術、さらに衆院で内閣不信任案提出を行うなど阻止行動に終始した。

なお、公明党はイラク特措法制定に際し、6月6日から1週間にわたり、イラン・イラク派遣団（団長・太田昭宏幹事長代行）が現地調査。イラク北部のクルド人自治区などを訪れ、人道・復興支援への現地のニーズ（要望）把握に努めた。

●公明、衆院選躍進で政権内重み増す

小泉首相は03年9月20日に行われた自民党総裁選で再選を果たし、10月10日に衆院を解散。衆院選は民主党が選挙直前に自由党と合併したことから、マスコミなどで「自民対民主」の二大政党対決が強調され、「政権選択」が最大争点とされた。

11月9日の衆院選投開票の結果、自民党は解散時の２４７から２３７議席へと後退。保守新党は9から4議席に落ち込み、選挙後に自民党と合併することになった。一方、公明党は小選挙区9、比例区で過去最高の８７３万票を得票し25議席を獲得。解散時の31から34議席へと躍進した。自公保の与党3党で２７５議席の絶対安定多数を確保し、自公保連立政権は信任された。

これに対し野党側は、民主党が１３７から１７７へと議席を40伸長させた。しかし社民党は18から6に、共産党は20から9議席へと激減、両党は歴史的惨敗を喫した。共産、社民両党が減らした議席が民主党に回った形となった。「民主党は政権交代を訴えたけど、現実に政権交代まで迫れなかった。そういう意味では小泉政権の勝利。勝敗ははっきりしている」（「毎日」03年11月12日付の記者座談会・岸井成格編集委員）とも分析された。

一方、公明党に対しては「総選挙で際立ったのは、連立与党でますます大きくなる公明党の存在である。……公明党の衆院での34議席は、その数字以上に重い」（「朝日」社説03年11月11日付）、「政権運営における公明党の責任がずしりと重くなった」（「読売」社説03年11月12日付）と論評された。

選挙戦では、イラク特措法に反対した民主・共産・社民の野党3党が自衛隊をイラクに派遣しないことを公約とし、イラク問題も争点とされた。しかし選挙結果は「事実上、勝者なき選挙だった」（「読売」03年11月10日付夕刊）と見なされ、「イラク問題に対する国民の審判はミックスしたものとなった」（信田智人「官邸外交」朝日新聞社）と評された。

11月19日、自公2党による第2次小泉内閣が発足。04年9月27日の第2次小泉改造内閣スタートに当たり、公明党から政調会長の北側一雄が国土交通相に就任。北側は第3次小泉内閣でも留任し、06年9月までの2年弱その任に就いた。

政府は12月9日、イラク特措法に基づく自衛隊派遣の「基本計画」を閣議決定した。それに先立ち行われた自公党首会談で神崎代表は、小泉首相に対して「陸上自衛隊（陸自）の派遣に関しては慎重の上にも慎重を期してもらいたい」「治安状況が好転するのを見極めて、派遣の際には十分、公明党の意見を聞いてもらいたい」と強く要望した。基本計画決定に続き、12月18日には自衛隊派遣のための「実施要綱」が決められ、派遣時期は「首相の承認を得て」決定すると盛り込まれた。この点について、「陸自の派遣に慎重な公明党に対する配慮もある」（「読売」03年12月19日付）と論評された。

イラク国内の治安状況が悪化しており、爆弾テロ、自爆テロが相次ぎ、11月末には日本人外交官2人がイラク北西部で、軽防弾車で走行中に襲撃され殺害される事件が起きた。

●神崎代表、陸自派遣前、急遽イラク視察

派遣が日程に上ってきたことを受け、神崎代表は自衛隊派遣に関わった党の最高責任者として、派遣予定地を直接視察し、治安状況や支援活動に対するニーズを確認するため、12月16日、急遽《きゅうきょ》イラク視察へ出発、22日帰国した。経由地のクウェートでは、人道支援センターや、日本の航空自衛隊が行う輸送業務の拠点となる空軍基地などを視察。そして陸自が活動を予定しているイラク南部のサマワを訪れ、3時間30分の限られた時間ではあったが、既に駐留して支援活動を行っているオランダ軍司令官の案内で市内を視察、陸自が派遣された場合の宿営地も訪れた【写真】。

クウェートに戻って、神崎代表は記者団からの質問に、病院施設を視察した際の状況や、自分の目で確かめた、水道、電気、道路など多岐にわたるインフラ整備への現地の要望があることを述べ、また「訪問前は『防弾チョッキとヘルメットを着けてもなお危険』というイメージがあったが、『ヘルメットもかぶる必要はない』とオラ

ンダ軍司令官から言われた」などと現地が比較的安全であるとの印象を語った。

神崎代表の電撃的なイラク訪問は、「現場第一主義の公明党」を地で行く行動であり、派遣される陸自の安全第一を企図するものである。しかし外務省側は「顔色を変えて『危険が大きい。お勧めできません』と止めた。……外務省は『警備面で責任が持てない』と食い下がった」(「読売」04年1月30日付)。それを押し切っての現地視察であった。神崎代表は帰国後、首相官邸で小泉首相に視察結果を報告。サマワの治安情勢について「比較的安全であるとの印象を受けた」と述べる一方で、「極めて短時間での限られた視察であるため、政府としても緻密な調査を実施し、陸自の派遣については慎重の上にも慎重を期してもらいたい」と改めて強く求めた。

その後に行われた陸自先遣隊などによる現地調査結果の報告を踏まえ、公明党は1月26日に拡大中央幹事会で討議し、陸自派遣に賛成する方向で神崎代表に一任。同日午後の自公党首会談で、小泉首相が「陸自本体を派遣する環境が整った」と述べたのを受け、神崎代表は「首相の判断を尊重する」とし、陸自本体の派遣を容認した。

イラク特措法に基づき、陸自のイラク派遣は、04年1月から06年7月までの2年半、延べ約5500人の陸上自衛官が派遣された。イラク南部のサマワに宿営地を設け、約550人の部隊が10次にわたり、「給水」「医療支援」「学校・道路の補修」を3本柱に、人道復興支援に当たった。航空自衛隊は陸自撤収後も輸送活動を継続していたが、08年12月に撤収を完了した。この間、陸自の宿営地に対し、迫撃砲・ロケット弾による攻撃が13回にわたって発生したが、奇跡的に死傷者は出なかった。

●「2（自・民）＋1（公明）の政党制」とメディア

この陸自のイラク派遣、道路公団民営化、および年金制度の抜本改革（6月5日に関連法が成立）などを受けた参院選は04年7月11日投開票が行われた。公明党は3選挙区で完勝、比例区でも過去最高の862万票を得て8人が当選し、合計11議席を獲得。改選数に1議席上乗せし、「底力を見せつけた」（「日経」04年7月13日付）と評された。この選挙結果を踏まえ、メディアで「衆院につづいて参院でも、自民・民主の二大政党と公明党による2＋1（ツー・プラス・ワン）政党制ができあがった。日本の政治は次への踊り場にさしかかっている」（「日経」04年7月12日付）などと分析された。公明党の果たす役割の大きさと、有権者の期待が定着し、第3党としての存在感を一段と高めた。

選挙直前の5月22日、小泉首相が北朝鮮の金正日総書記と平壌で02年9月に続き再会談。拉致被害者の家族5人が帰国した。それが追い風となり、参院選で自民党に有利に働くと目された。

しかし、年金制度改革法案の審議に絡み年金保険料未納問題が発覚して一大政局化。福田官房長官が保険料未納の責任をとって官房長官を辞任。批判の急先鋒だった民主党の菅代表も保険料問題で代表辞任。小泉首相にも年金未加入期間があったことに加え、議員当選前に、勤務実態のない会社から年金保険料を納付してもらった厚生年金違法加入の事実を指摘された。その際、小泉は島倉千代子の歌謡曲「人生いろいろ」をもじって「人生いろいろ、会社もいろいろ、社員もいろいろ」と答弁。それが、開き直り、はぐらかし、と見なされ、顰蹙《ひんしゅく》を買った。その影響もあってか、自民党は改選51に対し49と伸び悩んだ。

これに対し岡田克也新代表の民主党は前回3年前の26から、ほぼ倍増の50議席を獲得、自民党を上回った。一方、共産党は改選前の15を大きく割り込み4に、社民党も13から2に激減した。「選挙結果から、共産、社民両党が減らした議席の分が、民主党に回った」(「読売」社説04年7月12日付)と、前年の衆院選結果と同様な分析がなされ、二大政党化への流れが加速していることを示した。参院の構図は非改選と併せ自民115、公明24、与党合計139議席で、過半数の121を上回り、与党が安定多数を確保した。

●小泉首相、郵政民営化で衆院解散断行

参院選後、小泉内閣はその掲げる「聖域なき構造改革」の旗印の下、「改革の本丸」と位置づけた郵政事業の民営化に取り組み、郵政民営化法案を05年の通常国会の最大テーマに据えた。公明党は賛成、野党は反対であったが、7月5日の衆院本会議の採決では、自民党から37人の反対、11人の棄権・退席が出て、僅差の5票差で可決。8月8日の参院本会議の采決では自民党から22人の反対、8人の棄権が出て、賛成108、反対125で、法案は17票差で否決されてしまった。

小泉首相は、「国会は『郵政民営化は必要ない』と判断を下した。国民に本当に必要ないのか聞いてみたい」と、即座に衆院を解散し、衆院選を郵政民営化に対する国民投票に仕立てた。小泉首相は法案に反対した前自民党衆院議員37人に公認を与えず、さらに造反した議員の選挙区に党主導で対立候補(いわゆる「刺客」)を次々に擁立。

法案に反対し、造反した亀井静香らは「国民新党」「新党日本」を結成し対抗した。

郵政民営化に賛成か否かの一点に争点を絞ったこの衆院選は「刺客」候補が話題を呼ぶなどで「劇場型選挙」と称された。9月11日の投開票の結果、自民党は公示の時点で212であったが、296議席と圧勝した。公明党は小選挙区8、比例区は過去最高の898万7620票を得票し23議席で、合計31議席を獲得、改選前の34議席を若干割り込んだ。

その結果、自公の連立与党全体で330議席に達し、衆院の3分の2（320）を上回ることとなった。選挙後の特別国会に郵政民営化法案は再度提出され、選挙前の通常国会で反対や棄権した自民党参院議員は賛成に回り、郵政民営化は実現した。

一方、野党第1党の民主党は衆院選公示時点で177議席であったが、64減の113議席となり、惨敗した。選挙敗北の責任を取って岡田が代表辞任。新代表に前原誠司が就任したが、半年後の翌06年3月、同党衆院議員の永田寿康が起こした偽メール事件による混乱の責任を取って代表辞任。小沢一郎が新代表に就いた(06年4月)。

●公明、「太田・北側」体制が発足

小泉は06年9月、自民党総裁の任期切れとともに、首相を辞任。後任の総裁に安倍晋三が選ばれ、同9月26日に安倍内閣（第1次）が発足した。公明党からは幹事長の冬柴鉄三が国土交通相に就いた。冬柴は福田内閣でも留任、08年7月末までその任に就いた。

公明党は9月30日に第6回党大会を開催。神崎に代わり、新代表には幹事長代行であった太田昭宏が選出され、代表代行に浜四津敏子（留任）、幹事長に前国土交通相の北側一雄が就いた。

安倍内閣は、小泉内閣の構造改革路線の継承とともに、「戦後レジームからの脱却」を掲げ、教育基本法の改正、防衛庁の省昇格、国民投票法などを成立させた。首相自身は憲法改正に強い意欲を示した。

●教育基本法改正など、公明の主張反映

教育基本法は60年ぶりの大改正だった。「教育の憲法」といわれる同法の改正については慎重を期し、与党の自公両党で3年70回にわたる協議が行われた。「個人の尊厳」「人格の完成」「憲法の精神にのっとり」などの基本理念は堅持しつつ、時代の変化に対応した、「生涯学習」「家庭教育」「幼児期教育」などの新たな項目を盛り込んだ。焦点となった「愛国心」の表記は、公明党が「国家主義的なものになってはならない」と強く主張した結果、「伝統と文化を尊重し、それらをはぐくんできた我が国と郷土を愛するとともに、他国を尊重し」という表現になり、国家主義の懸念を払拭《ふっしょく》した。この教育基本法改正案は与党の賛成多数で可決・成立した。民主党は反対した。ところが民主党は自ら「対案」を出しながら、その対案も対象となる衆院特別委員会での採決をボイコット（審議拒否）する無責任な態度をとった。

防衛庁の省移行関連法については、国民の間に「軍事大国になるのではないか」といった漠然たる不安や懸念があったことから、公明党は国会審議等を通じて、専守防衛、シビリアン・コントロール（文民統制）、非核三原則など、防衛政策の基本は変わらないことを確認。「省」移行が軍事大国につながらないことを明確にした。「省」移行により、自衛隊の国際平和協力活動などを「付随的任務」から「本来任務」に格上げし、国際社会の平和と安全に取り組むための活動を積極的に展開することとなった。省移行関連法案の採決で、民主党は最終的に賛成に回ったが、衆院本会議の採決では6人が欠席。党籍はあるが副議長で無所属になっている横路孝弘は欠席。参院本会議でも7人が採決を棄権・欠席した。基本政策での党内不一致を浮き彫りにした。

●公明、憲法改正論議で「加憲」方式打ち出す

憲法改正の手続きを定めた国民投票法は、安倍内閣の下で07年5月14日に成立した。前年5月に与党（自民・公明党）案と民主党案が国会に提出され、翌6月に衆院憲法調査会に付託されてより、継続審議扱いとなっていた。憲法第96条に憲法改正手続きとして衆参両院で総議員の3分の2以上の賛成を得て改憲案が発議され、国民投票で過半数の賛成を得ることが必要とされているが、その具体的な手続きを定めた法律はそれまでなかった。2000年1月に衆参両院に憲法調査会が設置され、同調査会での論議の中で改正手続法の不備が改めて問題視された。

国民投票法案は、法律の性格上、幅広い合意が必要との観点から、与党とりわけ公明党の意向で民主党との合意形成に努力し、民主の主張も大幅に取り入れ、現場では「99％合意」ができていた。だが小沢民主党代表は7月の参院選を控え対決姿勢を鮮明にしたい意図からか、結局、与党との共同修正を認めず、「現場の委員会理事らの抵抗も押し切って『反対』でまとめた」（「朝日」07年6月30日付）とされ、民主党が反対する中、与党の賛成多数で成立（5月14日）した。この国民投票法について、自民党側は当初、憲法全文を一気に一括で改正できるようにすべきだとのニュアンスだった。これに対し公明党は、「平和・人権・民主」を柱とする現憲法はよくできた憲法であるとし、従って現憲法を維持しつつ、時代や社会の変化の中で足らざる所を補う形の「加憲」方式にするべきだとの立場で、自民党を説得し、条文ごとの一項目ごとの改正手続きとする法律制定をリードした。

公明党は、衆参の憲法調査会で現憲法に対する調査、研究、審議を行うに当たり、02年11月2日の第4回党大会で、従来の「論憲」から一歩踏み出し、「加憲」方式を打ち出した。現行憲法は維持しつつ、そこに新しい条文を書き加え、補強していくというものである。環境権や知る権利、プライバシー権などの新たな人権条項や、

地方自治の権限強化を図っていく条項などを付加する趣旨である。焦点になっている憲法第9条については、「党内論議では、『現行9条を堅持すべき』との議論が大勢」としつつ、今後の論議に当たっては「9条の1項の戦争放棄、2項の戦力不保持の規定を堅持するという姿勢に立った上で、自衛隊の存在の明記や、わが国の国際貢献の在り方について、『加憲』の論議の対象として、より議論を深め、慎重に検討していく」(04年10月31日の第5回党大会「運動方針」)とした。

なお国民投票法の付則で、公職選挙法の選挙権年齢や民法の成人年齢(20歳以上)の引き下げなどを検討し法的措置を講ずることを要請していた。それに応える改正国民投票法は、第2次安倍内閣の下、14年6月13日、自民、公明、民主など与野党8党の賛成多数(反対は共産、社民の両党)で可決・成立した。

●公明の主張、政権正す「碇、歯止め」の面も

小泉政権時代に、山口二郎・北海道大大学院教授は「憲法や歴史問題……とか、公明党の主張が小泉政権の変な方向に行かないための碇《いかり》というか、歯止めになっている面もある」(フジテレビ系「報道2001」01年5月13日放送)と評した。小泉政権時に限らず、公明党は安倍政権であれ、どの政権にあっても、多数暴走の恐れとか、国家主義的な傾向、極端な政治の揺れやブレなどに対しては、「中道」の立場から、歯止め、碇、ブレーキ役を果たしてきた。声を上げるべき時は、しっかり声を上げてきた。上記の自衛隊海外派遣や教育基本法改正、国民投票法などでの公明党の対応はその一例だ。

ところで安倍内閣は、発足当初70%近くの支持率があった。しかし郵政民営化法案に造反し自民党を除名された議員11人を復党させた(06年11月27日)ことは、小泉政権の改革路線を否定したものと受け止められ、支持率が50%台に急落した。さらにその後、閣僚の不祥事・失言・事務所費問題が相次ぎ、政権に大きなダメージを与

えた。政治団体の不明朗な会計処理で佐田行政改革相が06年12月に辞任したのを皮切りに、事務所費など「政治とカネ」の問題をめぐって07年3月に松岡農相が追及を受け、同農相は5月に自殺。その後任の赤城農相も同年7月に事務所費の不正が発覚（8月1日に辞表提出）。防衛庁の省昇格に伴う初代の久間防衛相は6月末に千葉県内で行った講演で、米国による広島・長崎への原爆投下は「しょうがない」と発言し、批判にさらされて辞任に追い込まれた。また大臣交代には至らなかったものの、柳沢厚労相が1月末に島根県内で「女性は子どもを産む機械」という趣旨の発言をし、野党から辞任要求が出され、衆院予算委員会は1週間審議拒否される事態を招くなど猛反発された。そして07年の春から夏にかけて年金記録漏れ問題が持ち上がり、日本中が大騒ぎとなり、安倍政権への打撃となった。安倍自身の失政ではなく、社会保険庁の長年にわたる不作為と怠慢によるものだったが、その影響で内閣支持率の低下が加速し、07年6月には30％台にまで落ち込んだ。

●参院選で自民大敗。〝衆参ねじれ〟に

そんな逆風下で行われた参院選（7月29日投開票）で自民党は歴史的大敗を喫し、6年前の64議席獲得が37にまで落ち込んだ。非改選と併せて83議席となった。05年の小泉郵政解散・総選挙で「自民党を勝たせ過ぎた」とする有権者意識の反動もあっただろう。公明党は選挙区2、比例区7で合計9議席獲得したが、6年前の13議席獲得から後退した。非改選と合わせて20議席となった。公明党は与党の一員として、いわば連帯責任をとらされる形で、自民党側の一連の失言や不祥事などによる悪影響をもろに被る結果となった。

このため自公両党で１０３議席となり、過半数の１２０を大きく割り込んだ。

一方、６年前26議席獲得の民主党は、追い風を受けて60議席を獲得。非改選と合わせて１０９となり、参院で比較第1党となった。自民党は１９５５年の結党以来、初めて他党に参院第1党の座を奪われた。また参院での

自公2党の与党勢力は民主党の議席に及ばず、その結果、衆院は与党が多数、参院は野党が多数という、〝衆参ねじれ国会〟の構図となり、与党にとって厳しい政権運営を強いられることとなった。

選挙後、安倍は政権継続の意向を示し、8月27日に内閣改造を行った。第1次安倍内閣では「政治とカネ」をめぐる問題で躓《つまず》いたことから、閣僚の人選に慎重を期したとされる（いわゆる「身体検査」）。だが改造内閣発足4日後に遠藤農相に国の補助金を受けている独立行政法人からの「不正受給」が発覚し、早くも辞表提出に追い込まれた。

●安倍に代わり後継首相に福田が就任

9月10日召集の臨時国会で、安倍首相は所信表明演説を行い、同12日から野党側の代表質問が予定されていたが、12日午後、安倍は体調不良で突然首相辞任を表明、25日に総辞職した。後継首相には福田康夫が就いた。9月25日の首相指名選挙では衆参で異なった指名が行われ、衆院では福田が指名され、参院では1回目で決まらず、2回目の決選投票で、民主党代表の小沢一郎が133票、福田が106票で、小沢が指名されたが、衆院の議決を優先するとの憲法の規定で福田が首相に選ばれた。

第18章 〝衆参ねじれ〟で政治が停滞

―公明、与野党協議の〝橋渡し・合意形成のリード役〟も

福田内閣は2007（平成19）年9月、「ねじれ国会」下で発足した。「ねじれ国会」とは衆院で多数を持ち政権を担う与党が、参院では過半数を持たない状態の国会。「55年体制」以来、福田内閣発足時までに4度あったが、自民、民主の二大政党化が進んだ07年以後は政権争奪をめぐって与野党対決が激化。衆参両院の対立により、衆院を通過した法案が、参院で否決されるという国会機能の不全、「決められない政治」が続いたのである。

日本の国会は、憲法上、首相指名、予算、条約については衆院の議決を優先するとしているが、それ以外の普通の法案は衆参「対等」。従って、参院で否決されると、衆院の議決後30日経てば自然成立する予算案以外の法案は廃案となる。ただし参院で否決後、あるいは参院送付後野党が採決せず放置したまま60日経てば、否決したと見なして衆院で出席議員の3分の2以上の賛成を得て再可決すれば成立する。しかし再議決すれば、野党の反発激化は必至。国会混乱に輪をかけることが予想される。そのため再議決は憲法上可能であっても、政治的にはなかなか困難と考えられていた。そもそも衆院で与党が3分の2の勢力を持つこと自体、マレであるが、福田内閣時ではそうだった。

●自民・民主の「大連立構想」が頓挫

ねじれ国会で、福田内閣は、予算案以外の法案は、民主党も賛成か、与野党協議で合意形成が可能となる法案か、それとも参院で否決後、衆院で再議決して成立させるしか、手がないことを運命付けられた。

日本の政治を混乱に陥れかねない衆参ねじれを打開する選択肢の一つとして模索されたのが大連立構想だ。その件で、07年10月30日に続き、11月2日に再度、福田首相と小沢民主党代表との党首会談が行われた。「福田によれば、『あうんの呼吸』で、二人は大連立の実現を目指すことで合意した」（読売新聞政治部「真空国会」）とされる。しかし民主党内から強い反対論が出て、大連立構想は頓挫。小沢は責任上、辞意表明したが、党内から慰留され、代表を続投した。

●衆院で2度にわたり「再議決」

大連立頓挫後、民主党は政権奪取をめざし、旧社会党以上の「何でも反対・審議拒否乱発」の対決一辺倒の戦術をとり、国会機能不全を度々惹起《じゃっき》し、政治の混乱・停滞を招いた。福田政権では与党は2度にわたり、衆院での再議決を余儀なくされた。

その一つは、インド洋における海上自衛隊の給油・給水支援活動を再開するための根拠法である新テロ対策特別措置法案。07年秋の臨時国会で、民主党は「憲法違反」と断じ猛反対。07年11月13日に衆院で可決され参院に送付されたものの、民主党の露骨な審議引き延ばしで採決が行われなかった。臨時国会は2度延長され、14年ぶりの越年国会となり、参院送付後60日目に当たる08年1月11日に衆院で再可決され、成立した。参院で否決、衆院で再可決されたのは、１９５１（昭和26）年以来、57年ぶりであった。

新テロ特措法は、２００７年11月1日に期限切れで失効したテロ特措法に代わるもの。インド洋における給油活動は国連安保理決議１３６８に基づくテロとの戦いの日本の国際貢献。国益の観点からも不可欠の法律であり、国会審議の行方は給油を受けていた米英仏パキスタンなど関係国からも注視されていた。

もう一つは、08年1月18日召集の通常国会の最大争点となった、ガソリン税の暫定税率維持などを盛り込んだ租税特別措置法改正案。ガソリンにかかる揮発油税の暫定税率「1リットル当たり48・6円（本則税率の倍）」などを10年間延長する内容だ。これに対し民主党はガソリン税の暫定税率廃止を主張。通常国会を「ガソリン値下げ国会」と位置づけた。暫定税率分の税収（国税収入は1年で約1兆7000億円、地方税収入は同約9000億円）は道路の維持、建設など道路特定財源に充てられる。暫定税率が廃止されれば、国・地方で約2兆6000億円もの歳入欠陥を生ずることになり、08年度予算の道路事業の執行留保を迫られ、国のみならず地方経済の混乱、住民サービスの低下につながるのは必至だった。

国会は与野党全面対決の場と化し、衆参議長による斡旋工作も行われたが、修正協議が整わず、与党は予算の年度内成立の期限である2月29日に野党3党が欠席する中、08年度予算案と租税特別措置法改正案などの衆院可決に踏み切った。しかし国の予算の裏付けをなす租税特別措置法改正案など歳入関連法案については丸々1カ月超も参院の関連委員会の開会すら拒否し審議も採決もせずに、たな晒し状態に置かれた。「前代未聞の国会戦術」（「読売」08年3月21日付）、「国会は法案を審議する場所だ。そして参院審議の主導権を握るのは第一党の民主党だ。……民主党は『審議しないために』国民から与えられた議席の力を使っているのか」（「東京」同）と酷評されたが、同党は恬《てん》として恥じなかった。

●買いだめ殺到など「ガソリン狂騒曲」との混乱招く

民主党の審議拒否戦術で参院予算委員会など空転が続き、事態打開へ3月21日に与党側は道路特定財源の一般財源化に向けた修正方針を示し、与野党協議を呼び掛けた。しかし民主党は拒否して応ぜず、さらに福田首相が年度末ギリギリの3月27日に緊急記者会見を開き、09年度から道路特定財源を廃止し一般財源化するとの方針を表明し、与党側が修正協議に応ずるよう呼び掛けたことに対しても、民主党は拒否して譲らず、あくまで3月末に暫定税率を期限切れに追い込むとの強硬路線を取り続けた。

4月1日、自動車重量税を除く暫定税率が期限切れで失効し、多くのガソリンスタンドで暫定税率上乗せ分（1リットル当たり25・1円）に近い値下げが行われた。結局、租税特別措置法改正案は衆院可決後から60日経った4月30日、憲法の「みなし否決」規定により、衆院で再可決され、再び暫定税率が復活。5月1日から、世界的な原油高もあってガソリン価格は暫定税率上乗せ分を上回る大幅上昇に転じた。暫定税率復活直前の4月末は各地のガソリンスタンドで買いだめが起きるなど、「ガソリン狂騒曲」と呼ばれる混乱を来した。

実は、与党側は民主党による審議引き延ばしで暫定税率が期限切れとなる事態を懸念して、暫定税率の期限を「つなぎ」として2カ月延長する法案を議員立法で提出し、1月30日に衆院で委員会可決し、本会議採決の構えをとっていた。しかし衆参議長の斡旋を与野党が受け入れるに当たり、委員会可決したこの「つなぎ」法案を取り下げたのだが、前述のように結局、民主党が衆参議長斡旋の約束を破って協議は成らず、暫定税率が失効状態となってしまったのだ。

なお民主党は、09年衆院選でガソリン税暫定税率廃止も目玉としてマニフェスト（政権公約）に掲げて選挙で圧勝したが、政権獲得後、ガソリン税の暫定税率を廃止したものの、同時にガソリンの本則税率を引き上げたため、国民の実質的な負担は何ら変わらなかった。そのやり方が欺瞞的だとして、同党は国民・有権者からガソリン値下げの公約違反を厳しく批判された。

●日銀正副総裁人事でも民主が拒否権

通常国会ではまた、日銀正副総裁の任期満了に伴う後任人事選びも焦点だった。日銀正副総裁などの人事案件は衆院での再議決の規定がないため、参院で否決されれば即、白紙になり、人選をやり直さざるを得ない。民主党が拒否権を持っていた。

政府が3月7日に出した日銀の正副総裁人事案は、衆院では与党の賛成多数で認められたが、参院で民主党が反対し不同意となった。副総裁候補2人のうち1人のみ就任が認められた。そのため政府は3月18日、新たな人事案を国会に提出した。副総裁人事は認められたが、総裁人事案については民主党が旧大蔵事務次官経験者は認められないとして反対し再び否決された。

3月20日に当時の福井総裁の任期切れとなり、日本の金融政策のかじ取り役の日銀総裁の空席という前代未聞の事態を招くこととなった。4月には日銀金融政策決定会合や先進7カ国財務相・中央銀行総裁会議（G7）が予定されており、このため政府は承認された副総裁の白川方明を副総裁就任と同時に3月20日付で総裁「代行」に指名。さらに「代行」の長期化は、市場から日本の金融政策の先行きが不透明と受け止められかねないとして、4月9日に白川を総裁に昇格させる人事案を出し、やっと認められた。これも衆参ねじれがもたらした混乱劇の象徴例だ。

●政治資金「1円以上支出の公開」実現

このような「ねじれ国会」下ではあったが、その中で公明党は与野党政策協議の〝橋渡し役〟を務め、存在感を発揮した。その第1号となったのが07年11月に成立した改正被災者生活再建支援法。自公民3党の修正協議で最終的に与党案を基にした修正案がまとまり、その与党案も公明党案がベースになったもので、修正案も公明党の考えに沿った内容であった。被災者救済を最優先に考えた公明党の政策判断が合意を生む原動力となった。

あるいは、政治資金規正法の改正問題で、9月の福田内閣の発足時に交わした自公連立政権合意に「1円以上の支出の領収書添付」を公明党が「渋る自民党を説き伏せ」(「毎日」07年10月16日付）て盛り込み、それをバネに10月からの約2カ月間の与野党協議で公明党は「自民党側の消極論を抑え込みながら、野党側との合意形成に取り組んでいる」(「読売」07年11月11日付)、と伝えられるように、意見集約のけん引役を果たし、「とりまとめに奔走」(「東京」同)し、合意形成をリードした。それまで5万円以上の支出に限られていた政治資金の公開制度を、人件費を除いて1円以上のすべての支出の領収書公開を実現させた。

●薬害C型肝炎被害者の「一律救済」推進

また、薬害C型肝炎被害者の「一律救済」も、公明党の太田昭宏代表が福田首相に直談判(07年12月19日)し、首相が議員立法で一律救済すると決断(12月23日)。この首相決断の背景に「公明圧力」(「日経」07年12月24日付)があったと報じられ、08年1月11日に救済法が全会一致で成立した。

「公明党は一昨年(06年)6月から何度も独自のヒアリングを開き、真剣に私たちの被害に耳を傾けてくれました。……福田首相へも直接、働きかけていただいたおかげで、ここまでこぎ着けられたと思っています」「(一律救済へ道筋を付けたことを)本当にうれしく思います」(「公明新聞」08年1月12日付)と語るのは薬害肝炎全国原告団代表の山口美智子さん。

●「クラスター弾禁止」日本同意を促す

同じく公明党が首相決断を促した事例として挙げられるのが、クラスター弾を即時全面禁止する条約に日本政府が同意することになったことだ。大量の不発弾が生じるため、被害者が一般市民にも及んでいた。08年5月30日にアイルランドのダブリンで行われた軍縮交渉で世界110カ国が全会一致で賛成し同条約は採択された。日本政府は当初、同盟国のアメリカが参加せず、自衛隊もクラスター弾を所持していたため、全面禁止に慎重だった。

公明党は被害の深刻さ、クラスター弾の非人道性から即時全面禁止にすべきだと主張。浜四津敏子代表代行が08年5月23日に福田首相に「日本がリーダーシップを発揮して、将来的な全面禁止にもっていけるようにすべきだ」と申し入れた【写真】。NHKは同日のテレビでこの浜四津提案を報じた。

また政府が5月30日に条約に同意する方針を発表したことに対し、各紙は「首相指示で一転」(「毎日」5月30日付)などと大見出しで伝え、首相指示の背景について朝日新聞は「首相は23日、クラスター爆弾の全面禁止を求めた公明党の浜四津敏子代表代行に『私が軟着陸させる。お任せいただきたい』と言い切った」(5月30日付)と紹介した。小林良彰慶大教授は「公明党が連立与党に参加したことによる明確な成果の一つとして記憶にとどめたい」(「公明新聞」08年6月8日付)と高く評価した。

●公明提案の「クールアース・デー」制定

また、公明党のユニークな提案として光るのが「クー

ルアース・デー」の創設。08年7月7日に北海道洞爺湖サミット（主要国首脳会議）が開催される7月7日を、地球温暖化を考えて、行動する日「クールアース・デー」とし、この日の夜、一斉に消灯し、天の川を見ながら地球環境の大切さを再認識しようというもの。各地のライトアップ施設で電力を一定時間控え、CO_2（二酸化炭素）を削減するライトダウン（一斉消灯）運動も行われている。

公明党青年局が「ユースポリシー２００８」で同提案を発表し、全国で署名運動を展開。6月9日に太田代表と青年局の代表メンバーが福田首相に署名簿と要望書を手渡した。首相は「すぐに採用させていただきたい」とその場で決断。その日の記者会見で、毎年7月7日を「クールアース・デー」として制定することを発表、環境省が日本国内の官民に呼び掛けて実現した。1回目となる08年7月7日は、東京タワーや横浜ベイブリッジなど全国7万カ所で一時消灯が実施され、これにより二酸化炭素排出量４２０トン削減できる（「日経」08年7月4日付）とされた。

●麻生内閣が発足

一方、民主党は、政局第一主義の立場に立ち、早期解散・総選挙実現をめざして08年6月11日、福田首相に対し、参院で問責決議を提出して可決させた。現行憲法下で首相への問責決議は初めてであった。しかし与党側はこれによる政治的効果打ち消しのため、直ちに衆院で福田内閣への信任決議を可決した。福田首相は、北海道洞爺湖サミットで議長役を務めた後、8月1日に内閣改造を断行。公明党からは政務調査会長の斉藤鉄夫が環境相に就いた（麻生内閣でも留任）。しかし直後の9月1日、福田は退陣を表明した。首相が2人続けてわずか1年で政権を投げ出す事態となった。後継の総裁・首相には麻生太郎が就いた。9月24日の衆参両院の本会議で、与党が多数を占める衆院で麻生自民党総裁を、参院では2回目の決選投票で小沢一郎民主党代表を首相に指名し、憲法の規定により衆院で議決された麻生が首相に選ばれた。

●「リーマン・ショック」で衆院選先送り

麻生首相は政権発足早々の支持率の高い時期に解散総選挙を行う腹積もりだったとされる。公明党側にも当初、10月末または11月初旬の投開票の衆院選予定日が打診されたりした。麻生首相の解散戦略を大きく狂わせることになったのが米国発の金融危機の拡大だ。

自民党の総裁選が行われていた最中の9月15日、米証券4位のリーマン・ブラザーズが経営破綻。米証券3位のメリルリンチはバンク・オブ・アメリカに救済合併された。サブプライムローン（サブプライム住宅ローン危機）に端を発する米国の金融情勢は急速に悪化。そして米下院が金融危機拡大防止への公的資金投入の緊急経済安定化法案を否決したことが引き金となり、ニューヨーク株式市場は大暴落。9月29日（現地時間）の終値は前週末比777ドル安で、過去最大の下げ幅を記録。「1930年代の世界恐慌の再現」とまでいわれた。

世界の株価は乱高下しながらじりじりと値を下げ、10月16日の東京株式市場は、前日の米株式市場の大幅下落を受けて全面安となり、日経平均株価の終値は前日比1089円2銭安の8458円45銭。87年10月の「ブラックマンデー」に次いで史上2番目の下落率（11・41％）を記録。10月28日には株価は一時6000円台にまで下落。82年10月以来26年ぶりの安値を記録した。

日本経済はリーマン・ショックを境に世界的な経済の冷え込みから消費の落ち込みや急速なドル安・円高が進むなどで輸出産業が打撃を受け、大幅な景気後退へと進んだ。年明け2009年は景気悪化の「大津波」が押し寄せてくると予測された。麻生首相は10月30日、世界的な金融危機を受け、景気対策を優先させるとして、衆院選の先送りを表明した。

●経済危機乗り越えへ、定額給付金など政策を総動員

「100年に一度」といわれる経済危機を乗り越えるため、公明党はいち早く「非常時の経済対策」の必要性を訴えた。政府・与党は矢継ぎ早に対策を打ち出し、まず10月16日に08年度第1次補正予算を成立させ、中小企業の資金繰りを支援する緊急保証制度を創設。同制度は中小企業にとって〝命綱〟になった。10月31日にスタートしてから、融資の相談・申し込みが殺到。公明党は太田代表を先頭に、同制度の円滑運用や対象業種の拡大に奔走した。同時に、民主党の採決拒否で遅れたが、金融機関への予防的な公的資金投入を可能にする改正金融機能強化法を成立させた。これにより借り手と貸し手の両面から金融セーフティーネット（安全網）を整えることができた。

さらに10月30日に、公明党が主導した定額給付金を柱とする「生活対策」を発表。12月19日には雇用対策などを含めた「生活防衛のための緊急対策」を決定するなど、経済危機を乗り越えるための政策が総動員された。定額給付金は総額2兆円規模で、全世帯を対象に①支給額は一人当たり1万2000円②18歳以下と65歳以上は8000円を加算する――などの内容。第2次補正予算に盛り込まれた。同補正予算は09年1月27日に成立。その財源措置に関する法律は同1月13日に衆院で可決、参院では3月4日に野党の反対多数で否決されたが、同日衆院で再可決され、即日公布・施行されて、翌3月5日から6カ月にわたって定額給付金の給付が全国の各自治体で行われた。同制度はフランスでも12月初旬に実施が打ち出されたものだ。

●麻生内閣、閣僚辞任相次ぎ支持率急落

09年は年明け早々から、同9月の衆院議員の任期満了を前に、解散・総選挙含みの展開となった。正念場の年

を迎えたが、麻生内閣と自民党にとっては悪材料が重なった。前年12月初めにマスコミで発表された内閣支持率は11月初めの調査より半減の20％台に落ち込んだ。麻生首相の発言や行動のブレが大きく響いたと見なされた。閣僚の辞任が相次いだことも打撃となった。麻生内閣発足直後の9月末、中山成彬国土交通相の成田空港や日教組に関する発言が問題視され、就任4日後に辞任に追い込まれた。09年2月には中川昭一財務・金融相がイタリアで開かれた先進7カ国財務相・中央銀行総裁会議（G７）閉幕後の記者会見にろれつが回らぬ酩酊《めいてい》状態で臨み、国際的に醜態をさらし、辞任した。

さらに内閣改造・党人事や解散時期をめぐる問題で麻生首相が度々迷走したと見られて自民党内に亀裂が入り、「麻生降ろし」の動きが公然化したことも、自民党内の混乱を印象づけた。またリーマン・ショックによる世界同時不況に機動的に対処すべき日本の政治が衆参ねじれで指導力発揮に支障を来していることも、政府・与党側の責任に全て帰せられた。それに2年間で安倍、福田、麻生と3人も首相が代わったこともマイナスに働いた。

その中で行われた7月12日投開票の東京都議選。〝衆院選の前哨戦〟として注目された。その結果は、民主党が前回の35議席を大幅に上回る54議席獲得で都議会第1党となった。公明党は前回同様の23人全員当選を果たした。しかし自民党は前回の48議席を10下回る過去最低の38議席にとどまる惨敗。都議会第2党に転落した。自民の第2党転落は都議会議長選汚職に絡む「出直し選挙」となった１９６５（昭和40）年以来44年ぶりである。

●衆院選で自民惨敗。与野党政権交代

麻生首相は都議選翌日の7月13日、官邸内で記者団に対し、7月21日に衆院を解散し、8月30日に衆院選の投開票を行うと表明した。解散当日の7月21日午後からの衆院本会議に先立ち行われた自民党の両院議員総会。冒

頭挨拶した麻生首相は「反省とお詫び」を口にし、「私の発言や、ぶれたと言われる言葉が国民に政治に対する不安、不信を与え、結果として自由民主党の支持率の低下につながったと深く反省している」(「朝日」2009年7月21日付夕刊)と語り、さらに「私に対する評価や、自民党内の結束の乱れがよくない影響を与えたことは否めない。党内をまとめ切れなかった私の力不足について申し訳なく思っている」(同)と謝罪した。麻生内閣の支持率は10%台後半にまで落ちていた。

衆院選は「政権選択」の一点をめぐって争われた。その結果は、民主党が直前の都議選で圧勝した勢いそのままに地すべり的大勝を収め、政権交代が現実のものとなった。同党は308議席を獲得。公示前勢力(115)から3倍近い伸びとなった。これに対し、自民党は公示前勢力300議席から119議席に激減。1955年の保守合同以来、常に衆院第1党にあった地位を失い、政権の座から転落する歴史的惨敗を喫した。

●選挙結果、「自民党不信」の逆風が渦巻く

民主党に〝追い風〟が吹いたというより、自民党への〝逆風〟が渦巻いたと分析された。マスコミ各紙が選挙期間中に行った世論調査でも、有権者の多くは民主党を積極的に評価しているわけでもなく、自民党への「不満」が民主党への「不安」を上回っていることを浮き彫りにしていた。自民長期政権ゆえの「制度疲労」的現象に伴う支持離れもあっただろう。民主圧勝の原因についても、「自民党への不信」(「朝日」2009年8月31日付)であり、「民主党の政策への評価は驚くほど低い」(同)と指摘された。そんな「自民党ノー」「与党ノー」の空気を、民主党が「政策と選挙戦術、その両面で『政権交代』ただ一点に絞り民意を引き寄せた」(「永田町・権力の興亡」NHK出版)形だった。

前年11月に行われた米大統領選で民主党のオバマ候補が「チェンジ(変革)」のスローガンを掲げて共和党候

補に大勝。その「チェンジ」なる言葉は流行語のように世界中に伝播し、日本の世論にも影響を与えて、日本の民主党が呼号する「政権交代」ムード押し上げに一役買ったとの指摘もあった。同党が「マニフェスト」で子ども手当や高速道路無料化など大盤振る舞いの〝過度のバラマキ〟を並べたことも俗受けされ、「なんとなく民主党」とのムードをかきたてるのに成功した面もあっただろう。

●公明も〝共倒れ〟で敗北。小選挙区完敗

政権交代という大きな〝うねり〟が起き、その中に埋没して、「自民党だけでなく、公明党も大きな打撃を受けた」(「読売」09年8月31日付)のである。公明党は8小選挙区で8人全員が落選。太田代表(東京12区)、北側幹事長(大阪16区)、冬柴元幹事長(兵庫8区)らが惜敗した。比例区も805万4007票で21人が当選、前回より2議席減らした。「小選挙区では『自公政権の公明党』と見られてしまった」(川上和久・明治学院大副学長「公明新聞」09年9月10日付)と指摘されるように、自公連立政権が10年続いたこともあり、自公は与党として一括《くく》り、一体的に受け止められて、自民党への逆風を公明党も運命共同体的にモロに被《かぶ》ることになった面もあっただろう。

公明党は選挙結果を受けて発表した党声明で「大逆風をはね返す党自身の力量が足りなかったと言わざるを得ません」と述べ、「今回の選挙結果を厳粛に受け止め捲土重来を期して……いかなる状況のもとにあっても勝ち抜ける強靱な党の建設に向けて、さらに精進を重ねてまいります」と表明、決意を新たにした。

第19章　大震災の復旧・復興の先頭に
―公明党「現場主義」「ネットワーク政党」の真価発揮

公明党は、衆院選敗北1週間後の2009（平成21）年9月8日、臨時全国代表者会議を開催。新代表に政務調査会長の山口那津男を選出。幹事長には副代表の井上義久が就いた。「どんな困難な状況に直面しても勝ち抜ける強靱な党の構築」（山口代表）へ向け、新体制で出発した。

山口代表は挨拶の中で、「大逆風の中で、公明党は805万票を超すご支持をいただいたのは、まさに党員、支持者、有権者のご支援の賜物であり、二大政党制では吸収されない多様なニーズを受け止める『受け皿』として、国民の皆様が公明党に信頼と期待を寄せてくださった結果にほかならない」と強調。全議員が党員、支持者の熱い思いを胸に刻み、「『もう一度公明党を応援しよう』と言っていただける『新しい党』『勝ち抜ける党』の建設に総力を挙げよう」と訴えた。

そして、この日の全国代表者会議を翌10年夏の参院選勝利への出陣式と位置づけ、「党再建、即、参院選勝利」を合言葉とし、捲土重来を期し、新たな前進を開始した。

●民主党政権10カ月、国民が「ノー」審判

党再建の里程標《りていひょう》とした参院選（10年7月11日投開票）は、政権交代後初の国政選挙であり、民主党政権10カ月の審判となった。選挙結果は、民主党が改選54議席を大幅に下回る44議席にとどまり、大敗した。国民新党は議席を獲得できず、与党系は非改選を含め110議席と後退。過半数の122を割り込んだ。有権者は、スタート

早々から迷走と混乱続きの民主党政権に明確に「ノー」を突きつけた。このため国会は連立与党が過半数を占める衆院と、野党が過半数を占める参院という「衆参ねじれ」状態となった。民主党政権は衆院で3分の2を超える議席を持っておらず、法案が参院で否決された場合、再議決はできなかった。

参院選で公明党は、必勝を期した埼玉、東京、大阪の3選挙区で完勝。比例区で与党時代の3年前と引けを取らない763万9432票を獲得。改選議席8は維持できなかったものの、6議席を確保し、非改選の10議席と合わせると19議席となり、参院第3党の地位を維持。党再建への確かな手応えをつかむことができた。

一方、自民党は改選議席38を上回る51議席を獲得（6年前は49議席獲得）、改選第1党となった。参院選初挑戦のみんなの党はマスコミなどで喧伝されたこともあり、民主、自民両党の批判票の受け皿として支持を伸ばし、一挙に10議席獲得。非改選と合わせ11議席となった。共産党は3議席、社民党は2議席獲得で、それぞれ改選議席を1下回った。

●迷走・混乱続きの「亡国の政権」との評

参院選で早くも国民から「ノー」を突きつけられた民主党政権だが、選挙大敗後も拙劣な政権運営は改まらず、相変わらず迷走・混乱続きで、足元では党内抗争に明け暮れ、政治停滞が延々続いた。国民の心に間断なくダメージを与え続け、政治不信を頂点にまで高めた。そのため、日本をどん底に落とし入れる「亡国の政権」（読売新聞政治部「民主瓦解」）と酷評された。3年3カ月に及んだ民主党政権に対し、12年12月16日の衆院選で審判が下された。その結果、民主党はわずか57議席に落ち込み、地すべり的惨敗を喫した。「峻厳ともいえる有権者の懲罰を受けたのである」（中北浩爾・一橋大教授「民主党政権失敗の検証」中公新書）と指摘された。日本政治史に強く記憶される衝撃的なその選挙結果が全てを物語る。

民主党は、09年衆院選では480議席中308議席獲得と大勝したが、参院では単独過半数に達していなかったため、政権発足（09年9月16日）は、民主党、社民党、国民新党の3党連立政権となった。しかし翌10年5月に社民党が政権離脱。以後、民主、国民新党の2党連立政権となった。鳩山政権（09年9月～10年6月）、菅政権（10年6月～11年9月）、野田政権（11年9月～12年12月）で、ほぼ1年ごとに3人の首相が登場。そのうち、「鳩山、菅の両氏は、日本の社会にいまだに癒えない大きな傷跡を残した」（渡邉恒雄・読売新聞主筆「反ポピュリズム論」12年7月刊）と指弾されるなど、鳩山、菅は、政治家としての資質のみならず、その人間性まで問題視され、巷間「史上最低・最悪の首相」との評が世を覆《おお》った。

民主党の政権担当能力欠如は政権発足当初から歴然であった。「政治主導」の名の下に、ただ官僚を排除するだけで、政治混乱を激化させ、「幼稚園内閣」などと揶揄《やゆ》された。ポピュリズム（大衆迎合）に走り、実現可能性を無視したマニフェストは総崩れ。「国民だまし」「マニフェスト詐欺」と大批判された。同党が政権をとれば、無駄を削って16兆8000億円の財源が捻出でき、子ども手当や高速道路無料化など実現できると豪語していたが、所詮〝絵に描いた餅〟でしかなかった。鳴り物入りの「事業仕分け」もパフォーマンス先行で、「仕分けた案件があとで復活するなどテレビ向けの政治ショーの要素が強いことが判明」（小林英夫・早大教授「自民党と戦後史」）と指摘されるなど、格好だけの馬脚をさらした。閣僚のお粗末な軽口・失言・暴言・辞任劇も相次いだ。

外交問題でも不手際が続出。沖縄の米軍普天間飛行場移設問題で、鳩山代表は06年成立の日米合意を無視。何の当てもなく「国外移設」「最低でも県外」を公約。迷走を繰り返し、結局は実行不能で挫折。沖縄県民を裏切り、首相辞任に追い込まれ、日米の同盟関係・相互信頼を著しく損なった。10年9月に発生した、沖縄・尖閣諸島沖の領海に侵入した中国漁船の悪質な日本巡視船衝突事件で、菅内閣は逮捕された中国人船長を、中国政府の強硬な圧力に屈して処分保留で釈放。国民から弱腰外交との厳しい批判を浴びた。菅首相当人の危機管理意識の欠如も問われた。

「政治とカネ」など政治資金疑惑も相次いだ。中でも鳩山首相が母親から総額11億円以上の資金援助を受けていたのに政治資金収支報告に記載していなかった政治資金規正法違反や、さらに「献金者捏造《ねつぞう》」「架空住所記載」、既に死去している人間からの「故人献金」まで出てくる悪質な〝虚偽記載〟の事実も発覚。これも首相辞任の一因となった。また小沢幹事長の資金管理団体「陸山会」の土地購入をめぐる政治資金規正法違反で同党所属の衆院議員ら元秘書と秘書3人が逮捕・起訴され、一審有罪判決が出された（14年9月30日に二審有罪判決確定）。他にも菅首相、野田首相をはじめ閣僚、党首脳陣に政治資金規正法で禁止されている外国人からの献金収受の事実なども次から次と発覚した。

●大震災対応〝右往左往、後手だらけ〟

とりわけ11年3月11日に起きた東北・関東を襲った未曾有の東日本大震災と原発重大事故対応での菅内閣の右往左往、後手だらけの危機管理失敗、政権としての機能不全は目を覆うばかりであった。例えば「週刊朝日」（11年4月1日号）は、こう伝えた。「政府が、まったく機能していない」と指摘。大震災から1週間、10日経っても、危機管理の「司令塔不在」「指揮系統目茶苦茶」「役割分担進まず」「政府対応チグハグ」などと、一番肝心な初動対応の体制すら作れず、「国民を不幸に陥れる『亡国の官邸』」と同誌記事は糾弾した。否、震災1カ月が経った時点でもなお「見えぬ司令塔」「本部や会議が乱立」「指揮系統も不明」（「読売」11年4月10日付）などと慨嘆された。その結果、迅速な対応ができず、被災者の支援や、復旧・復興が遅れに遅れた。

問題は菅首相その人で、官邸機能がマヒ状態の中、大震災発生翌日の3月12日午前、菅は突然「現場を見たい」と言い出し、周囲の制止を振り切り、自衛隊ヘリで東京電力福島第1原発を訪れたことは強い批判を浴びた。一刻を争う重大局面にあった現場担当者は約50分にわたり菅首相の対応に追われ、「肝心の放射能漏れなどの安全対策に集中すべき力がそがれた」（「読売」11年3月13日付）と批判され、「あまりにも酷《ひど》すぎる菅のパフォーマンス」（「サンデー毎日」11年3月27日号）と痛罵された。

この時の前後4時間半にわたった菅の視察は後日、「初動対応の致命的なミスではないか」と野党から厳しく追及された。また民間からも、放射性物質を含む炉内の水蒸気を外部に放出して原子炉の崩壊を防ぐ「ベント」の作業の遅れにつながった疑いがあるとして刑事告訴された（東京地検が13年10月に東電関係者らとともに不起訴処分。14年2月に東京第2検察審査会が「不起訴相当」と議決）。

●菅首相こそ「復旧・復興の最大の障害」と

6月2日、「菅首相の存在こそが復旧・復興対策の最大の障害」視され、野党側から提出された内閣不信任決議案。民主党内からの同調機運で〝可決寸前〟だった。直前の民主党代議士会で、菅首相が震災対策に「一定のメド」がついた段階で「若い世代に責任を引き継ぐ」との辞意表明を行い、辛くも不信任決議を回避した。だが直後に菅は言葉を覆《くつがえ》し、延命意図を露わにする〝二枚舌〟を使ったため、前首相の鳩山から「ペテン師」「ウソつき」「詐欺」とまで口撃されたが、首相の座に居座り続けた。足元の民主党内からも退陣要求が噴出。民主党最高顧問の渡部恒三は「首相は国民、被災地、民主党のためにも、一分でも一秒でも早く辞めてくれ」（7月5日）とまで言い放ち、即時退陣を求めた。

求心力を失った菅首相はレームダック化し、政権はモラトリアム（機能停止）状態となった。「亡国の宰相」「異型の総理」と評された菅が延命を図ろうにも万策尽きて追い込まれ、正式な退陣表明を行ったのは8月26日であった。「ズルズルと総理の座に居座り続けたことで生じた政治空白は致命的だった」（読売新聞政治部「亡国の宰相」）と糾弾された。

●民主政権の対応「遅い、鈍い、心がない」

ところで、大震災発生直前、菅内閣は相次ぐ失政などで「崖っぷち」「墜落寸前」視されていた。そんな弱体政権下で、大震災と原発重大事故が起きたことは、日本にとってさらなる悲劇だったという以外にない。菅内閣、続く野田内閣の民主党政権下、万事「遅い、鈍い、心がない」対応となり、〝人災〟の側面すら指摘される状況だった中で、「政権が当てにならないなら、われわれが政治を前に動かす」との大方針に立ったのが公明党である（公明党の取り組みは、党機関紙委員会発行の「『人間の復興』へ」〈東日本大震災　公明党５００日の記録〉、「『人間の復興』へ」②〈東日本大震災　公明党　新たな挑戦の記録〉に詳述）。

公明党は、この国難、非常事態を乗り越えるには国の総力を挙げねばならない、何よりも甚大な被害を受けた被災者・被災地の救援・復旧・復興を急ぐべきだとし、物流や電力不足、深刻視される経済危機などへの対応は〝オール・ジャパン〟が欠かせないとして、直後より与野党の立場を超え政府の震災対策に全面的協力を行った。

●公明、与野党の立場超え、全面的協力

巨大地震が起きた3月11日午後、山口代表は党内に直ちに発足させた「対策本部」（総合本部長に山口代表、本部長に井上幹事長）初会合の冒頭、「被害は広範に及ぶ。当面、２０１０年度補正予算を緊急につくり、対応を図る必要がある」との認識を示すとともに、「このような緊急事態に対しては、与野党を超えて当たるべきだ」と言明。事前に自民党の谷垣禎一総裁とも連絡を取り、「野党として政府側を督励するとともに、協力すべきところはきちんと協力していくべきだ」と確認し合った。この日以降、党本部は約2週間にわたり、24時間体制で

震災対応に当たった。

同3月11日夕刻に行われた与野党党首会談に臨んだ山口代表は、菅首相に対し、震災対策に全面的協力を表明。「緊急の補正予算を組み、陣頭指揮に当たる大臣については国会審議の面でも協力する」と約束。この会談では、野党側から要望や問い合わせが生じた場合、ホットラインなどを設け、官邸に直接つながる連絡体制を敷くことも確認した。翌12日の与野党党首会談でも、政府が震災対応に集中できるよう「立法府（国会）が政府の活動に協力することを明示するため短期間、休会することを検討してもいいのでは」と提案。国会は10日間「休会」となった。14日午前の首相との直接会談でも、「11年度本予算の自然成立後、不要不急のところを最大限削って、補正予算の財源に充て、その内容を早く決めるべきだ」と訴えた。

震災・災害や事故対応で一番大事なのは現場の感覚。それを欠いてどんな検討がなされ、対策が打ち出されても、所詮机上の空論だ。具体性や迅速性を欠くことになる。公明党がいつ如何《いか》なる災害でも、まず現場に急行し、そこから対策・対応を立ててきたのは、その故である。現場主義こそ公明党のモットーだ。東日本大震災では、その真価を発揮した。

●公明、被災現場の要望、逐一政府に繋《つな》ぐ

「すぐに被災地に向かおう」。3月12日午前、党本部での「対策本部」第2回会合終了後、同本部長の井上幹事長は車に飛び乗った。地震の影響で東北新幹線は運転を中止。東北自動車道など高速道路も通行止めになっていた。井上は大渋滞の国道4号を北上。迂回路も通りながら、やっとの思いで仙台市内に着いたのは、翌13日の午前4時すぎ。出発から16時間経っていた。井上は午前8時に宮城県議や仙台市議と合流し、津波被害を受けた沿岸部に赴き、被災者を見舞うとともに、被害状況の調査や情報収集に当たった。また県と市の災害対策本部を訪

れ、宮城県知事や仙台市長からも状況と要望を聞いた。井上は14日には名取、岩沼両市の災害対策本部で名取市長、岩沼市長とも会い援護策について意見交換、要望を聞いた。

被災直後の13、14日に宮城県沿岸の被害状況を実地調査した井上は、15日午後に国会内で開かれた与野党幹事長・国会対策委員長会談に出席。席上、井上は「食料と水の確保は当然だが、重油や軽油、ガソリン、灯油が決定的に不足している」と指摘。被災地の自治体が燃料の供給を政府に要請しているのにもかかわらず、「まったく反応がなく、悲鳴が上がっている」と訴え、迅速な対応を促した。東北の被災地は3月といっても、まだまだ寒く、氷点下まで冷え込む日も多い。また各地の避難所には着の身着のままで避難生活を送っている人たちが三十数万人余にも及んでいた。

翌16日、国会内で政府・与野党の震災合同会議の初会合が開かれ、井上は震災対策と原発対策の指揮機能を分けるべきだと主張。その上で、1995年の阪神・淡路大震災後に震災担当相を任命した例を挙げ、「一元的に権限を与えた特命担当相も必要ではないか」と提案。また、現地でガソリンなどの燃料が極端に不足している現状を指摘し、「高速道路などはタンクローリー車を無制限に走らせることが大事だ」として、燃料不足の解消に最優先で取り組むよう要求。物資の提供を希望する人と被災者を結びつけるマッチングサイトの創設や中小企業の資金繰りを支援する緊急保証制度の延長なども要望した。

井上は17日には東北へ取って返し、被災者支援に動いた。18日には津波で甚大な被害を受けた岩手県釜石、大船渡、陸前高田の3市と大槌町へ。19日には大規模な火災も起きた宮城県気仙沼、石巻の両市と南三陸町を訪問。20日には福島県相馬、南相馬の両市、さらに21日には宮城県の東松島、多賀城、塩釜の3市と七ヶ浜町に赴いた。各被災地からの要望に逐一手を打ち、政府に対し、現場の実態に即した対応を促した。

●司令塔役の「復興庁」、復興特措法を提案

22日には、井上幹事長と石井啓一政務調査会長（対策本部副本部長）が首相官邸を訪れ、仙谷由人官房副長官に、公明党が被災地を調査した結果を踏まえ、「復旧復興に関する緊急要請」を行った。その際、この大震災に対応するための「災害復興特別措置法」(仮称）の早期制定と、さらに「震災から10日も経っているのに、いまだに政府の司令塔が誰なのか分からない」とし、復興に向けた予算や政策の司令塔役を果たす「復興庁」と「復興担当大臣」の設置を要望した。

井上は翌23日から再び宮城、岩手の被災地を回るなど、震災発生から4月末までの50日間で足を運んだのは岩手、宮城、福島の被災3県で32市町村に及んだ。

山口代表も過密スケジュールの隙間を縫うようにして被災地へ向かい、3月19日に茨城県神栖、鹿嶋の両市と千葉県旭市を訪れ、24日には原発事故の避難者を受け入れている山形市の避難所や宮城県多賀城、塩釜両市と七ヶ浜町の被災現場を訪れ、30日には青森県八戸市の港湾地帯の被害状況を視察。4月15日には福島県庁で知事と会談後、相馬、南相馬両市と飯舘村で原発事故による放射能汚染や風評被害で苦しむ農家や漁業者から要望を聞き、翌16日には岩手県大船渡、陸前高田両市の被害状況を調査、市長らから要望を受けた。

党対策本部は3月24日、よりきめ細かい震災対策を推進するため、対策本部内に「生活再建支援」「企業再建支援」「復旧復興支援」「農林水産業」の4対策チームを設置。各対策チームの国会議員は、まず被災地に足を運び、現場のニーズをつかむことから活動を開始。さらに後日、被災3県の担当国会議員を決め、中長期的に支援を継続していく体制を整えた。各県の担当国会議員は現在に至るまで被災地に頻繁に足を運び、現場の要望を国政に反映させる取り組みを続けている。

むろん、被災地と周辺地域の地方議員、またボランティアの党員も、直後から最前線で駆けめぐった。自宅が津波で流された議員もいる。身内を失った議員もいる。それでも「自分のことは後回しでいい」と住民の激励と救援に走り抜いた。岩手県のある議員は、家族の安否も分からぬまま避難所で寝起きし、被災者の食糧確保や苦情処理に奔走した。地震発生4日後に家族の無事は確認されたものの、自宅は跡形もなく消えていた。宮城県では、他県の公明党議員との連携で、町が必要とする物資の救援ルートを築いてみせた町議もいた。「公明党の広範なネットワークに驚いた」とは町長らの言葉だ。町内を自転車で駆け回る中、避難所でボランティアのおにぎりづくりを日課とした町議もいる。地震・津波・原発事故の三重苦に苦しむ福島県では全議員が最前線で声を聞き、食料や医薬品の確保に走り回り、救援物資が被災地に届くよう必死の闘いを展開した。

そうした被災地の議員や党員の意見・要望も受け止めた上で、公明党の対策本部は4月5日、対策チーム座長会議を開き、「復旧・復興に関する緊急提言」を取りまとめ、山口代表が首相官邸で菅首相に対し、前回3月22日に続き2回目となる「緊急提言」を手渡した。それは文字通り「現場を回り、現場のニーズを踏まえた提案」(山口代表)であった。その際、山口代表は、復興の推進力となる「復興庁」の創設を提案した。

●公明の提言・申し入れ、半年で16回766項目

震災発生後3、4月の初期段階で、公明党が現地調査や地方議員からの要望などをもとに、政府に実施を迫り、実現させた主な対策は、例えば備蓄石油の大幅取り崩し(燃料不足解消へ、全国で25日分の消費量に当たる1050万キロリットルの石油製品が放出された)。タンクローリーの高速道路規制緩和。民間ヘリも救援物資の投下が可能に。「届かない義援金」との批判を浴びた、被災者生活再建支援金の申請について、罹災証明書がなくても写真添付だけで申請できるように手続きを簡素化。仮設住宅にテレビなど家電6点セット提供。避難後の空

き家の防犯対策を強化。県境を越えて全国の旅館やホテル、公営住宅などに被災者受け入れの実現。子どもの転校を柔軟受け入れ。震災で業績悪化した中小企業の支援策として信用保証協会が100％保証する「セーフティネット保証」の対象を全業種に拡大。東電福島第1原発の冷却作業に、最長58メートルのアームから放水できるドイツ製生コン圧送機の活用を提案し核燃料プールへの注水作業を展開。学校校庭の放射能対策……など数限りない。

被災から半年間で公明党が政府に対して行った復興・復旧に関する政策提言や申し入れは計16回766項目にも上った。

民主党政権の「遅い、鈍い、心がない」対応は、震災関連の法律作りでも全く同様だった。要となる「東日本大震災復興基本法」が成立したのは6月20日。阪神・淡路大震災の復興基本法は、震災から1カ月余りで成立しているのに、政府から復興基本法案が提出されたのは5月13日。震災発生から既に2カ月以上すぎていた。「提出が遅れたのは政府の出足が鈍かった」（「毎日」2011年5月14日付）と指摘された通りだ。しかも同法案は阪神・淡路大震災の復興基本法とほぼ同じ。災害規模を考えれば、もっと前進した内容でなければならなかったはず。目立つのは、復興対策本部の設置や本部長は首相が務めるなど、組織・体制の話ばかりで、とても「復興基本法」の名に値しなかった。「2カ月も時間をかけたのに、なぜもっと被災者に寄り添った法案にならなかったのか、不思議でなりません」と批判したのは党対策本部事務局長の石田祝稔衆院議員。

●現場知る公明が震災関連法作りも主導

公明党は震災直後の3月22日、第1次の緊急提言で、復興に向けた体制強化のため、いち早く特別措置法の制定と、「復興庁」「復興担当相」の設置を提唱。さらに、政府案提出後の5月19日に、「人間の復興」を中心に据えた公明党としての基本法案骨子を発表。その中で、「復興庁」の早期設置、「復興債」発行による財源確保のほか、政府案、自民党案でも触れられていなかった「復興特区」の創設を掲げ、被災地域の創造的な復興を後押しすべきだと訴えた。公明党は復興の理念、組織、手法などを明示し、5月31日、民主、自民、公明3党の実務者による法案の修正協議に臨んだ。結果的に、復興特区創設や復興庁の設置、復興債の発行など、公明党の主張をほぼ100%盛り込むことができた。

現場を最も知る公明党が議論をリード。特に復興庁や復興特区については、公明党などの「アイデアを丸のみしたもの」(「産経」11年6月20日付)とも報じられた。修正協議は6月6日に整い、政府案、自民党案もともに取り下げられた。法案名も公明党が掲げていた「東日本大震災復興基本法案」となり、震災発生から102日目の6月20日、成立した。

ただし実際に復興庁が発足したのは、12月9日の復興庁設置法の成立を受け、翌12年2月10日。また本格的な復興予算(11年度第3次補正予算)の成立も発災から8カ月も経った11年11月にまでずれ込むという、万事スローテンポだった。

さらに公明党が主導して制定された法律は、原発事故による被害者救済に欠かせない賠償金の支払いを国の責任で行う「仮払い法」(原子力事故被害緊急措置法)や放射性物質が付着したがれきの処理や土壌の除染などを国の責任で行うことを盛り込んだ「放射性物質汚染対処特別措置法」、あるいは自然災害で亡くなった人と同居、もしくは生計を共にしていた兄弟姉妹も支給対象に加える「改正災害弔慰金支給法」など多々ある。公明党は文字通り震災関連の法律作りでも原動力になっていた。

●「本当に仕事している」等々、首長ら評価

そのように現場から政府を動かし続ける公明党に対し、被災地の首長から期待と評価の声が相次いだ。「公明党は震災後、その時々の重要なポイントを指摘しながら、具体的な対策を次から次へと政府に提言しており、的確に物事を進めていると感じている」(戸田公明・岩手県大船渡市長「公明新聞」11年4月8日付)、「公明党の方々は、現地に足を運ぶ中で、被災者が何に苦しみ、困っているのかを聞き、国会の場で何を訴えるべきかを尋ねてくれた。これが議員の姿だと思う」(戸羽太・岩手県陸前高田市長　同9月15日付)、「公明党は被災地の思いを十分にくみ取り復旧・復興を進めている。現地に行き被災地の声に耳を傾け、現実的な政策提案をしている。机上の空論ではない。本当に仕事をしていると感じる」(井口経明・宮城県岩沼市長　同9月20日付)等々と。

また被災から1年経った時点で、村井嘉浩《よしひろ》宮城県知事は、こう語っている。「一人一人の被災者の声を丁寧に拾い上げながら、細かいケアをしていくことも重要だ。その点、公明党の議員は、被災直後からフットワークも軽く、現場を歩き、さまざまな情報を伝えてくれた。仮設住宅の住環境についても、一軒一軒回ってアンケートを回収し、その結果を県に提出してくれた。こうした活動ができる政党は、公明党しかない。また、山口那津男代表や井上義久幹事長をはじめ、党幹部が何度も被災地に足を運び、親身になって相談に乗ってくれた。公明党は今、残念ながら野党だが、国会の中で民主党と自民党の間に立って調整し、被災地が必要としている復興予算や各種法案を通してくれた。これは、公明党の地方議員と国会議員が太いパイプでつながり、その間にわれわれがいて、現場の声が確実に国政に届いていく公明党のネットワークがスムーズに機能した成果ではないかと思う。あらためて公明党の存在意義を認識した。これからも公明党と胸襟を開いて語り合いながら、10年先を見据えた復興を成し遂げていきたい」(「公明新聞」12年3月11日付)。

この大震災に対し、各政党がどう取り組み、どう対応したか。歴史の事実として、率直に問われるであろう。即それは各政党の姿勢や力量、行動力の有無などもあぶり出すことになるはずだ。震災に限らず一朝有事の際こそ、政党としての有用性なり真価が問われ、試されるはずである。

現に、震災直後の10日間の政治休戦（国会休会）中の間、公明党の10倍規模の、400人もいた民主党の国会議員について、「どこで、何をしているのか、さっぱり見えない」などとマスコミで問題視された。また直後の4月1日付同党機関紙「プレス民主」では、同党国会議員の活動を紹介しているが、登場する誰も彼も「募金活動」ばかり。与党議員として被災地の窮状把握や要望をくみ取り、政府の対策・対応に反映することこそ使命のはず。それが人目に付く募金活動ばかりというのでは、被災地現場との乖離を見せつけるものだった。

公明党は、災害や大事故などに際し、真っ先に現場に急行、救援活動に奔走してきた。地域・住民が一番大変なとき、一番困っているときこそ、そこに駆けつけ、被災者の身に寄り添い、地域住民の手となり足となって、懸命に働き、身を挺して尽くす。それが「大衆とともに」を原点とする公明党議員の行動スタイルであり、真骨頂であり、党の血肉化した伝統となっている。

第20章　消費税10％時に「軽減税率」導入
―公明がブレずに一貫して主張し実現果たす

●民自公3党合意に「軽減税率」盛り込む

消費税は2019（令和元）年10月1日、税率8％から10％に引き上げられた。税率引き上げのそもそもの発端は、民主党の野田内閣下で12年8月10日に成立した社会保障と税の一体改革関連法（一体改革法）。民主党政権下で、辛うじて実績として取り上げられているのだが、その成立に至るまでの過程は紆余曲折に満ちていた。首相の野田は同年6月21日の通常国会会期末をにらみ、「今国会の成立に政治生命をかける」と明言していた。だが足元の民主党内からは「マニフェストに書いてない」などの反対論が噴出。これに対し、自民党は直近の衆参国政選挙で消費税率引き上げを含む税制改革を公約に掲げていたことから、6月7日、政府案の修正協議に応じることを決めた。

公明党は当初、野田内閣提出の一体改革関連法案について、社会保障制度の全体像を示しておらず、消費税率引き上げ時の低所得者対策も不十分だとして、「社会保障置き去りの増税先行だ」と批判した。しかし自民党が修正協議に応じたことを受け、公明党の主張を反映させるべく、6月7日、修正協議に参加することにした。8日からの修正協議は15日深夜、3党の実務者間で合意が整った。同21日、3党の幹事長は会談し、3党実務者間で交わした修正合意について、3党間の正式な合意とすることを確認。「速やかに衆院で採決し、今国会で成立を図る」とした。この「3党合意」には、公明党の主張が反映され、政府案にはなかった「軽減税率」実施が選択肢として盛り込まれたほか、民主党が主張していた新年金制度創設（保険料を払っていなくても、税負担で月7万円支給するとの最低保障年金）と「後期高齢者医療制度の廃止」は、事実上取り下げられた。また防災・減災対策などを軸にした景気対策の検討も明記させた。国会は9月8日まで延長された。

●〝採択先延ばし図る与党〟という転倒図式

一体改革法案の衆院採決は与党の民主党が採決を引き延ばし、会期延長後の6月26日に行われたが、民主党から57人もが反対票を投じ、16人が欠席・棄権するなど、党内バラバラを見せつけた。舞台は参院審議に移ったが、民主党は党内の大量造反を恐れ、野党に協力を呼び掛けておきながら、衆院段階と同様、採決を遅らせようとした。このため自公など野党から採決を再三促された。国会の与野党対立といえば、〝採決を急ぐ与党に、抵抗する野党〟という図式が一般的だが、この時は与野党の立場がまるで逆転した形だった。

参院特別委員会の中央公聴会が8月6、7日に決定し、10日までに一体改革法案の採決ができる環境となった。にもかかわらず、民主党執行部は「お盆明け」の8月20日に採決を引き延ばすことを画策。これに対し、自民党内から一斉に強硬論が噴出。同党は8月1日、「お盆前」に採決しなければ、法案採決前に野田首相の問責決議案、内閣不信任案を提出すると、民主党側に通告。ギリギリの構えを示した。参院で可決が確実視される首相に対する問責決議可決後は参院審議が全面ストップしかねないことから、一体改革法案の成立がにわかに危ぶまれる情勢となった。公明党からすれば、衆院解散先送りの意図も絡んだ民主党の採決先延ばしは全く言語道断であるが、修正合意の末に衆院を通過させた一体改革法案の成立を反故にするような自民党の動きも、早期解散を焦るあまりの身勝手すぎる動きと映った。山口代表は8月3日の党の参院議員総会で「3党合意を台無しにするような動きがあるが、民主党も自民党も責任を自覚して、国民のためにどう対応するか、ということをしっかり見据えていただきたい」と訴え、民自両党を厳しく牽制し、譲歩を強く促した。

自民党が期限として設定した8月8日夕、まず野田首相と谷垣自民党総裁との党首会談が行われ、2人だけの会談後、公明党の山口代表も加わっての3党党首会談が行われた。この席で野田首相が「一体改革関連法案が成立した暁には、近いうちに国民の信を問う」との認識を示した。山口代表は「今の内容を了とする」と答えた。これを踏まえ3党首は、一体改革法案を早期成立させることで合意した。自民党は内閣不信任案と問責決議案の提出を見送ることになった。一体改革法は8月10日、参院で民主、自民、公明3党などの賛成多数で可決・成立。ここに、消費税率は経済情勢が悪化しない限り、14年4月に5%から8%へ、15年10月に10%に引き上げられることが法律上決まった。小泉内閣以降の歴代内閣が挑んで果たせなかった社会保障制度と税制の一体改革を前に進めさせることが果たせた。

●一体改革法成立「最大の功労者が公明」との評

この時の民自公3党首会談での合意成立に対し、メディアは翌9日付で一斉に論評。「日本の政治の危機は瀬戸際で回避された」(読売)、「『何も決められない政治』に再び戻る危機はどうにか回避された」(毎日)と指摘し、「国益を優先する枠組みが構築されたことを高く評価したい」(産経)と強調。さらに、法案が成立しなかった場合の内外への影響の深刻さを踏まえ、法案の成立を粘り強く訴えてきた公明党の姿勢について、読売新聞は「長年政権を担った政党としての矜持を示した」と称賛。産経新聞は「公明党が『法案成立を最優先させるべきだ』との立場を貫いたことも、合意につながった」と評価した。

また松田喬和・毎日新聞論説委員は、8月16日夜放送されたテレビ番組(BS11)の中で、3党首会談で改めて早期成立を確認し、10日の成立にこぎ着けるまでの公明党の果たした役割について、森喜朗元首相が山口代表の言動を指して「金メダル」と評したことに言及。森元首相の心情を推し量り、「(民主、自民の）両方を抑えて、土俵を壊さず話し合いを継続し、着地点を探そうとした。（不成立で）国際信用に関わる問題になりかねなかったのを未然に防いだ。その最大の功労者が公明党だ」との認識を表明した。

●3年余の民主政権に国民が「懲罰投票」、自公が政権奪還

3年3カ月に及んだ民主党政権に対する国民の審判は、12年11月16日衆院解散、12月4日衆院選公示、同16日投開票された。結果は、自民党が単独過半数を上回る294議席を獲得。公明党は公示前議席（小選挙区0、比例区21）を10議席上回る31議席（小選挙区9、比例区22）獲得。前回衆院選の雪辱を果たした。公明党は、小選挙区で完勝。比例区の総得票数は711万6474票で、前回衆院選と比べ93万7533減であったが、得票率では前回を0・38ポイント上回る11・83％を記録した。選挙戦は過去に例のない12政党が乱立。このため有権者の投票先が分散した上に、投票率が戦後最低で前回より10ポイント近く低下したこともあって、得票減となった。

一方、日本を沈没寸前に追い込んだ民主党は、前記のように57議席と激減。大惨敗した。民主党に対する「業績投票」「懲罰投票」との色彩が強かった。

この選挙結果を受けて、公明党は再び、自民党と連立政権を組むこととなった。第2次安倍内閣は12年12月26日発足。公明党からはこの選挙で返り咲いた前代表の太田昭宏が国土交通相に就いた。

衆院選で政権を奪還した自民党と公明党にとって、最初に迎えた国政選挙は翌13年7月の参院選。結果は自公が過半数議席を獲得し、「決められない政治」の代名詞となっていた〝衆参ねじれ〟を解消することとなった。国民は自公政権を信任した。安倍政権はデフレからの脱却をめざす経済政策「アベノミクス」(大胆な金融緩和、機動的な財政政策、民間投資を喚起する成長戦略）を掲げ、その評価も仰いだ。メディアは「政治の安定、そし

て着実な改革を求める民意の表れ」(「毎日」13年7月22日付)と論評した。

公明党は埼玉、東京、神奈川、大阪の4選挙区で完勝。比例区は7人が当選し、改選議席を上回る11議席を獲得。特に、比例区の得票数756万8080票は、民主党の得票数を43万余票上回り、票数の上で民主党を抜き、「第2党」に躍進した。また、自民党は選挙区47、比例区18の合計65議席を獲得。非改選の50議席と合わせ115議席となった。けれども自民党単独では過半数に至らず、自公両党で135議席となり、参院の過半数(122)を超えることになり、全ての常任委員会委員長ポストを占めることが可能な議席に達した。

一方、民主党は55人の候補者を立てたが、当選は選挙区10、比例区7の合計17議席で、1996年の結党以来、最小の獲得議席だった。非改選と合わせ59議席となり、公示前より27議席減となった。同党は2012年の衆院選、13年6月の都議選と続く3回連続の惨敗となった。つい半年前まで政権を担っていた党とは思えないほどの凋落であり、「2大政党の座から転げ落ちた」(「毎日」13年7月22日付)。

●逆進性を緩和する重要な弱者救済策

第2次安倍政権の主要課題の一つである消費税率の引き上げについて、安倍首相は13年10月1日、消費税を14年4月1日から、5%から8%へ引き上げることを決定した。「社会保障と税の一体改革」における消費税率の引き上げは、民主党政権下で「自公民3党合意」を受けて立法化された。自公両党にとって、野党時代に合意したことを、与党になって結論を出すに至ったものである。

消費税率の引き上げは、社会保障の安定財源を確保できる一方で、所得の少ない人ほど負担割合が高くなる「逆進性」の問題がある。そのため自公両党は逆進性を緩和する低所得者対策として、8%引き上げ時には、一時的な対策として、市町村民税非課税世帯に「簡素な給付措置」(一人当たり1万円)を実施した。さらに恒久的措置としては、生活必需品の税率を低く抑える「軽減税率」を、10％時に導入することを、13年12月12日の与党政策責任者会議で決めた。同日決定された「14年度税制改正大綱」にその旨明記した。

軽減税率については、「自公民3党合意」に、公明党が低所得者対策として、それを「選択肢」とするよう強く要求。一体改革関連法案に盛り込ませた。自公連立政権発足後、13年1月に13年度税制改正大綱を決めた際、公明党は自民党と粘り強く交渉し、「消費税率の10％引き上げ時に、軽減税率制度を導入することをめざす」ことで合意。その後、与党税制協議会の下に軽減税率制度調査委員会を設け、経済界や中小企業関係者などからの意見聴取を活発に行ってきた。そして、上記のように、13年12月の与党政策責任者会議で、14年度税制改正大綱決定に際し、軽減税率を「10％時に導入する」と決めたのである。

なお、一体改革法では、消費税率を15年10月より8％から10％に引き上げる予定にしていたが、実施の是非の判断材料となる14年7～9月期のＧＤＰが一般予測を大幅に下回るマイナス成長に陥ったことなどを受け、安倍首相は14年11月18日に記者会見し、景気の腰折れを回避するため、引き上げの時期を1年半先延ばし17年4月からとする方針を発表した。その上で、「重い決断をする以上、速やかに国民に信を問う」と述べ、衆院を11月21日に解散すると表明した。

衆院選は12月2日公示、同14日投開票の日程で行われ、その結果、自民党は２９１議席を獲得。公明党は現行の小選挙区比例代表並立制の下で最多の35議席を獲得（小選挙区9、比例区26）。与党の自公両党で衆院全議席（４７５）の３分の2を上回る３２０超の議席を獲得し大勝、安倍内閣と与党陣営は国民の信任を得た。

●軽減税率、「加工食品も対象に」の要求実る

同衆院選を前に、自公両党は解散前日の11月20日に税制協議会を開き、軽減税率を両党の「選挙共通公約」と

した。また衆院選翌日の12月15日、安倍首相（自民党総裁）と山口代表との自公党首会談で、両党は改めて「連立政権合意」を交わし、その中で「軽減税率制度については、関係事業者を含む国民の理解を得た上で、税率10％時に導入する。平成29年度からの導入を目指して、対象品目、区分整理、安定財源等について早急に具体的な検討を進める」とした。この「選挙共通公約」「連立政権合意」に基づき、与党税制協議会で具体的検討が重ねられ、消費税率10％への引き上げと同時に導入する軽減税率について、「酒類、外食を除く食品全般」と「新聞」（週2回以上発行）の税率を8％に据え置くとした。これに至る経過として、自民党は当初、制度導入時は対象を「生鮮食品」（軽減額3400億円）に絞る方針でいたが、公明党は「加工食品」（同6000億円）にまで広げるよう強く求め、安倍首相もこれに同調したことから、自民党側が折れた。公明党の立場は「痛税感の緩和という観点から国民の理解が得られる制度にすべきだ」との考えで一貫していた。

軽減税率についての公明党の取り組みに対し、「与党内で公明党が全くブレずに主張し続け、加工食品が対象に含まれたことを評価する。……軽減税率は社会的な貧困対策や弱者救済の意味でも重要だ。その観点で一貫して発言していたのは公明党の山口代表だけだった」（長谷川聰哲・中央大教授「公明新聞」15年12月13日付）、「軽減税率の導入は、公明党なくして実現し得なかった。正しいことを一貫して言い続けた結果だと評価したい」（結城康博・淑徳大教授　同）、「軽減税率は、社会的に弱い立場の人たちに配慮し、公明党が政党で唯一主張したものので高く評価している」（神野直彦・日本社会事業大学長　同19年6月3日付）等々のコメントが寄せられた。

消費税率10％への引き上げについて、安倍首相は16年5月末に行われた伊勢志摩サミットを受け、6月1日、自公党首会談において「世界経済は大きなリスクに直面している。内需を腰折れさせないために、消費税率10％引き上げを2年半延期する」と山口代表に伝え、与党間の合意を経て、19年10月から実施するとの再延期の方針を、同日の記者会見で発表した。その是非について、自公両党は直後の7月参院選で国民の信を問い、その結果、与党側は改選議席の過半数61議席を大きく上回る70議席を獲得し、国民からの信任を確認した。公明党は選挙区で過去最多の7、比例区と合わせて14の過去最高の議席を獲得した。非改選11を足して25議席となり、参院の1割を超える陣容となった。

消費税率10％への引き上げは19年10月から実施された。それに当たって、公明党は駆け込み需要・反動減対策として、次のような施策を政府の対策に反映させた。すなわち、低所得者や子育て世帯に配慮した「プレミアム付き商品券」の実施。また、景気への影響が大きい自動車や住宅といった耐久消費財について、自動車税を排気量に応じて恒久的に最大４５００円減税、新たに導入される「環境性能割」についても10月以降の1年間、1％軽減。住宅については、「住宅ローン減税」の控除期間の3年延長、購入を支援する「すまい給付金」の拡充、省エネ性能などの一定基準を満たした新築やリフォームに最大30万円相当のポイント付与などである。

また、この時の19年度税制改正では、未婚のひとり親への支援についても、自民党内や財務省から反発がある中、公明党の粘り強い主張が実り、給与ベースで年収２０４万円以下の人の住民税が21年度以降、非課税となることなどが盛り込まれた。これについては、「いちばん感じたのは『公明パワー恐るべし』ということだ」（「読売」18年12月28日付「記者座談会」）と話題になった。

公明党は消費税率引き上げによる影響2兆円に対し、これを乗り越えるため総額2・3兆円の対策を講じさせ、予算と税制の両面から万全を期した。一方、10％への引き上げを主導した旧民主党の流れをくむ立憲民主党は、その後変節し、19年7月の参院選時には、党として「８％凍結」を打ち出した。そもそも民自公3党合意を決めた野田内閣当時、経済産業相を務めていた立憲民主党の枝野幸男代表だが、態度を翻して「あの判断は間違っていた」と開き直り、マスコミからも「人ごとのような発言は理解に苦しむ」（「読売」社説19年7月11日付）と厳しく批判されるなど、その無責任ぶりを見せつけた。

第21章　憲法の平和主義守った公明党

―自衛権発動の「新3要件」に厳格な歯止め導入

●安保法制整備への「閣議決定」に〝専守防衛堅持〟等盛り込む

日本を取り巻く安全保障環境が今日、大きく変化し、厳しさを増している。大量破壊兵器や弾道ミサイルなどの開発と拡散、各国間のパワーバランス（力関係）の変化、国際テロの脅威などに加え、国際社会の至るところで分断と対立がエスカレートしている中、国民の生命と暮らし、国の平和と安全を守るには、どう備えたらいいのか――新たな情勢に的確に対応できる防衛体制の確立が急務となっており、そのための安全保障法制整備に関する重要な閣議決定が２０１４（平成26）年7月1日、安倍内閣で行われた。「国の存立を全うし、国民を守るための切れ目のない安全保障法制の整備について」と題する閣議決定だ。今後、国民の生命と国の平和を守り抜くために、「万全の備え」として、切れ目のない国内法整備に取り組む方針を示したものだ。同閣議決定は、自民、公明両党による与党協議会の結果に基づくものである。

閣議決定の大きなポイントは、憲法で許される武力行使の限界、自衛措置の限界を明確に示したことだ。すなわち、「憲法第9条の下で許容される自衛の措置」に関し、自衛権に関する政府の憲法解釈のベースとなっている１９７２年見解の考え方を引き継いで、自衛権発動の「新3要件」を定め、武力行使に厳格な歯止めをかけた点にある。

72年見解の根幹は、「自衛の措置は、あくまで外国の武力攻撃によって国民の生命、自由及び幸福追求の権利が根底から覆されるという急迫、不正の事態に対処し、国民のこれらの権利を守るためのやむを得ない措置として初めて容認される」との部分だ。

「新3要件」はこの論理をもとに、①わが国に対する武力攻撃が発生した場合、又はわが国と密接な関係にある他国に対する武力攻撃が発生し、これによりわが国の存立が脅かされ、国民の生命、自由及び幸福追求の権利が根底から覆される明白な危険がある場合に、②これを排除し、わが国の存立を全うし、国民を守るために他に適当な手段がないときに、③必要最小限度の実力を行使する——と定めた。

●憲法9条下での自衛措置の限界示す

すなわち、武力行使が許されるのは、「わが国に対する武力攻撃が発生した場合」、また「わが国と密接な関係にある他国に対する武力攻撃が発生し、これによりわが国の存立が脅かされ、国民の生命、自由及び幸福追求の権利が根底から覆される明白な危険がある場合」も、これに当たるとしている。「わが国と密接な関係にある他国に対する武力攻撃が発生」の場合も、武力の行使は「わが国を防衛するためのやむを得ない自衛の措置として初めて許容される」としており、あくまで自国防衛に限った措置であり、外国の防衛それ自体を目的とした集団的自衛権は認めていない。

安倍首相も7月1日の記者会見で「海外派兵は一般的に許されないという、従来からの原則も全く変わりありません。自衛隊がかつての湾岸戦争やイラク戦争での戦闘に参加するようなことは、これからも決してない」「日本国憲法が許すのは、『わが国の存立を全うし、国民を守るための自衛の措置』だけだ。外国の防衛自体を目的とする武力行使は行わない」と断言している。さらに7月14、15日に行われた衆参予算委員会でも、同趣旨の見解を表明している。

さらに同閣議決定には、「(72年見解の)基本的な論理は、憲法第9条の下では今後とも維持されなければならない」と明記されており、この基本的な論理を変える解釈の変更は認めていない。横畠祐介内閣法制局長官も国会答弁で「憲法の基本原則である平和主義をいささかも変更するものではない」と言明。新3要件を超える武力の行使を認める場合は、「憲法改正が必要」との考え方を示している。つまり、この閣議決定は、平和主義という憲法の柱を堅持し、憲法第9条の下で認められる自衛の措置の限界を示したものだ。

●外国防衛目的の集団的自衛権認めず

この閣議決定をめぐって集中審議が行われた7月14日の衆院予算委員会で、横畠内閣法制局長官は公明党の北側一雄副代表の質問に答え、「今般の閣議決定は、国際法上、集団的自衛権の行使が認められる場合の全てについて行使を認めるものではなく、新3要件のもと、あくまでも……わが国を防衛するためのやむを得ない自衛の措置として、一部限定された場合において他国に対する武力攻撃が発生した場合を契機とする武力の行使を認めるにとどまるもの。いわゆる集団的自衛権(全般)の行使を認めるものではない」と答弁。72年見解で言っている「いわゆる集団的自衛権」は、「集団的自衛権全般を指している」とし、新3要件は「丸ごとの集団的自衛権を認めたものではないという点では今回も変わっていない」と明言している。マスコミなどで、この閣議決定に対し、〝集団的自衛権の限定容認〟と伝えている趣旨は上記内容を指すと思われる。

すなわち、国連憲章で各国の固有の権利として認められた集団的自衛権について、国連はその定義を書いていない。国際法上は大要、「他国防衛説」と「自国防衛説」の二つの立場があるとされる。政府答弁で「丸ごとの集団的自衛権」「集団的自衛権全般」としているのは、この二つの立場全てを含むケースを指しており、それはこの閣議決定では明確に否定されている。同閣議決定で認められたのは、例えば元外務事務次官(元最高裁判事)

の竹内行夫は、「9条の制約を踏まえたわが国独特の抑制された集団的自衛権であると思う。自国防衛説に切り替えた上で、さらに現実の『明白な危険』という国際法にはない強い限定を加えた」(「朝日」14年7月20日付)との見解を示している。

●PKOでの〝駆け付け警護〟を可能に

また、同閣議決定は、離島周辺地域等における武力攻撃に至らない侵害(グレーゾーン事態)などへの対処として海上保安庁と自衛隊などの連携強化や対応策の検討に言及。さらに国際貢献への新たな対応として、国連平和維持活動(PKO)に関しては、離れた場所で襲撃された文民要員らを自衛隊が救援するための武器使用を認め、いわゆる「駆け付け警護」を可能とした。国連決議に基づくような多国籍軍への後方支援では、従来の他国の武力行使と一体化しないとする基本原則を維持した上で、わが国の支援対象となる他国軍隊が「現に戦闘行為を行っている現場」では支援活動を実施しないこととした。

公明党は、安全保障法制の整備に際し、政府が長年とってきた憲法解釈を基本として、憲法の平和主義の原則を守るよう一貫して求めてきた。また閣議決定に向けて議論を重ねた与党協議会で公明党は、従来の憲法解釈との論理的整合性、自衛の措置以外の武力行使は不可とする憲法第9条の規範性、法的安定性を確保すべきだと強く主張し、それが明確な表現として受け入れられた。そうでないと、政権交代のたびに憲法解釈が変更されかねないからだ。

さらに、公明党は、与党協議会で、自衛権発動の「新3要件」自体についても、「他国」の部分に、「わが国と密接な関係にある」との文言を追加。また、発動の条件の一部を、国民の生命、自由及び幸福追求の権利が根底から覆される「明白な危険がある場合」とし、当初案の「おそれ」よりも厳格化した。この「明白な危険」とは、安倍首相が「他国に対する武力攻撃が発生した場合において……わが国が武力攻撃を受けた場合と同様な深刻、重大な被害が及ぶことが明らかな状況である」（7月15日の参院予算委で、公明党・西田実仁参院幹事長に対する答弁）と言明。極めてハードルの高い状況を指している。また横畠内閣法制局長官は「単なる主観的な判断や推測等ではなく客観的かつ合理的に疑いなく認められるというもの」（7月14日の北側副代表に対する答弁）との見解を示し、政府の恣意的な判断が入る余地を排している。そして、「新3要件」に基づく武力の行使について、前記の「わが国を防衛するためのやむを得ない自衛の措置として初めて許容される」との文言を盛り込んだのも公明党である。あくまで自国防衛に限った措置であることを明確にしたのだ。

閣議決定文の冒頭では、日本が専守防衛に徹し、他国に脅威を与える軍事大国とはならず、非核三原則を守ってきた戦後の基本方針を確認した上で、平和国家としての歩みを「より確固たるものにしなければならない」との決意を示した。さらに力強い外交の推進による紛争の平和的解決も表明している。これらも、公明党の主張が反映されたものだ。

このように与党協議の中で従来の政府の憲法解釈の基本を継承するよう一貫して訴え続けてきたのが公明党だ。この結果、安倍首相は閣議決定を踏まえた7月1日の記者会見や衆参予算委員会の答弁においても、「現在の憲法解釈の基本的な考え方は、今回の閣議決定においても何ら変わらない」旨、断言している。

●「平和の党」の役割果たし堅実に議論リード

この新しい安全保障法制整備に関する閣議決定への公明党の対応について、識者から次のような評価が寄せられた。五百旗頭《いおきべ》真・熊本県立大理事長（元防衛大校長）「戦後日本の伝統である平和重視を体して、政府が不用意に跳躍するのをチェックしつつ、難しくなった安全保障環境に日本が堅実に対処するようリードしたと思う」（「公明新聞」14年7月12日付)、小川和久・静岡県立大グローバル地域センター特任教授「公明党の取り組みは、日本の平和と繁栄にとって大いにプラスになったと評価したい。閣議決定に至る議論には大変なエネルギーを要したと思うが、それに見合う大きな役割を公明党は果たした。……公明党は今回も自民党を大きく動かしてくれた。当初、安倍晋三首相の姿勢には前のめりの印象があったが、閣議決定は安定した仕上がりとなった。公明党が『平和』という立脚点を外さず、憲法との規範性、政府解釈との論理的整合性などを厳格に問い続けてきた結果だ」(同7月3日付)、坂元一哉・大阪大教授「公明党が〝平和の党〟として、憲法の平和主義を堅持しつつ、現実的な対応を行ったことを高く評価したい」(同8月5日付)、村田晃嗣《こうじ》・同志社大教授「公明党が与党の中で慎重な態度を取ったことで、手続きの面でも中身の面でも、議論をより緻密かつ慎重に進めることができた」(同7月11日付)、ジャーナリストの田原総一朗「公明党はよく頑張った。……(自民党内に)ハト派がほとんどいなくなり、党内での論議はほとんどなかった。その中で、今回、自民党のハト派の役割を果たしたのが公明党だ。特に、閣議決定の最も重要な部分に当たる自衛権発動の新3要件をめぐる議論においてはよく頑張った。……『おそれ』の部分を、『明白な危険がある場合』と、より厳格にした」(同7月26日付)等々。

●公明の党内議論、地方代表も含め15回に

閣議決定に先立つ7月1日午前、自民、公明の与党両党は、「安全保障法制整備に関する協議会」(与党協議)の第11回会合を開催し、閣議決定案の概要について正式に合意。公明党はその後、政務調査会全体会議、党本部で開いた中央幹事会でも了承した。自公両党の党内手続きを受け、公明党の山口代表は1日夕、首相官邸で安倍首相と会談。安倍首相は公明党に対し、「憲法の規範性、(論理的)整合性、法的安定性について、しっかりと議論を行っていただいた結果、閣議決定に至ることができた」と謝意を述べた。

安倍首相の私的諮問機関「安全保障の法的基盤の再構築に関する懇談会」（安保法制懇）が14年5月15日に、安倍首相に報告書を提出。同日夕、安倍首相は首相官邸で記者会見を行い、「今後、政府・与党で具体的事例に則して検討を深め、切れ目のない対応を可能とする国内法制を整備する」と述べた上で、「内閣法制局の意見も踏まえつつ検討を進めるとともに、与党協議に入りたい」と表明。これを受けて、同5月20日から、自民、公明両党は与党協議会を開催。自民党から高村正彦副総裁（座長）、石破茂幹事長、公明党から北側副代表（座長代理）、井上幹事長らが出席し、11回にわたり協議、検討を重ねてきた。また公明党の党内論議は6月28日の全国県代表懇談会も含め15回に及んだ。

この「7・1閣議決定」に基づき、具体的な法制をつくるため、自公両党は15年2月から与党協議会を再開し、3月20日に「安全保障法制整備に関する具体的な方向性について」と題する文書の取りまとめに合意した。同文書の冒頭に、自衛隊の海外派遣について、公明党が主張した3原則が「3つの方針」として盛り込まれた。すなわち、①国際法上の正当性②国会関与など民主的統制③自衛隊員の安全確保の3原則であり、これを法律の中に目的、要件、手続きとして明確に書き込まれなければならないとした。また、「7・1閣議決定」に盛り込まれた自衛権発動の「新3要件」を自衛隊法や武力攻撃事態対処法の中に過不足なく書き込むよう政府に求めた。さらに4月21日開催の与党協議会で、政府が新法として予定している他国軍を後方支援するための恒久法「国際平和支援法案」について、自衛隊を海外派遣する際には国会の事前承認を例外なく義務付ける方針を公明党の主張通り提示した。

政府は、こうした与党協議会での方針、要求を踏まえ、条文化の作業に取り組み、そして「平和安全法制」として、国会提出には、新法の「国際平和支援法案」と、自衛隊法改正案や武力攻撃事態法改正案、周辺事態法改正案（重要影響事態法案に名称変更）など10の法律の改正案を一括した「平和安全法制整備法案」の2法案とするとした。

自公両党は5月11日の与党協議会で、政府が示した「平和安全法制」の全条文を議論し、党内手続きに入ることとした。公明党は5月12、13日、党内各機関の合同会議を開いて「平和安全法制」の関連法について討議・意見集約し、同関連法案を了承した。また14日に開催された与党協議会での了承を踏まえ、同日、政府は閣議を開き、「平和安全法制」の関連法案を閣議決定し、翌15日に国会に提出した。

この「平和安全法制」の取り組みに関し、政治評論家の森田実は「国際平和支援法に基づく自衛隊の海外派遣については、公明党の努力により『例外なき国会の事前承認』を義務付けた。与党協議で、『例外なき国会の事前承認』は、自民党はのまないだろうと私は思っていたが、公明党が頑張って実現した。公明党は健全なブレーキ役を果たした。平和安全法制は憲法の枠内の法整備であり、自衛隊員の安全確保にも十分配慮されている。公明党の努力を大いに評価したい。……日本の政党の中で公明党は最も健全な感覚を持っている、平和主義を貫いている政党だ。国民に対して誠実であり、決してウソをつかない。公明党が連立政権の中にいて健全な良識を発揮していることは本当に良いことだと思う」(「公明新聞」15年6月30日付）と評価した。

また、東京財団上席研究員の渡部恒雄は「日本の主な安全保障関連の法律は……現在の国際環境に適応しておらず、何かあった場合に機能するか不安な点が多かった。法案はこうした矛盾を解消し、日本の防衛や地域の安定に責任ある形で取り組むことを明確にした。歴史的にも重要で画期的だと評価する。……全ての法案が『専守防衛以上のことはしない』という憲法9条の精神に貫かれている。憲法の理念を堅持したのが公明党だ」(同5月25日付）と述べた。

平和安全法制の関連法案は、5月26日から衆院で審議入り、7月16日に衆院本会議で可決。7月27日から参院で審議入り、9月19日に参院本会議で与党の自公両党のほか、野党の元気、次世代、改革3党などの賛成多数で可決、成立した。衆参両院の特別委員会での審議は計約220時間にも上った。安全保障に関する法律として、国連平和維持活動（ＰＫＯ）協力法の約193時間を上回り、記録が残る中で最長となった。

●民主、共産、〝戦争立法〟とのデマ。度を超えた妨害戦術

同関連法案に対し、野党の民主党や共産党は〝戦争立法〟との「デマ」（白石隆・政策研究大学院大学長「公明新聞」15年9月22日付）を言い立て、参院審議の最終段階で、法案成立阻止へ向け、度を越えた徹底抗戦を繰り広げた。委員会室前の通路を占拠・封鎖して開会妨害・採決阻止を企てたり、特別委員長不信任動議を手始めに、さらに同委員長解任決議案、議院運営委員長解任決議案、参院議長不信任決議案、首相・外相・防衛相の各問責決議案、また衆院での内閣不信任決議案など連発して提出。それらの趣旨説明や討論で長時間演説するフィリバスター（議事妨害）、採決に当たっての牛歩等々、審議・採決引き延ばしのための、なりふり構わぬ物理的抵抗に終始し、「大荒れ参院　制御不能」（「読売」15年9月18日付）と伝えられる混乱を招き、3日連続の「未明国会」の異常事を来した。

メディアからも「看過できないのは、民主党が主導して、国会内で連日、度を越した審議妨害・引き延ばし戦術を展開していることである。委員会室の前の通路で、多数の女性議員を『盾』にして、委員長や委員の入室を邪魔する。委員長らの体を激しく押さえつけたり、マイクを奪ったりする。どんな理由を挙げても、こうした物理的な抵抗や暴力的な行為を正当化することは許されまい。言うまでもなく、国会は審議・言論の場である。国会議員には、一定のルールに基づく、品格と節度のある行動が求められる。民主党議員らの言動は、国会外のデモとも連動し、法案成立をあらゆる手段で阻止する姿勢をアピールするための政治的パフォーマンスだと言うほかない」（「読売」社説15年9月18日付）と厳しく批判された。

なお、平和安全法制関連法の施行日（16年3月29日）を前に、産経新聞とFNN（フジニュースネット）が行った合同世論調査では、平和安全法制を「必要」と答える人が57・4％に上り、「必要だと思わない」の35・1％を大きく上回った。前年15年9月の関連法成立直後の調査では、「成立を評価しない」が56・7％に上り、「評価する」は38・3％にとどまっていたが、賛否の数字が逆転した格好となった（「産経」16年3月22日付）。また、共同通信が16年2月に行った世論調査では、野党5党が同関連法の廃止法案を国会に提出したことに対し、「廃止するべきでない」との回答が47・0％に上り、「廃止するべきだ」は38・1％にとどまった（16年2月21日配信）。

●「衆望」担い、21世紀日本の未来開く党に

結党50年を飾る年の14年9月21日、公明党は第10回党全国大会を開催。今日まで営々として党を支え支援していただいた党員、支持者、国民各位へ改めて感謝の念を深くした。そして、結党以来の党の事績を振り返り、日本の政治の前進・発展に多大な貢献を成したと評価。民衆奉仕に徹する党の歴史と伝統への誇りも高く、それを受け継ぎ、さらに豊かに発展させることを誓い合った。また、次の時代に向け、「衆望」を担《にな》い得る党として一段と成長し、小成に甘んぜず、１９６４（昭和39）年結党大会での大スローガン「日本の柱　公明党」と名実ともに自負し得る、大いなる飛躍を期し、21世紀日本の未来を切り開くべく、新たな出発を開始した。

11月17日、晴れの結党50年の佳節を迎えた。

第22章　現場主義の「100万人訪問・調査」運動

―〝民主主義の基本〟と高評価される

●識者「政党にとって最も重要な取り組み」

「公明党は、『大衆とともに』との結党の理念を大切にしてきました。特に感心するのは、各級の議員が地域に密着して、社会的な弱者のために行動しようとしていることです。日常的な相談活動に加え、昨年（2018年）には『100万人訪問・調査』運動を全国規模で展開し、弱い立場にある『声なき声』を拾い集め、地域課題の発見に努めたと聞いています。それは決して華々しくなく、地味な活動です。それゆえマスメディアの注目を集めることもあまりありませんが、民主主義が『大衆の支配』であるとすれば、政党にとって最も重要な取り組みだといえます」（中北浩爾・一橋大大学院教授「第三文明」19年6月号）

◇

中北教授が「政党にとって最も重要な取り組み」と高く評価する、公明党の「100万人訪問・調査」運動は、2018（平成30）年4月から7月6日までの約3カ月間、展開された。全議員が地域の中に住民の中に飛び込み、一軒一軒を直接訪問し、「子育て」「介護」「中小企業」「防災・減災」をテーマに調査を実施し、現場から数多くの意見・要望を聞いた。四つのテーマはいずれも、少子高齢化や人口減少に直面する日本にとって極めて重要なものばかりだ。

同年8月30日、山口那津男代表は、国会内で記者会見し、訪問調査に併せて実施したアンケート結果を発表した。総数で81万2755人分の回答を集めたうち、各テーマの回答から5％を無作為抽出して、分析したものだ（アンケート結果の詳報は、Ａ4判125ページの冊子にまとめられた）。集約した調査結果は、党全体としては18年9月30日開催の第12回公明党全国大会重要政策、19年4月の「人と地域を生かす」と銘打った統一地方選重点政策、また同年7月の「小さな声を、聴く力。」をキャッチコピーとした参院選重点政策にも大きく反映された。また都道府県や市区町村単位での新たな政策立案や各自治体への予算要望事項としても生かされ、既にそれらの政策・主張が国レベル、自治体レベルで一つ一つ実り、実施に移されている。

山口代表は結果発表の記者会見で、「100万人訪問・調査」運動の取り組みを通じて、課題解決に向け、「地域に根を張るネットワーク政党・公明党の重要性を改めて認識させられた。現場主義を徹底し、期待される役割を果たしたい」と強調。その上で、今後は「課題をワンストップ（1カ所）で受け止める取り組み」「利用者側の視点に立った制度への改革」「寄り添い型・伴走型支援の充実」が必要だと述べるとともに、地域で支え合う「共生社会」の構築をめざすと力説した。

●国民の不安やニーズが明らかに

訪問調査の結果からは、国民が抱えるさまざまな不安や多様なニーズが明らかになった。

〈1、子育てについて〉

日本の総人口は19年4月2日現在、1億2623万人（概算値）。10年連続で前年を下回り、本格的な人口減少時代を迎えている。こうした中、18年の出生数は明治32（1899）年の統計開始以来、最小だった17年の94万6065人（確定数）を下回り、91万8397人（概数）で過去最少を更新し、少子化に拍車がかかっている。1人の女性が一生のうちに産む子どもの数を推計する「合計特殊出生率」も18年が1・42で、15年の1・45から毎年0・01ポイントずつ低下し、少子化対策の強化は待ったなしとなっている。

国立社会保障・人口問題研究所の調査（18年4月1日）では、約半数の夫婦が、理想の子どもの数は3人以上と回答するなど、子どもを持ちたいとの願望は衰えていない。しかし理想の子どもの数を持たない理由を尋ねると、子育てや教育にお金がかかることを挙げる人が56・3%で最多を占めている（以下、「高齢で産みたくない」39・8%、「欲しいけれどできない」23・5%、「これ以上、育児の心理的、肉体的負担に耐えられない」17・6%、「健康上の理由」16・4%、「自分の仕事に差し支える」15・2%、「家が狭い」11・3%、「夫の家事・育児への協力が得られない」10・0%……）。経済協力開発機構（OECD）によると、日本の教育機関に対する公的支出の割合（14年）は、国内総生産（GDP）の約3・2%で、OECD各国平均の4・4%を大きく下回っており、この数値は比較可能な加盟34カ国中最下位である。

そうした現状を反映するように、公明党の子育てアンケートでは「将来の進学などの費用が不安」（46・7%）や「現在の授業料・保育料などの負担が重い」（13・7%）、「学習塾・家庭教師・習い事などの費用負担が重い」（10・4%）、「制服や通学用品（かばん・体操着など）の購入や買い替え費用の負担が重い」（3・2%）といった回答を合わせると、74%が学費など〝教育費の負担〟に不安や悩みを抱えていることが分かった。

子育てと仕事の両立に関しては、「今は働いていないが、今後働きたい」（16・5%）、「労働時間が長すぎる」（13・3%）、「時間単位で休暇を取りたい」（8・7%）、「テレワークなどで在宅勤務がしたい」（4・8%）など、子育てしながら安心して働ける〝柔軟な働き方〟を求める声が寄せられた。

また、全体の85%の人が「親としての心配事」を抱えていることが明らかになった。「進学など子どもの将来」（43・6%）、「いじめや学校生活での友人関係」（18・7%）などで、「相談できる相手が身近にいない」との回答もあった。

〈2、介護について〉

２０２５年には団塊の世代が全員75歳を超え、国民の３人に１人が65歳以上となるため、医療や介護の需要が急増するとみられる。中でも懸念されているのは、認知症を持つ高齢者の増加で、政府の推計で25年に６７５万人に達すると見られており、認知症への対応は大きな課題となっている。

アンケートでは、介護に直面している人の困りごと〈複数回答〉として、「家族の負担が大きい」(58・8％)、「いざという時の相談先」(34・３％)に悩んでいることも分かった。一方で、介護での家族の負担軽減に向けて力になってくれる地域包括支援センターを知っている人の割合は78・２％と約８割に上ったが、「いざという時の相談先」に十分になりきれていない可能性がある。まだ介護サービスを利用していない人からは、「自宅で介護サービスを利用したい」(50・０％)、「介護施設などに入所したい」(35・４％)、「見守りのサービスがほしい」(17・１％)、「有料老人ホームなどに住み替えたい」(10・５％)などの声が寄せられた。

まだ介護に直面していない人に、自分に介護が必要になったとき「一番困ること」を聞いたところ、「経済的不安」(29・１％)と並んだのが、「自分が認知症になったとき」(26・８％)であることが分かった。他には、「施設不足で利用（入所）できないのでは」(14・６％)、「家族が要介護になったとき」(12・４％)、「自宅に住み続けられなくなること」(９・０％)、「家族の支援が受けられないこと」(８・１％)などであった。

調査では、介護に直面する人の間でも、「認知症初期集中支援チーム」の認知度が極めて低い（12・１％）ことも明らかになり、その周知が急がれる。

また、「日常生活で困っていること」を複数回答で聞いたところ、主な回答は「通院」(36・４％)、「力仕事」(31・２％)、「買い物」(30・９％)、「家事」(28・０％)で、いずれも公的な介護保険サービスではカバーできない項目であり、住民はじめ多様な担い手による地域の支え体制づくりが重要であることが浮き彫りとなった。

〈3、中小企業について〉

国内企業数の99・7%を占め、全労働者の約7割が働く中小企業は、地域経済を支えている屋台骨だ。多くの中小企業は今、経営者の高齢化と後継者不足に直面している。中小企業庁の分析では、2025年までに中小企業・小規模事業者の6割を超える約245万社で、経営者が平均引退年齢に当たる70歳を超え、その約半数の127万社で、後継者が決まっていない。事業承継の対応は待ったなしとなっている。

このほか、人手不足や資金繰り、生産性向上への設備投資、業務改善に向けた取り組みなど、様々な課題に直面している経営者も少なくない。このまま放置すれば廃業が急増し、日本経済の活力が大きくそがれる可能性も指摘されている。

そうした状況にある中小企業へのアンケートでは、支援策を利用した経験があるとの回答が半数以上（59・3%）に達し、内容の評価は「満足」と「普通」を合わせ86・1%で、「不満」（7・7%）、「制度を改善してほしい」（9・9%）だった。一方、利用経験がないとの回答（40・7%）のうち、その理由として「そもそも制度を知らない」（56・0%）が圧倒的に多く、制度の周知強化や窓口の一本化など、利用者の目線で知恵を絞ることが求められることが課題となった。他に利用していない理由として、「申請をしたが、認められなかった」（2・9%）、「制度の要件に当てはまらない」（23・3%）、「制度は知っているが、手続きが煩雑」（19・1%）だった。

また、事業承継時に最も困る課題については、「人材・後継者探し」が46・3%と最も多く、「事業の将来性がない」（17・6%）、「相続・贈与税」（15・2%）、「技能の継承」（9・6%）、「相談できる人、窓口がない」（5・8%）などと続いた。

なお、事業承継時に受けたい支援策では、「税制支援」（23・7%）、「相談窓口」（23・5%）が多かった。

〈4、防災・減災について〉

近年、大規模な自然災害や異常気象が頻発し、各地で甚大な被害が出ている。こうした災害から国民の生命や財産を守るには、安心・安全の国土の形成に向け、地域の特性に合った防災・減災対策を強化する必要がある。また、高度成長期に整備された橋や道路、上下水道など多くの社会インフラ（社会資本）が、耐用年数を迎えつつある。例えば、建設後50年以上経過した道路橋の割合は２０１２年度では18％だったが、32年度には67％と加速度的に増えることが指摘されている。莫大な費用を必要とするインフラの維持管理、老朽化対策をどのように進めていくのかも大きな課題となっている。

この防災・減災のアンケートでは、地域において危険で改善が必要な場所を複数回答で聞いたところ、「空き家」（36・０％）、「道路」（34・０％）、「河川」（30・６％）とそれぞれ３割を超え、「通学路」（21・７％）、「側溝」（19・３％）、「傾斜地」（17・６％）、「橋」（15・４％）などと続いた。とりわけ、全国的な課題となっている「空き家」や「空き地」がもたらす被害の拡大が心配され、「通学路」の総点検、道路や河川、橋、上下水道などのインフラ整備・老朽化対策は喫緊の課題となっている。身近にある危険箇所に対する住民の警戒心が強まっていることがうかがえた。

一方、力を入れてほしい防災行政に関しての回答では、「避難所における安全対策・防犯対策」が48・７％で最も多く、「災害時要援護者の把握・連携」（43・６％）、「避難訓練の強化」（31・９％）、「バリアフリーの促進」（25・５％）、「地域防災会議の充実」（17・２％）、「感震ブレーカーの普及・啓発」（17・０％）などが続いた。

また、「女性や子ども用の防災備品を設置してほしい」「避難所の運営会議に女性の参加を」「避難所での高齢者、子ども、妊婦などの災害弱者を守る対策をしてほしい」といった要望も多数出され、災害時に配慮が必要な人たちが安全に避難できる体制づくりへの要望が浮き彫りになった。

●子育て支援へ教育無償化を強力推進

こうした調査結果を踏まえ、公明党は、それを党の政策にまとめ上げ、議会活動に反映し、それぞれの課題解決に全力を挙げている。

中でも、「子育て」に関する一番の不安要因である教育費の負担軽減・無償化実現への取り組みについては、公明党の長年の主張が実り、2019年10月から幼児教育・保育の無償化が実現。3～5歳児（就学前3年間）は全世帯、0～2歳児は住民税非課税世帯を対象に、認可保育所などの利用料が無料となった。認可外施設（ベビーシッターなど含む）や幼稚園の預かり保育も補助額に上限を設けて無償化された。対象者は実に300万人超に及ぶ。

大学、専門学校などの高等教育無償化については「給付型奨学金」と「授業料減免」を、対象者・金額ともに大幅拡充して実施されることになった。奨学金は最大年約91万円、減免は同約70万円で、対象は住民税非課税世帯と、それに準ずる世帯の学生だ。対象者は最大で75万人程度に上るとみられている。

高校については、公立高校の授業料は実質無償化（世帯年収910万円未満）となっているが、私立高校については公明党の推進で年収590万円未満の世帯を対象に、20年度までに全国で実質無償化される。それに先立ち東京都や大阪府など多くの自治体で、各議会の公明党の積極推進が実り、国に先駆け実施されている。

この公明党のリードで実現する「幼児教育」「私立高校授業料」「大学などの高等教育」の三つの無償化について、識者からは、「公明党の尽力により、今月（19年5月）、幼児教育・保育と高等教育を無償化する二つの法律が成立したことは、日本の教育政策において歴史的転換点と言っていいでしょう。高等教育の無償化については、従来は成績・健康や意欲の条件がそろっていなければ、給付型奨学金や授業料減免を利用できませんでしたが、事実上、所得要件で利用できるようになりました。経済的な理由で大学などへの進学を諦めていた低所得世帯の子どもに、希望する進路へ進む道を開く大きな意義があります。一方、幼保無償化の特徴は、保護者の所得にかかわらず、3〜5歳の『すべての子ども』を対象としている点です。低所得世帯から全世帯へ、財源を確保しつつ段階的に支援対象を拡大させてきたのは、理想的な政策過程と言えます」（末冨芳・日本大教授 「公明新聞」19年5月19日付）など各方面から高く評価された。

上記の末冨教授のコメントにある教育無償化への二つの法律（改正子ども・子育て支援法と大学等修学支援法）の採決に当たり、立憲民主党と共産党は、他の野党が賛成する中、「待機児童解消の方が先だ」などと反対した。ところが実際は、政府・与党は既に無償化と同時に、「待機児童ゼロ」をめざす取り組みとして、20年度末までに保育の受け皿32万人分を整備することや、保育士の処遇改善などを進めているのだ。

●介護、中小企業、防災でも政策をリード

また、「介護」に関しては、高齢者の介護保険料の負担軽減、住み慣れた地域で医療・介護・生活支援などを一体的に受けられる「地域包括ケアシステム」の構築を進め、介護サービスの充実を図ることなどをめざしている。あるいは、認知症に対し、国を挙げた総合的な取り組みを進める理念や枠組みを法的に規定する「認知症基本法案」を自公両党で19年6月20日、衆院に共同提出した。同法案は、認知症の人が「社会の一員として尊重される社会の実現を図る」ことなどを明記しており、今後、野党とも幅広い合意を形成し、早期成立をめざしている。なお、同法案については、自民党の田村憲久政務調査会長代理が「公明党が一歩先を行っていたが、このほど与党案としてまとめ、共同提出となった」と語っていたように、まず公明党が18年9月に骨子案をまとめ、自民党に働き掛け、法案化してきたものである。

「中小企業」に関しては、公明党の強力な主張を受け、政府は18年度税制改正で事業承継税制を抜本的に拡充。18年4月1日から28年3月31日までの10年間、株式の相続税・贈与税について、後継者不足に悩む中小企業経営者の円滑な世代交代を支援するため、承継する全株式が納税猶予の対象（従来は3分の2）となり、複数人による承継も可能となり、これまで承継時に必要だった相続税や贈与税の資金負担はゼロになった。さらに19年度税制改正で個人事業主の事業承継税制も拡大され、事業の引き継ぎを後押しするため必要な土地のほか、建物や自動車などを対象に相続税・贈与税を全額猶予することになった。また、中小企業をサポートする「よろず支援拠点」や「事業引継支援センター」の機能強化にも取り組んでいる。

「防災・減災」については、公明党がかねて提案している「防災・減災ニューディール」を着実に進め、防災・減災・復興を社会の主流に押し上げることを主張。20年度までに集中的にインフラの防災・減災を進める国の「3カ年緊急対策」を効果的に進め、防災意識社会の構築に向け、復興庁の存続と、防災・減災、災害時の緊急対応から復旧・復興を一元的に扱う中央の防災機能の強化、防災専門人材の育成をめざしている。自主防災組織の充実や災害時に自らが取るべき行動を時系列でまとめたマイ・タイムライン（防災行動計画）、ハザードマップ（災害予測地図）の普及で、地域防災力を高めることを訴えている。

●〝草の根民主主義〟を体現する公明

公明党は「大衆とともに」の立党精神を体現する政治手法として、結党当初から「市・区民相談」「暮らしの相談」を通じて、一人ひとりの住民の生活上の悩み、政治に対する意見・要望等を議員が膝詰めで聞き、党の政策活動に反映し、また連携プレーで地方議会から国会へ上げるなどの取り組みも行い、国民のナマの声、生活の実情を政治に反映していく、文字通りの〝草の根民主主義〟を体現してきた。

それとともに、「現場主義」「調査なくして発言なし」をモットーに、またそれを党の伝統的な政治手法として、国と地方の議員が一体となり、緊密に連携し、数々の総点検運動や実態調査を展開してきた。その対象は沖縄も含め3度にわたった「在日米軍基地総点検」をはじめ、「公害」「税制」「海洋汚濁（東京湾、大阪湾、伊勢湾、瀬戸内海、洞海湾など）」「民間木造賃貸住宅」「土地買い占め」「交通」「通学路」「学校給食」「介護」「若者の雇用」など、それこそ多岐にわたった。

そのように、議員、党員が実際に現場に足を運び、自分の目で見、自分の耳で聞いた調査を基に、国会や地方議会での〝現場発〟の発言・主張を展開し、また党の政策としてまとめ、国民生活を守る原動力としてきた。それは、お役所仕事や官僚行政に目立つ「机上のプラン」や、従来の野党に顕著だった「観念発」「イデオロギー発」とは違い、政治を事実に即した現実的、具体的なものへと変えてきた。文字通り他党の追随を許さぬユニークな活動として国民各層やマスコミからも高く評価されてきた。

そうした伝統的政治手法だけに、この「100万人訪問・調査」運動の取り組みに当たっても、識者らから大きな期待と評価が寄せられた。

●「ポピュリズムの対極にある運動」と

例えば、河村和徳・東北大准教授は、「政治家が地域に入って〝一人〟の声を聞き、行政に働き掛けて、その声を実現する。そして、結果を評価し新たな取り組みにつなげていく――。こうしたサイクルは民主主義の原点であり、今回の訪問・調査運動は、まさにそれに当たる活動だと高く評価しています。国民にとって、政治に『声が届いた』という体験は、政治への信頼を生むだけでなく、民主主義を正しく理解する契機ともなります。その意味で、今回の運動は、国民の不安を煽り、支持を集めるポピュリズム（大衆迎合主義）の対極にあると言えるでしょう」(「公明新聞」18年4月8日付)と。

社会起業家の駒崎弘樹(認定NPO法人フローレンス代表理事)は、「あるべき論やイデオロギーに基づく政策議論が多い中、現場の声を直接聞くという姿勢は政治の原点です。……私自身、子育て支援に携わる中で驚いた経験があります。行政と『医療的ケア児』の問題を話し合っていた際、担当者が『現場を見た経験がない』というのです。これでは支援策が現場と遊離してしまいかねません」(同)と述べた。

川上和久・国際医療福祉大教授は、「政党とは地域の〝御用聞き〟であると考えている。政党や政治家は、有権者が政策について何を感じ、そこにどういう修正点があるのかを捉えていく必要がある。この努力なくして、民主主義政治は成り立たない。……今回の訪問・調査運動は、民主主義の一翼を担う運動であり、政党としての原点である。……地域に飛び込み、さまざまな声を集めて、政策に反映する。近代社会において、政党は本来そのような存在であり、そうした活動を通じて発展してきた経緯がある。党のネットワークや組織を拡大することにもつながる」「だが、それ以上に重視したいのは、自分たちが行っている、あるいは行おうとしている政策について、有権者が実際にどう思っているかを〝皮膚感覚〟で知ることだ。その意味で、インターネットの時代にあっても、政治家が一軒一軒、足を運び、一人一人の声に耳を傾けることから政治を始めなければいけない」(同18年5月15日付)と。

●立党精神を具体化する活動に期待の声

また、読売新聞特別編集委員の橋本五郎は、同氏がキャスターを務めるラジオ日本の番組にゲスト出演した山口代表(18年9月2日放送)と語る中で、公明党の「100万人訪問・調査」運動について、全国の議員が一人一人との直接対話を通じて現場の課題をつかむ取り組みを展開したことを評価し、「政治家がやることの原点なのかもしれない」との認識を表明。さらに、政治家のあるべき姿勢として「民の声を直接聞こう。ここが大事」と強調し、「今（の世論調査など）はインターネットになって、直接の話でなく機械を通じて本人が見えない状態だから、そういう場を幾つも設けるべきだ」と対面調査の重要性を訴えた。

あるいはまた、〝夜回り先生〟こと水谷修は、「公明党は他党と違い、国会議員と地方議員が同じ目線に立ち、常に一緒に動き、協力し合う。これが一番の魅力だ。この国には、高齢となって一人で暮らし、ひっそりと亡くなっていく人がいる。親に虐待されているが、気付いてもらえない子どももいる。こうした忘れ去られた人をつくらない力を持っているのが、公明党だ。昨年（18年）実施した『100万人訪問・調査』運動は、この国で忘れ去られた人をあぶり出していく、公明党らしい取り組みだ。公明党がいれば、子どもや高齢者の生きる力につながる」（19年5月21日　福岡市で開かれたフォーラムで「公明新聞」19年5月24日付）と語った。

御厨貴・東大名誉教授は、「（19年7月の）参院選に向けて、公明党は『小さな声を、聴く力。』というキャッチコピーを掲げている。多くの人は『集団利益を代表するのが政治だ』と誤解しているようだが、一人ひとりの声を粘り強く聴くことこそ政治の基本だ。その基本をいま一度顧みようとする公明党の姿勢は新鮮に映る」（「潮」19年7月号）と述べ、さらに続けて「公明党には『大衆とともに語り、大衆とともに戦い、大衆の中に死んでいく』という永遠の立党精神がある。何があろうとこの初心にかえり、公明党の公明党たる原点に返って仕事をしていけばいい」（同）と期待感を表明している。

日本の政治に大きなインパクトを与えた「100万人訪問・調査」運動は公明党の立党精神を具体化した取り組みであり、「現場主義」こそ公明党の真骨頂であることを党内外に鮮明にした。のみならず、それは「民主主義の原点」「政治の原点」「政党としての原点」「政治家がやることの原点」であることも示すものであろう。

第23章　連立20年の自公政権

―政治の安定と改革の「要《かなめ》」の役割担う

２０１９（令和元）年10月、公明党は自民党との連立政権20年の節目を迎えた。１９９９年10月、自民党からの要請を受けて連立政権に参加して以来、民主党政権の約３年間（２００９年9月～12年12月）を除き、公明党は政権与党の一員として、政治の舵取りを直接担う重い使命と責任を担い、政治の安定と改革の「要」の役割を果たしてきた。

●「公明は、規模以上の力を発揮」

政党間の連立について、政治学や国際常識では、選挙結果により、その都度、連立組み替えがなされることや、一党で過半数議席を得れば単独政権になる、というのが一般的であるとされる。その意味で、連立の期間は「短期」もしくは5～6年の「中期」と目されていよう。それが自公政権の場合、自民党が衆参過半数を達成した後もなお、引き続き連立を維持し、実に20年に至るとあって、当事国の日本のみならず国際社会でも強い関心が持たれている。

英ケンブリッジ大学出版局が刊行する学術誌「日本政治学誌」（正式名は「Japanese Journal of Political Science」19年3月）も、論文の一つとして「自公連立」を取り上げ、様々な角度から検証している。すなわち、米インディアナ大学助教授のアダム・P・リフと米ノーステキサス大学准教授の前田耕の共同執筆による論考で、「保守の自民党と平和主義の公明党による20年間の連立は異例」（日本語訳は公明新聞党史編纂班、以下同じ）であるとし、「従来の連立の政治学に挑戦するものだ」と述べ、その中で、「公明党は、その規模以上の力を発揮して、自民党の重要な安全保障政策を抑制している」「1955年以来、自民党のアイデンティティーや綱領に関わる優先事項について、重要な政策上の譲歩を引き出している」と指摘している。

●「政治の安定が第一」と内外識者ら

自公連立20年という長期政権の存在は、日本に「政治の安定」をもたらしている。「政治の安定」はそれ自体、大きな政治的価値であろう。

経団連の中西宏明会長は2019年1月16日の都内での講演で、こう述べている。「(米政治学者)イアン・ブレマー氏がよくこう言う。『日本ほど良いポジションにある国はない。第一に安定している政治体制だ』と。私自身も非常に評価している。政治の安定が第一だ」と。ブレマー、中西両氏は読売新聞への共同寄稿(18年10月20日付)でも、「世界の至るところで変化を求める風が吹き荒れ、政治情勢が一変しつつある。……伝統的政党が保守もリベラルも押し流されてしまう中、日本だけは民主主義の基盤のもとで連立与党が長期にわたって安定した政権を維持している。世界で最も緊張が高まる地域に位置しているにもかかわらず、その安定が保たれている」と指摘し、自公政権による日本の長期にわたる政治的安定を評価した。

また、イギリスの著名エコノミストで英王立国際問題研究所のジム・オニール会長は、同研究所のサイトに掲載したコラム(19年2月)で「世界で大衆迎合主義と権威主義が高まる中、日本は社会的・経済的安定で際立っている」と述べ、「日本は他の先進国にまだ何かを教えることができるはずだ」と指摘した。

日本も欧米先進諸国と同様に、グローバル化がもたらす負の影響などにより、格差拡大、中流・中間層の減少などが生じており、社会の分断・対立の芽はあるが、しかしそれが大きく顕在化・尖鋭化せず、社会的・経済的安定が保たれているのは、政治の安定がその土台にあるからだろう。「政治の安定」は重要だ。もし政治の安定を欠けば、適切に物事を決めることに支障を来し、政治の停滞やポピュリズム（大衆迎合主義）に流され、社会に混乱、動揺を生じよう。また外国政府・企業からも交渉相手としての信頼性を欠き、市場の信用も失墜するなど、各方面に多大な悪影響や損失を生じかねない。現に卑近な例として、自公政権においても、参院与党過半数割れを生じていた福田、麻生政権下で、政権基盤不安定の深刻さを身をもって体験した。結果として、ポピュリズムに走った民主党政権を誕生させ、日本は危機的事態に陥ったことは記憶に新しい。

然《しか》るが故に、公明党が連立参加に当たって掲げたスローガンは「政治の安定と改革のリーダーシップ発揮」であり、「政治の安定」は第一の大義名分とされた。自公連立が20年を迎えた今日、改めて公明党の連立参加、そして自公政権の長期存続が時代的・社会的にも大きな意義をもたらし、誠に当を得たものとなっていることは確かであろう。

3年ごとに実施される参院選は、時の政権に対する「中間評価」の意味合いを持つとされる。19年7月実施の参院選では、公明党は過去最高と並ぶ14議席（候補者を立てた7選挙区全員当選と比例区7人当選）を獲得。自民党と合わせ、与党として改選過半数（63議席）を上回る71議席を獲得して勝利し、自公政権への信任を得た。「安定した政治基盤の下で内外の難題に正面から取り組み、結果を出してほしい。そうした民意が示されたと言えよう」（「読売」社説19年7月22日付）と論評された。

●公明の掲げる政策実現こそ主目的

「政治の安定」とともに、公明党が掲げた、もう一つのスローガンである「改革のリーダーシップ発揮」、つまり公明党の中道政治の実現、公明党の掲げる政策の実現こそ、公明党にとっての連立参加の主目的である。政党の生命は政策にあり、その政策の実現こそ政党の目的である。政権参加はそのための手段である。もとより政権の座に座り続けること自体を自己目的化しない、というのが公明党の位置づけだ。

では連立20年を迎えた今日、主眼とする「改革のリーダーシップ発揮」の内実はどう評され、どう論じられているか。例えば、冒頭部分に引用した、アダム・P・リフと前田耕の共同論考が指摘する、「公明党は、その規模以上の力を発揮して、自民党の重要な安全保障政策を抑制している」「1955年以来、自民党のアイデンティティーや綱領に関わる優先事項について、重要な政策上の譲歩を引き出している」とは、2015年9月に成立した平和安全法制に際して公明党が強いリーダーシップを発揮して法案に大きな修正をかけたことや、あるいは憲法改正問題に関して公明党が重視する国民的合意形成の重要性を、自民党側も受け入れている点を指すものであろう（平和安全法制については、〈第21章〉「憲法の平和主義守った公明党」に詳述）。

●「平和や弱者の観点」公明が担う

他にも例えば、御厨貴・東大名誉教授は、「かつての自民党は、社会保障や教育費無償化など弱者救済の政治が苦手だった。消費増税に付随して食料品等に軽減税率を導入したり、幼児教育や私立高校の授業料を無償化するなど、安倍政権は弱者救済の政策を積極的に実現してきた。これは『福祉の政党』『教育の政党』の伝統をもつ公明党が連立パートナーであるおかげだ」「社会保障や教育の問題に公明党がどこよりも敏感であるおかげで、公明党のビジョンは政策として実を結んだ」(「潮」18年11月号）と指摘する。

また、中北浩爾・一橋大大学院教授は、「自民党は国家全体という『上から』の目線に立ち、公明党は個人の尊重という『下から』の目線を大切にする。違うからこそ、それぞれが別々の役割を果たし、独自性をアピールできる」「（安全保障法制整備など）安倍カラーの政策に関して、公明党は自民党に追従しつつ歯止めをかけるという役回りを演じてきた。それに対して、生活必需品などの消費税率を低く抑える軽減税率は、公明党が熱心に主張し、自民党に受け入れさせたケースである」（『自公政権とは何か』ちくま新書　19年5月刊）、「安倍政権が国防や経済成長を二枚看板にしている中、それだけでは平和や弱者の観点が抜け落ちてしまうので、そこを補完する役割を公明党が担っています」（『第三文明』19年6月号）と。

●福祉や教育など国の中心施策に

あるいは、神野直彦・日本社会事業大学長は、こう述べる。「公明党が自民党と連立政権を組んで以来、生活者に光を当てた政治が前進している。政権の内部から、格差社会や貧困を防ぐ手立てが講じられ、教育や福祉も拡充された。高齢者や障がい者など弱い立場の人たちに対するきめ細かな施策も充実し、国民の思いが届く政治が実現している。……消費税率引き上げ時に導入する軽減税率は、社会的に弱い立場の人たちに配慮し、公明党が政党で唯一主張したもので高く評価している」（『公明新聞』19年6月3日付）と。

政治評論家の森田実も、「結党以来、55年の歴史の中で公明党が主張してきた政策は今や、国の中心政策に据えられました。全世代型社会保障の構築や、命を守る防災・減災対策の拡充、自然・文化の力を生かした観光立国化はその代表格」（『公明新聞』19年5月6日付）と指摘する。

上記のように、公明党政治の特長である「生活者の政治」「弱者の味方」「平和の党」「福祉の党」「教育の党」としての政策・主張は着々と実ってきたと言える。しかもそれは自民党政治の足らざるところを補う形でもあり、公明党流の視座、視点を政権内にしっかり反映させてもいると評されている。それが結果的に政権を補強する効果をもたらし、政権の「耐久性」を強めることにも貢献しているであろう。

●相補的な「保守」と「中道」の組み合わせ

自公連立は「保守」と「中道」の組み合わせである。その「中道」公明党の政治路線は結党以来、イデオロギー優先でなく生活者中心、対決一辺倒でなく合意形成の政治、左右の極端に走らず、かつ、急進的ではなく漸進的、といった発想と行動様式を貫くものだ。具体的には、日本の政治の座標軸であることをめざし、①政治の左右への揺れや偏ぱを防ぎ、政治の安定に寄与する、②賛成と反対だけの不毛な対決を避け、国民的な合意形成に貢献する、③新しい課題に対しては、創造的な解決策を提案する、という三つを基本としている。

公明党の中道政治の方向性、その帰するところは、今日、先進国に瀰漫《びまん》する社会的・政治的な分断・対立を止揚し、協調・統合へと促すものである。従って、公明党と自民党との連立が意味するものは、単に数的多数の形成のみならず、質的側面でも物事を協調・統合型へと促し、社会的・政治的安定を図る契機・動因を政権内に内在させているということである。

実際、政権の姿それ自体を見てみても、「保守」の自民党は、長年の統治党としての功績を持つ一面で、多数をバックに権力のゴリ押しや強権的な姿勢、また長期間権力の座にあることに伴う政治腐敗を生じる弊害なども指摘される。その点で、政権を共にする公明党が、時に自民党側を合意形成重視へと促し、また「公明党は『小粒だがピリリと辛く鋭い』と言うべき『与党内野党』の役割をずっと果たしてきた」(御厨貴・東大名誉教授「潮」19年7月号)と指摘される行動や、あるいは自民党の右傾化・権力の暴走・政治腐敗に対する〝ブレーキ役〟を演じることもあったことは周知の通りだ。むろん、一方の自民党が大政党の度量を発揮し、公明党の意をくんできたことも確かであり、そうした両党間の〝与党内チェック・アンド・バランス(抑制と均衡)〟が政権の「耐久性」を高め、自公長期政権を可能ならしめることになったと言える。

その結果、「自公政権は現在のところ、日本政治で唯一の安定した連立の枠組みとなっている。自公以外の安定した連立の枠組みは、この四半世紀の間、存在してこなかった」(中北浩爾・一橋大大学院教授「潮」19年6月号)と評されるに至っていよう。

自民党との連立当初、党外の第三者のみならず、当の公明党自身も、また恐らく自民党においても、両党関係がこれほど長期にわたり連立パートナーとなるとは予想していなかったのではないか。両党間では理念も違い、政策的距離も大きいと見られ、過去には敵対的な対立関係の緊張時期もあった。そもそも1994年1月に成立した現行の衆院選挙制度「小選挙区比例代表並立制」は適宜な与野党政権交代を見込んでいたはずだ。

●丁々発止の政策調整や選挙協力で信頼関係醸成

公明党にとって、連立のスタート時点では、大世帯の自民党に〝呑み込まれる〟〝使い捨てにされる〟あるいは〝自社さ政権での社会党の二の舞いになる〟といった悲観視する見方も党内外に少なからずあった。また連立後も、自民党に不祥事や、おごり、傲慢の類《たぐ》いが起きれば、連立パートナーの公明党もその余波を被り、選挙戦などではピンチに立たされることもあった。実際、麻生政権下の2009年衆院選では自民党の惨敗に引きずられる形で、公明党も敗北し、自民党ともども下野することになった。

そうした紆余曲折を経ながらも、時に両党間で火が出るような丁々発止を交えた政策調整・政策決定を行い、あるいは野党転落時も含め国会対策での両党間の協同的な足並み、さらに国政選挙や首長選などでの幾多の選挙協力関係を積み上げる中で、両党間の相互信頼関係は一歩一歩醸成されてきたと言える。俗に自公両党の「親密性」と観測される特質はそうした幾多の試練を乗り越え、絶えざる切磋琢磨を続けてきた所産であろう。

長期にわたる自公連立政権も、民主党政権成立の前と後では、様相を大きく異にする。民主党政権前の約10年に及ぶ小渕、森、小泉、安倍（第1次）、福田、麻生の各政権下では、野党第1党の民主党を中心に野党勢力が与党に迫り、張り合っていた。一方の自民党は1989年の参院選以来、参院単独過半数割れが続き、政治基盤は不安定化していた。99年の公明党の連立参加で、ようやく衆参与党多数となり、政治的安定が図られた。

だが、第1次安倍政権下の2007年7月の参院選で自民党は大敗。与党は再び参院過半数割れとなり、衆参国会で与野党〝ねじれ〟現象を来した。そこで民主党は参院での野党多数を盾に対決姿勢を強め、政権奪取目的からか極端な政局第一主義に走り、政府・与党に対し、ことごとく「ノー」を突きつけ、結果「決められない政治」が続き、政治は著しく混迷・停滞を余儀なくされた。そして09年8月末の衆院選で、自民党が惨敗し、民主党政権が誕生した。

しかし、民主党政権は混乱と失政が相次ぎ、3年3カ月で瓦解。12年12月の衆院選結果を受け、第2次安倍政権が誕生。また翌13年7月の参院選でも自公勢力が勝利して参院も与党多数となり、衆参〝ねじれ〟現象も解消。ここに両院とも自公勢力が安定多数を確保することになった。その後の数次の国政選挙では、自民党が衆院で絶対多数を確保するなどで、自公政権は今日まで安定的に維持されるに至っている。

そうした現況から、「日本政治にとって『二十一世紀は自公の時代』といってもいい」（御厨貴・東大名誉教授「潮」18年11月号）と観測する向きもある。あるいは、「これだけ変化が激しい時代である。一強となった現在の自民党ですら一〇年後にはどうなっているかわからない。……現在の連立の枠組みが未来永劫変わらないとは考えにくいが、それでも自公連立政権は、当分つづくだろう」（牧原出・東大先端科学技術研究センター教授「潮」19年7月号）との抑制した見方もある。むろん政治の世界は〝一寸先が闇〟と評されるように、時に突発的な「風」や一時の「ブーム」が生起するなどで、必ずしも予定調和的に物事が進まないのが、この世界の特徴だ。

ところで、自公政権「当分」存続論の背景には、「現在の野党は離合集散を繰り返して求心力に欠け、政権交代を担える政党は一つも見当たらない」（御厨貴・東大名誉教授「潮」19年7月号）と指摘される野党の存在感の希薄化があろう。

●今なお深い民主党政権失敗の傷痕

また、日本を危機的状況に陥れた民主党政権失敗の傷痕は今なお深く、現にその後遺症として、国民意識レベルでも期待が裏切られたことへの反発が依然強く残っている。例えば「平成の30年」の検証として、読売新聞が行った世論調査（18年10～11月実施）では、日本社会に「悪い影響」を与えた「政治的出来事」として最も多かったのは「自民党から民主党への政権交代（09年）」が挙げられた。ちなみに、その一方の、「良い影響」を与えたものとして最も多かったのは、公明党が主導した「国連平和維持活動（ＰＫＯ）協力法成立」であった。

「大きな期待を大きな失望に変えた民主党政権」（御厨貴・芹川洋一編著「平成の政治」日本経済新聞出版社18年11月刊）であるが、その民主党政権関係者の現況として、橋本五郎・読売新聞特別編集委員は、民主党政権失敗の原因として、単に公約不履行といったことだけでなく、「問題は政治を安易に考えていたという一点に尽きる。要するに『しゃべればできる』と考えていた。……何かをする時、達成までにどれだけの苦労があるかが想像できず、何でもできるという全能の幻想があった……この『しゃべればできる』という安易な発想は、残念ながら野党に戻っても変わっていない」（「公明」19年5月号）と述べ、旧民主党陣営の発想スタイルが今日でも依然として旧態依然のままであると指摘する。

とりわけ野党第1党の立憲民主党に対し、例えば御厨貴・東大名誉教授は、こう批判する。

「立憲民主党はかつての社会党です。……いま、徹底的に与党と対立しない限り野党は存在意義がないと思っている。……だから枝野さんの立憲民主党はかつての社会党と同じように何でも反対を貫いている。それをやっている限り、一定程度の票は入るけれども、政権政党を目指しているとは絶対に思われない」（前掲「平成の政治」）、「野党はともかく批判だけしていればいい……立憲民主党はますます昔の社会党左派に戻っているのではないかという感じがします」（19年7月22日のBSフジ「プライムニュース」）と。

●党の議員力、政策力など力量アップを

民主主義の基本は、与野党が適宜に政権交代することにより、政治が活性化し新鮮で弾力的となり、民主主義機能も向上する、というものだ。しかし野党側に「政権交代を担える政党は一つも見当たらない」と指摘される現状は、政治全体の力学からすれば、逆にその分、与党側が担う比重が一段と重くなることを意味しよう。とりわけ今日のように時代が大激動し、政治の舵取りが難しい折だけに、今日、与党の自公両党の責任と使命はいや増して重いものがある。それだけに、公明党が今後とも引き続き与党の一員として国民の負託に応えていくためには、党の議員力、行動力、政策力、判断力……といった党の政治的力量アップが求められ、何より中道への支持拡大が欠かせない。

それとともに、今後の公明党に対する要望として、例えば「自民党との連立関係を維持しつつ、……冒険的な提案をどしどしぶつけていくべきだろう。自信をもって公明党独自の国家ビジョンを打ち出し、国政の場で公明党のオリジナリティを発揮していくときではなかろうか」（御厨貴・東大名誉教授「潮」18年11月号）といったアドバイスや、あるいは「今後の公明党には与野党の枠を超えた、より一層広い視野をもつことを期待したい。……野党に対する目配りや、時には協力しながら政策を実現させていく選択肢もあるのではないか。自公の枠だけではなく、もっと広く日本の政党政治全体のなかでの自らの位置づけを深く掘り下げ、明確にしていく必要が出てくるはずだ」（牧原出・東大先端科学技術研究センター教授「潮」19年7月号）との指摘も出されている。

●一層求められる中道としての存在感発揮

牧原教授は、その一例として、こう述べる。「『社会保障と税の一体改革』を決めた二〇一二年六月の三党合意は、公明党の『中道』としての存在感が発揮された出来事だった。与党・民主党と野党・自民党だけではあの合意は成立しなかったはずだ。中道政党である公明党があいだに立ったからこそ、あの三党合意が実現したのだ」と。そして今後に対し、「野党も含めて全方向的なネットワークをもつようになってほしいし、それが可能な政党だと思っている」との期待も寄せる。

公明党は、野党時代もただ「反対」するだけの安易な姿勢に堕すことなく、牧原教授が例示する「社会保障と税の一体改革」のみならず、湾岸危機時の多国籍軍への90億ドル支援実現やPKO協力法の制定、自公体制の原形とされる金融危機打開のための「金融早期健全化法」成立への賛成行動など、与党・野党の枠を超え、国家・国民の立場からの政策判断を行ってきた。与党の一員である今後も、従来と同様に、中道の理念、中道の政治路線の原則を踏まえつつ、日本の政党政治全体の立場に立って行動し、政策判断し、国内政治の向上・発展を期するものである。

あとがき

本書は、月刊「公明」２０１２年10月号から、同誌上に連載された「『大衆とともに』公明党の歩み」をほぼ原文どおりに収録したものである。同連載スタート時点（12年９月初旬発刊）は民主党政権下であり、公明党は野党であった。従って、同連載１回目に当たる本書の冒頭部分の記述は、野党時点のスタイルとなっているが、そのまま掲載した。公明党が与党に返り咲いたのは、同年12月の衆院総選挙で再度の与野党政権交代が起き、勝利した自民党と公明党が再び連立政権を組んだからである。

公明党50年の歩み、前身の公明政治連盟時代などを含めるとほぼ60年となる。文字通り半世紀以上にわたり戦後日本の政治を支えてきたのであり、その行動軌跡は広範多岐に及んでおり、その全てを記すことはむろんできない。本書で取り上げ、綴っているのは、党の事績のうちの重点事項、象徴的事例であり、公明党50年余の骨格部分である。党の軌跡の詳細は、党結成２年前の１９６２（昭和37）年４月２日に創刊された「公明新聞」に依るしかない。

党史執筆に当たっては、可能な限り、歴史に忠実に、事実関係はもちろん正確を期し、党を客観視する態度で臨んだ。党の草創当時を知る議員ＯＢなど関係者からも多々話を聞いた。党の事績の評価に当たっては、その時点でのマスコミ論評や、党外識者の証言・コメント類も併せ掲載した。登場者の氏名掲載に当たっては、勝手ながら、敬称は略させていただき、肩書は当時のままとした。

本書の元となった月刊「公明」での連載記事は、公明新聞党史編纂班に依るが、とりわけ新聞歴47年で編集局長・機関紙委員長を経験した辺見弘氏には、執筆の労をとっていただいた。また日刊体制の公明新聞初代編集局長として結党時から党とともに歩んで来た市川雄一党特別顧問（元公明党書記長）には多々アドバイスや監修をいただいた。本書の刊行はその賜物である。

公明党としては、本格的な党史の編纂は、本書が初めてである。本書が契機となって、公明党に対する理解と認識が進み、さらには日本の政治の発展に資することになれば幸いである。

２０１４年11月17日

公明党史編纂委員会委員長（公明党幹事長）　井上義久

〈追記〉　２０１９年11月に結党55年を迎えるに当たり、14年11月に結党50年を記念して刊行した「公明党50年の歩み」を増補・改訂した。すなわち、18年４月から約３カ月間にわたり党を挙げて行った「１００万人訪問・調査」運動と、19年10月に「自公連立政権20年」の節目を迎えたことを、新たに項目として付け加えた。また、結党50年の際、まだ審議途中だった「平和安全法制」（15年９月成立）と、19年10月から実施された「消費税率10％への引き上げ」について、その後の経過を踏まえ内容を整備した。巻末の年表も、結党55年を迎えるに際し、新たに追加・整備した。

年	月日	主な歩み
１９５４年（昭和29）	11月22日	創価学会に「文化部」設置
	12月10日	鳩山一郎内閣発足
１９５５年（昭和30）	４月23日	第３回統一地方選前半戦。都議選（大田区）１人、横浜市議選（鶴見区）１人が当選
	４月30日	第３回統一地方選後半戦。東京特別区議選32人、一般市議選19人が当選
１９５６年（昭和31）	７月８日	第４回参院選。３人当選（大阪地方区１人、全国区２人）
	12月18日	日本、国連に加盟
	12月23日	石橋湛山内閣発足
１９５７年（昭和32）	２月25日	岸信介内閣発足
	４月23日	参院大阪地方区補選。創価学会推薦候補は惜敗
１９５９年（昭和34）	４月23日	第４回統一地方選前半戦。都議選３人、県議選３人、政令市議選７人が当選
	４月30日	第４回統一地方選後半戦。東京特別区議選76人、一般市議選１８５人が当選
	６月２日	第５回参院選。６人全員当選（東京地方区１人、全国区５人）
１９６０年（昭和35）	７月19日	池田勇人内閣発足
１９６１年（昭和36）	５月３日	創価学会文化部が「文化局」に昇格。その下に政治部など設置。政治部が中心となって議会活動、議員活動の充実・向上が図られた
	11月27日	公明政治連盟（公政連）結成。原島宏治委員長、辻武寿書記長の体制に。議員勢力は２８４人（参院９人、都道府県議会７人、市区議会２６８人）
１９６２年（昭和37）	１月17日	公政連、「基本要綱」と「基本政策」（①核兵器反対②民主的平和憲法の擁護③公明選挙、政界の浄化④参議院の自主性確立）を発表
	４月２日	公明新聞が創刊（月２回刊、２ページ建て）
	７月１日	第６回参院選。全国区７人、地方区２人（東京、大阪）の計９人全員当選。非改選６人と合わせて15人となり、参院第３会派に
	７月３日	院内交渉団体「公明会」結成を発表
	９月13日	第１回公政連全国大会（東京・豊島公会堂）。党創立者の池田大作創価学会第三代会長があいさつで「大衆とともに」の指針を示す
	９月13日	政治理論誌「公明」創刊
	10月３日	公政連、「婦人局」設置
	10月９日	公明新聞が週刊、６ページ建てに
	12月６日	公明会結成国民大会（東京・台東体育館）。１万５０００余人が参加。以降、各地で開催
１９６３年（昭和38）	３月13日	参院本会議で教科書無償配布の早期実現を訴え、首相が〝昭和41年までに完全実施したい〟と答弁
	４月17日	第５回統一地方選前半戦。都議選17人、道府県議選39人、政令市議選38人が当選
	４月18日	「都議会公明会」を結成。東京各区に区民相談所を設置へ

4月30日 第5回統一地方選後半戦。東京特別区議選136人、一般市議選587人、町村議選154人が当選。議員総数1079人。参院に続き地方議会においても〝第三勢力〟に

6月7日 都議会の各会派幹事長会で公明の提案を受け、宴会政治自粛申し合わせ

6月18日 第2回公政連全国大会

6月28日 都議会本会議で隅田川での「し尿不法投棄」を追及

7月2日 都議会衛生経済清掃委員会が江北清掃作業所でし尿投棄船など視察

10月14日 第3回公政連全国大会。小冊子「躍進する公政連の政策」発表。児童手当制度の確立など提言

1964年（昭和39）

4月28日 日本、経済開発協力機構（ＯＥＣＤ）に加盟。先進国に仲間入り

5月3日 創価学会第27回本部総会で池田会長が公明党結成を提案、満場一致で決まる

5月11日 創価学会男子部幹部会で池田会長が「公明党」の結成を正式に提案

6月16日 新潟地震が発生。翌17日早朝、公明議員がいち早く救援活動に駆け付ける

8月3日 公明新聞が週3回刊に

10月1日 当時世界最速の東海道新幹線が開業

10月10日 東京夏季五輪が開幕

11月2日 公明会館（現党本部）落成

11月9日 佐藤栄作内閣発足

11月17日 公明党結成大会（東京・日大講堂）。約1万5000人が参加。原島宏治委員長、北条浩書記長の体制に。結党宣言、綱領など発表。「日本の柱 公明党」「大衆福祉の公明党」をスローガンに掲げる

12月9日 原島委員長の逝去に伴い、辻武寿委員長の体制に

1965年（昭和40）

4月22日 創価学会員の組合除名処分無効を求める中里炭鉱事件で、福岡高裁が組合側の控訴を棄却（その後、最高裁が組合側の上告を棄却し原告側が全面勝利）

4月24日 党中央幹部会で都議会解散請求のリコール運動の実施を決定

6月14日 臨時都議会で「地方公共団体の議会解散に関する特例法」に基づく解散決議案が可決、都議会解散

6月15日 公明新聞が日刊体制（月曜休刊）に

7月4日 第7回参院選。全国区9人全員、地方区2人（東京、大阪）の計11人当選

7月23日 刷新の第7回都議選で23人全員当選。自民党が過半数を大きく割り込む

11月17日 第2回党全国大会

1966年（昭和41）

6月29日 参院決算委で旧陸軍経理学校跡地、虎ノ門公園跡地、碑文谷マンション事件、高輪御用邸跡の不正払い下げ事件を追及

7月25日 第3回党臨時全国大会。政策集「大衆福祉をめざして」発刊

9月1日 参院決算委で共和グループの不当融資問題を追及

11月17日 参院決算委で共和グループの政治団体から自民、社会両党への献金を暴露

12月20日 写真特集「活躍する公明党」として「公明グラフ」創刊

12月27日 衆院解散（黒い霧解散）

1967年（昭和42）

1月29日 第31回衆院選。25人当選。公明党が衆院に初進出

2月13日 第4回党全国大会。竹入義勝委員長、矢野絢也書記長の体制に

3月23日 衆院予算委で自民党の国会対策費を巡る疑惑糾明

5月26日　参院産業公害交通対策特別委で、国会で初めてイタイイタイ病の実情を取り上げる

7月3日　第5回党臨時全国大会。公明党の今後10年間にわたる構想を発表

8月24日　沖縄の本土復帰構想を発表。１９７０年までに施政権の全面復帰、基地撤去など主張

12月13日　衆院予算委でタクシー汚職を追及

１９６８年（昭和43）

1月1日　公明新聞が完全日刊化（月曜休刊を廃止）、8ページ建てに

4月1日　千葉県市川市と新潟県三条市で「児童手当」制度がスタート

4月11日　第6回党全国大会。「日米安保体制の段階的解消の方途」を発表

5月8日　厚生省、イタイイタイ病を公害病と認定

5月20日　他党に先駆け、党独自の児童手当法案を国会に提出

7月7日　第8回参院選。全国区9人全員、地方区4人（東京、愛知、大阪、兵庫）の計13人当選

9月1日　「在日米軍基地総点検」が各地でスタート

9月8日　創価学会学生部総会で池田会長、「日中国交正常化への提言」を発表

12月5日　「在日米軍基地総点検」の第1部として「在日米軍基地の実態調査」の結果を発表

12月24日　「在日米軍基地総点検」の第2部として「基地周辺住民の意識調査」の結果を発表

１９６９年（昭和44）

1月21日　第7回党全国大会（～22日）。公害総点検の実施を決定。「日中国交正常化のための方途」を発表

7月13日　第8回都議選。25人全員当選

11月8日　「沖縄米軍基地の総点検」の結果を発表

12月27日　第32回衆院選。47人当選。第3党に。投票日が土曜日。テレビにおける政見放送を初めて実施

１９７０年（昭和45）

3月15日　大阪万博が開幕

4月18日　「公害総点検（第1次）」の結果を発表

4月28日　「在日米軍基地の再総点検」の結果を発表

5月3日　創価学会本部総会で池田会長、言論出版問題や党と学会の関係などについて講演

5月10日　「物価総点検」の結果を発表

6月25日　第8回党全国大会（～27日）。新綱領と規約を採択。開かれた国民政党路線を確立

8月17日　東京湾の汚染実態調査。公明党議員２３５人が参加

9月5日　大阪湾の汚染実態調査。約２００人の公明党議員が参加。国会議員が潜水し、ヘドロ採取

１９７１年（昭和46）

1月23日　「住宅総点検」の一環である「民間木造賃貸アパートの実態調査」の結果を発表

4月4日　「交通安全対策実態調査」の結果を発表

5月21日　公明党が推進した、政府提出の児童手当法が成立

6月15日　第1次党訪中団、出発（～7月6日）。28日に周恩来総理と会談（6月30日に再会談）

6月27日　第9回参院選。全国区8人、地方区2人（東京、大阪）の計10人全員当選

7月2日　第1次党訪中団、中国側（中日友好協会代表団）との共同声明に調印。〝公明党五原則〟に中国側が同意

9月21日　第9回党全国大会（～23日）

10月25日　中華人民共和国、国連代表権を獲得

11月24日 衆院本会議で「非核兵器ならびに沖縄米軍基地縮小に関する決議」が成立（自民、民社、公明が賛成。社共欠席）。国是となる「非核三原則」が実現

1972年（昭和47）

2月3日 札幌冬季五輪が開幕

2月21日 ニクソン米大統領が初の訪中（～28日）。毛沢東主席、周総理と会談。27日に上海で米中共同コミュニケ発表

3月11日 党訪米団、出発（～25日）。15日にキッシンジャー大統領補佐官と会談

5月7日 第2次党訪中団、出発（～23日）。15日に周総理と会見。周総理、「復交三原則」を守れば新政権の新首相の訪中を歓迎と言明

5月15日 沖縄の施政権が正式に日本に返還

5月26日 党北朝鮮訪問団、出発（～6月7日）。6月1日に金日成首相と会談

6月13日 第10回党全国大会（～14日）

7月7日 田中角栄内閣発足

7月25日 第3次党訪中団、出発（～8月3日）。27日から周総理と連日会談。周総理が国交正常化への中国側草案示す

9月25日 田中首相、大平外相が訪中（～30日）。毛主席、周総理との日中首脳会談を行い、29日に「日中共同声明」に調印。日中国交正常化が実現

12月10日 第33回衆院選。29人当選

1973年（昭和48）

1月12日 院外大衆行動の強化のため「国鉄運賃賃上げ阻止闘争」「健保値上げ阻止闘争」「横田・立川基地撤去闘争」の3本部を党本部に設置

7月8日 第9回都議選。26人当選

9月4日 第11回党全国大会（～6日）。「中道革新連合政権構想の提言」を発表

11月1日 党として初めての「文化政策」を発表

11月23日 労働政策「働く人々の生活と権利を守るために」を発表

12月17日 日本共産党から「公開質問状」を受け取る

1974年（昭和49）

1月15日 「洗剤総点検」の結果を発表

2月8日 日本共産党の公開質問状に対する回答状を手渡す

6月18日 「憲法三原理をめぐる日本共産党への公開質問状（その一）」を発表。共産党に手渡す（その後、共産党から回答なし）

6月21日 「核兵器の全面撤廃に対する緊急提言」を発表

6月26日 「物価総点検」の結果を発表

7月4日 「憲法三原理をめぐる日本共産党への公開質問状（その二）」を発表。共産党に手渡す（その後、共産党から回答なし）

7月7日 第10回参院選。全国区9人全員、地方区5人（北海道、東京、大阪、兵庫、福岡）の計14人が当選

8月10日 第4次党訪中団、出発（～20日）。15日に、鄧小平副総理と会談。日中平和友好条約の早期実現で一致

9月25日 党ソ連訪問団、出発（ソ連のほか、英国、西独など欧州7カ国を訪問。～10月26日）。10月2日にコスイギン首相と会談

11月19日 第12回党全国大会（～21日）

12月9日 三木武夫内閣発足

1975年（昭和50）

1月21日 安保・核問題調査特別プロジェクトチーム、米軍横須賀基地を立ち入り調査

3月1日 他党に先駆け、犯罪被害者補償法要綱を発表

4月30日 サイゴン陥落。南ベトナム政権が無条件降伏

10月14日 第13回党全国大会（～16日）。「中道国民戦線」構想を採択

11月5日 65歳から一律月6万円の生活基本年金を給付する「国民基本年金法大綱」を発表

1976年（昭和51）

4月18日 「中小零細企業の経営実態調査」の結果を発表

4月28日 衆院本会議で核拡散防止条約（NPT）批准承認案を可決。自民・社会・公明・民社4党賛成、共産党は反対

9月27日 日本共産党に対する論文「日本共産党の『プロ独裁』問題と『自由宣言』の欺瞞性を衝く――憲法三原理論争の回答と進展を要求して」を発表。準公開質問状として提起

10月3日 「国民福祉中期計画」（生きがいとバイタリティーのある福祉社会トータルプラン）を発表

12月5日 第34回衆院選。56人（推薦1人含む）当選。予算を伴う法案提出権を得る

12月24日 福田赳夫内閣発足

1977年（昭和52）

1月19日 第5次党訪中団、出発（～25日）。22日に華国鋒主席兼首相と会談

2月26日 第14回党全国大会（～28日）

6月18日 「教育基本政策・人間の復権をめざして」（副題＝〝ひろば〟の教育）要綱を発表

7月10日 第11回参院選。全国区9人全員、地方区5人（東京、愛知、大阪、兵庫、福岡）の計14人が当選。非改選と合わせて28議席。党として最多議席を獲得

7月10日 第10回都議選。25人当選

9月8日 日本の政党史上、初めての大型代表団派遣となる「公明党訪中友好青年の船」（445人）、中国の客船で門司港を出港（～22日）

1978年（昭和53）

1月11日 第15回党全国大会（～13日）。「中道革新ブロック」形成への方途など活動方針を採択

3月8日 第6次党訪中団メンバー、福田首相と会談。日中平和友好条約の早期締結へ側面から推進すると伝達。首相、締結へ「熱意をもって早期に断行する」と表明

3月10日 第6次党訪中団、出発（～17日）。11日に張香山・中日友好協会副会長らと会談。日中平和友好条約の早期締結への首相の意思伝達。14日に鄧小平副総理と会談。日本の外相の訪中を歓迎する意向など4項目の公式見解を提示

8月12日 日中両政府、日中平和友好条約に調印

11月14日 「新国民福祉中期計画」（改定「福祉社会トータルプラン」）概要を発表

12月7日 大平正芳内閣発足

1979年（昭和54）

1月17日 第16回党全国大会

2月21日 公明新聞5000号

6月28日 東京サミット（主要国首脳会議。～29日）

10月7日 第35回衆院選。58人（推薦1人含む）当選

12月6日 公明、民社両党、「中道連合政権」構想で合意

1980年（昭和55）

1月10日 公明、社会両党、「連合政権」構想で合意

1月17日 第17回党全国大会。「連合政権」構想を採択

4月23日 犯罪被害者等給付金支給法が成立

6月22日　第36回衆院選、第12回参院選の初の同日選。衆院選は34人（推薦1人含む）当選。参院選は全国区9人全員、地方区4人（東京、愛知＝推薦、大阪、福岡）の計13人当選

7月17日　鈴木善幸内閣発足

11月1日　点字「こうめい」創刊（年2回刊）

12月2日　第18回党全国大会（〜4日）。1980年代連合政権要綱を決定

1981年（昭和56）

3月17日　公明、自民、社会、民社、新自由クラブ、社民連、剰余金を財源に所得税減税実現で合意

7月5日　第11回都議選。27人全員当選

12月1日　第19回党全国大会（〜3日）。新安全保障政策を発表。日米安保是認、自衛隊合憲へ踏み切る

1982年（昭和57）

6月10日　公明など各政党・団体による核軍縮連絡協議会、国連本部ビル前の広場で、核兵器廃絶を求める1600万人余の署名を国連事務総長に提出

11月27日　中曽根康弘内閣発足

12月2日　第20回党全国大会（〜4日）

1983年（昭和58）

6月26日　第13回参院選。選挙区6人全員（神奈川、東京、大阪、兵庫、愛知、福岡）、比例区8人の計14人当選。全国区から比例代表（拘束名簿式）に変更。党員でない各界の一流の人材を比例代表名簿上位に登載

11月19日　教育政策「生命が躍動する教育を」（副題＝経済成長を超え人間成長へ）を発表

12月18日　第37回衆院選。59人（推薦1人含む）当選。中選挙区制で最多の議席獲得

1984年（昭和59）

3月28日　男女雇用平等法、パート労働法の早期制定など求める50万人以上の署名を衆参両議長に提出

4月26日　第21回党全国大会

12月4日　第22回党全国大会（〜5日）

1985年（昭和60）

1月17日　党ジャパン・グリーン会議を設置。全国規模での自然保護、環境保全をめざし活動開始

7月7日　第12回都議選。29人当選。過去最多議席獲得

12月4日　第23回党全国大会（〜5日）

1986年（昭和61）

3月14日　参院予算委で他党に先駆けエイズ問題を取り上げ、感染防止へ全献血者の血液検査の充実を求める

4月1日　新年金制度がスタート。基礎年金など導入

4月11日　「学校教育に関する意識調査」第1次集計結果を発表

5月4日　東京サミット（主要国首脳会議。〜6日）

7月6日　第38回衆院選、第14回参院選の同日選。衆院選は57人（推薦1人含む）当選。参院選は選挙区4人（東京、愛知＝推薦、大阪、兵庫）、比例区7人の計11人当選

12月4日　第24回党全国大会（〜5日）。矢野絢也委員長、大久保直彦書記長の体制に

1987年（昭和62）

4月12日　第11回統一地方選前半戦。道府県議選188人（推薦2人含む）、政令市議選128人が当選

4月26日　第11回統一地方選後半戦。一般市議選1200人、東京特別区議選207人、町村議選610人が当選。この結果、国・地方の議員総数3718人（国民会議、推薦含む）となり結党以来最多

11月6日　竹下登内閣発足

12月3日　第25回党全国大会（〜4日）。政権交代可能な勢力結集めざす

１９８８年（昭和63）	８月29日	公明党新館落成。公明新聞、政党機関紙として初めてのＣＴＳ（コンピューターによる新聞制作システム）始動
	11月29日	第26回党全国大会（〜30日）
１９８９年（昭和64、平成元）	１月１日	公明新聞が全紙面ＣＴＳ化
	１月３日	「21世紀トータルプラン」（生活創造の世紀へ、新しい福祉文化の創造）を発表
	１月８日	元号が「平成」に改元
	３月24日	企業団体献金禁止の政治資金規正法改正案を発表
	４月１日	消費税法が施行。消費税率３％で導入開始
	５月21日	第27回党臨時全国大会。石田幸四郎委員長、市川雄一書記長の体制に
	６月３日	宇野宗佑内閣発足
	７月２日	第13回都議選。26人当選
	７月23日	第15回参院選。選挙区４人（東京、大阪、兵庫、福岡）、比例区６人の計10人当選
	８月10日	海部俊樹内閣発足
	10月30日	「野党四党による政権協議への基本的見解」を発表
	11月９日	ベルリンの壁崩壊
	12月２日	地中海マルタでの米ソ首脳会談（〜３日）で44年続いた冷戦終結
	12月29日	日経平均株価３万８９１５円（史上最高値）
１９９０年（平成２）	２月18日	第39回衆院選。46人（推薦１人含む）当選
	４月16日	第28回党全国大会。野党間の連合政権協議凍結と中道政治の創造的構築をめざすと発表。「行動する党」の再構築を確認
	８月２日	イラク軍がクウェートに侵攻
	10月４日	党農業基本問題特別委員会、コメ問題に関する委員会案を正式決定
	10月16日	政府が国連平和協力法案を提出
	11月５日	党所属の国会議員全員出席の国対委で協力法案の廃案方針を確認
	11月８日	自民、公明、民社３党幹事長・書記長、「国際平和協力に関する合意覚書」に署名
	11月27日	第29回党全国大会（〜28日）。準綱領的文書「九〇年代における公明党の指標」を決定。〈生命・生活・生存〉を最大に尊重する人間主義の理念示す
１９９１年（平成３）	１月17日	湾岸戦争始まる（多国籍軍が空爆開始）
	１月23日	政府が１月19日に決めた多国籍軍への90億ドル支援について、党全員国対委で対応を協議（以後、連日開催）
	２月５日	衆院予算委で市川書記長、90億ドルの使途は武器・弾薬には充てない、歳出削減努力、防衛費削減などを提言
	２月15日	90億ドル財源問題で政府・自民党が公明党の主張を全面的に受け入れた新方針を提示
	２月21日	「湾岸平和へのアピール　日本の国際貢献についての公明党見解」を発表
	２月28日	90億ドル支援を盛り込んだ第２次補正予算案と湾岸平和財源法案を自民、公明、民社の３党で衆院可決
	３月５日	党国会議員有志による湾岸問題現地調査団、出発（〜19日）

4月7日　第12回統一地方選前半戦。道府県議選では160人（推薦1人含む）が当選し、結党以来、初めて47都道府県議会全てで公明党議席がそろう

4月18日　救急救命士法が成立

5月7日　自公民3党幹事長・書記長会談で「国際平和協力に関する合意覚書」を確認。法制化に向けた作業開始

8月2日　自公民3党幹事長・書記長会談で、政府側から国連平和維持隊（PKF）への参加を明記した中間報告

8月8日　党全員国対委、国連平和維持活動（PKO）参加など集中議論（計4回開催）

11月5日　宮沢喜一内閣発足

11月12日　一国平和主義から世界平和主義への転換を主張した党企画室理論委員会の試案「日本の国際貢献と新平和観の形成」を発表

11月28日　第30回党全国大会（～29日）。中道政治の今日的明確化（理念・路線）示す。「三極の中の一極」路線を定める。代議員からPKO法案の自社演出・馴れ合いの「強行採決」劇で質問も

12月18日　公的「骨髄バンク」設立

12月25日　ソ連崩壊（ゴルバチョフ大統領が辞任表明）

1992年（平成4）

2月4日　衆院予算委で市川書記長がPKFへの参加の凍結を提案。白内障眼内レンズ挿入手術の保険適用も主張（4月1日から適用開始）

5月5日　党カンボジア訪問団、出発（～13日）

5月29日　PKO法案について自公民3党が国会での事前承認など再修正で合意

6月15日　PKO法が成立

7月26日　PKO法の審判となる第16回参院選。選挙区6人全員（北海道、東京、愛知、大阪、兵庫、福岡）、比例区8人の計14人当選

11月26日　第31回党全国大会（～27日）。「新しい政権の軸」づくりを提唱

1993年（平成5）

5月25日　公明新聞1万号

6月27日　第14回都議選。25人全員当選

6月27日　新生、社会、公明、民社、社民連の非自民5党の党首、衆院選後の連立政権に向けた基本政策、選挙協力を協議し、「新しい政治をつくる」ことで合意。連絡協議会の設置を決定

7月7日　東京サミット（主要国首脳会議。～9日）

7月18日　第40回衆院選。52人（推薦1人含む）当選。自民党が過半数割れ、政権交代へ

8月9日　細川護煕内閣発足。8党派の連立政権。公明党・国民会議から4閣僚が就任

8月22日　第32回党臨時全国大会

11月1日　欧州連合（EU）が発足

11月2日　連立与党5会派の代表者会議で、市川書記長が与党交渉役として、政治改革関連法案を巡る5項目の修正協議項目を提示（①総定数及び配分②戸別訪問③政党の要件（小選挙区）④地方議員。首長選挙の公営化等⑤公的助成）

11月27日　党全国県本部長会、ガットのウルグアイ・ラウンドの焦点であるコメ輸入自由化問題を議論

12月14日　臨時閣議でコメ市場の部分開放を盛り込んだガットの最終調停案受け入れを正式決定

1994年（平成6）

1月29日　政治改革関連法案を巡り細川首相と河野洋平・自民党総裁が合意。修正された同法が成立。衆院選が小選挙区比例代表並立制に

2月13日　党拡大中央委、「新・新党」結成をめざす1994年活動方針を採択

4月28日　羽田孜内閣発足。公明党から6閣僚が就任

6月30日　村山富市内閣発足。自民、社民、さきがけの連立政権

8月5日　自由改革連合、日本新、新生、公明、民社の各党党首が会談。旧連立与党中心の新・新党結成で基本的に合意

11月5日　第33回党全国大会。「分党・二段階」方式で新・新党に参加する方針を承認

12月5日　第34回党臨時全国大会。分党を正式決定。同日午後、新進党に先行参加する「公明新党」（石田幸四郎委員長、市川雄一書記長）、地方議員と一部の参院議員で構成する「公明」（藤井富雄代表、渋谷文久幹事長）が結成大会

12月10日　新進党結成大会。公明新党など参加。党役員に海部俊樹党首、小沢一郎幹事長、石田幸四郎副党首、市川雄一政務会長ら

1995年（平成7）

1月17日　阪神・淡路大震災が発生

7月23日　第17回参院選。新進党40人当選（選挙区22人、比例区18人）

1996年（平成8）

1月11日　橋本龍太郎内閣発足

6月18日　住専処理法が成立

10月20日　第41回衆院選。新進党156人当選（小選挙区96人、比例区60人）。小選挙区比例代表並立制で初めて実施

1997年（平成9）

4月1日　消費税率を5％に引き上げ

7月6日　第15回都議選。「公明」として24人全員当選

9月25日　「公明」女性局と「日本臍帯血バンク支援ボランティアの会」、約37万人分の署名簿を厚相に提出。さい帯血移植への保険適用と公的さい帯血バンクの早期設立など要請

10月14日　「公明」第1次訪中団、出発（〜20日）。温家宝・中国共産党政治局員らと会談

11月24日　山一證券が自主廃業。相前後して金融機関の破綻相次ぐ

12月3日　日本政府、対人地雷全面禁止条約に署名

12月27日　新進党両院議員総会で解党を決定。「新党平和」「黎明クラブ」などに分裂へ

1998年（平成10）

1月4日　衆院旧公明系の「新党平和」（神崎武法代表）、参院旧公明系の「黎明クラブ」（白浜一良代表）がそれぞれ結成大会

1月18日　「公明」の臨時全国大会で黎明クラブとの合流が決定。浜四津敏子代表、鶴岡洋幹事長の体制に

2月7日　長野冬季五輪が開幕

6月1日　自民、社民、さきがけが連立解消を確認

7月12日　第18回参院選。「公明」として選挙区4人全員（埼玉＝推薦、東京、大阪、福岡＝推薦）、比例区7人の計11人当選

7月30日　小渕恵三内閣発足

10月12日　金融再生法が成立。平和・改革（当時の公明党の衆院会派名）など野党案を丸のみする形で法案修正。破綻銀行一時国有化へ

10月16日　金融早期健全化法が成立。与野党共同修正

11月7日　「公明」と「新党平和」が合流し、新生公明党が結成全国大会。神崎武法代表、浜四津敏子代表代行、冬柴鉄三幹事長の体制に

1999年（平成11）

1月14日　小渕改造内閣発足。自民、自由の連立政権
5月7日　情報公開法が成立
5月24日　周辺事態法など新しい「日米防衛協力のための指針」（新ガイドライン）関連法が成立
7月7日　自公党首会談。自民党から公明党に対し、連立政権への参加が要請される
7月12日　ダイオキシン規制法が成立
7月24日　第2回党臨時全国大会。連立政権参加の方針を決定
7月26日　自公党首会談。政策協議が整えば閣内に入り、連立政権に参加する意向を表明
7月26日　国会審議活性化法が成立。政府委員制度の廃止、副大臣制や党首討論の導入など
10月4日　自自公党首会談。連立政権樹立に向けた「三党連立政権合意書」を確認、署名
10月5日　小渕第2次改造内閣発足。自民、自由、公明・改革クラブの連立政権。公明党から総務庁長官に続訓弘氏
11月21日　第1次党訪中団、出発（～24日）。23日に、江沢民国家主席と会談
12月15日　改正政治資金規正法が成立。政治家個人への企業・団体献金を禁止
12月16日　党憲法調査会を設置

2000年（平成12）

1月7日　党女性委員会、アレルギー性疾患対策、歯科矯正への保険適用、児童虐待防止対策、子育ての経済的負担軽減、不妊治療の保険適用、一時保育事業の拡大、廃食用油の燃料化事業の導入の7種類の署名活動と、「子ども読書運動」の展開を発表
1月20日　衆参両院に憲法調査会が設置
2月15日　党青年局、通信料金引き下げを求める約1352万人分の署名簿を首相に提出
4月5日　森喜朗内閣発足。自民、公明・改革クラブ、保守の連立政権
4月12日　アレルギー性疾患対策を求める約1464万人分の署名簿などを首相に提出
4月19日　「中小企業全国実態調査」（調査総数約2万2000社）の結果を踏まえ、首相に中小企業対策の一層の充実を求める申し入れ
5月10日　交通バリアフリー法が成立
5月17日　児童虐待防止法が成立
5月18日　ストーカー規制法が成立
5月26日　循環型社会形成推進基本法が成立
6月25日　第42回衆院選。31人当選（小選挙区7人、比例区24人）。小選挙区比例代表並立制の下、新生・公明党として初めて単独で戦う
7月21日　九州・沖縄サミット（主要国首脳会議。～23日）
11月4日　第3回党全国大会。党イメージソングが紹介
11月22日　あっせん利得処罰法が成立
12月5日　第2次森改造内閣発足。公明党から厚相・労相に坂口力氏

2001年（平成13）

1月6日　中央省庁再編「1府12省庁」体制スタート。厚生労働相に坂口力氏
4月6日　DV（配偶者などからの暴力）防止法が成立
4月26日　小泉純一郎内閣発足
5月2日　党文化・芸術振興会議、政策提言「文化芸術立国・日本をめざして」を発表
5月23日　ハンセン病国家賠償訴訟で国が全面敗訴した地裁判決に対し、国が控訴断念を決断

	6月22日	行政評価法が成立
	6月24日	第16回都議選。23人全員当選
	7月29日	第19回参院選。選挙区5人全員（埼玉、東京、神奈川、愛知、大阪）、比例区8人の計13人当選。比例代表に非拘束名簿式が初めて導入
	9月11日	米同時多発テロ
	10月29日	テロ対策特別措置法が成立
	11月22日	坂口厚労相、ヤコブ病訴訟の地裁の和解案受け入れを正式表明（翌年3月25日、和解成立）
	11月30日	文化芸術振興基本法が成立
	12月5日	子ども読書推進法が成立
2002年（平成14）	4月1日	勤続25年以上の議員に対する特別交通費や肖像画作製費の支給が廃止
	4月27日	第2次党訪中団、出発（～5月2日）。29日に、江沢民国家主席と会談
	5月22日	身体障害者補助犬法が成立
	7月19日	改正あっせん利得処罰法が成立。国会議員の私設秘書もあっせん利得罪の処罰対象に拡大
	7月24日	官製談合防止法が成立
	9月17日	小泉首相が訪朝。日朝両国の首脳が共同宣言に署名。同年10月15日、拉致被害者5人が帰国
	9月17日	「列島縦断フォーラム」がスタート
	11月2日	第4回党全国大会。運動方針で従来の「論憲」から一歩踏み出し「加憲」の立場を表明
2003年（平成15）	3月3日	党訪米団、出発（～7日）。4日にアーミテージ米国務副長官と会談。5日にアナン国連事務総長と会談。イラク問題の平和的解決へさらなる努力を要請
	3月20日	米英など、対イラク武力行使を開始
	4月13日	第15回統一地方選前半戦。道府県議選１７８人、政令市議選１４６人が全員当選
	4月27日	第15回統一地方選後半戦。一般市議選１１４０人、東京特別区議選１７２人、町村議選４８５人（推薦12人含む）が全員当選。結党以来、初めて前・後半戦で全員当選を果たす
	5月1日	ブッシュ米大統領、イラク戦争の戦闘終結を宣言
	5月5日	第1次党訪韓団、出発（～7日）。6日に盧武鉉大統領と会談
	5月23日	個人情報保護法が成立
	9月1日	党青年局、携帯電話の「番号ポータビリティー（持ち運び）」制度の導入を求める要望書と署名簿を政府に提出。署名簿は最終集計で１０００万人超
	9月4日	党年金制度調査委員会の席上、坂口厚労相が年金改革試案を説明。公明党はこの「坂口試案」を全面的に支持し、党独自の財源案を組み合わせて党の改革案「年金１００年安心プラン」を発表
	10月2日	マニフェスト「『安心・はつらつ社会』を構築します」（最終版）を発表
	11月9日	第43回衆院選。34人当選（小選挙区9人、比例区25人）。初のマニフェスト選挙
	11月19日	第2次小泉内閣発足。自民、公明の連立政権
	12月9日	イラク特別措置法に基づく自衛隊派遣に関する基本計画を閣議決定
	12月16日	神崎代表ら、イラク視察へ出発（～22日）。経由地のクウェートへ。20日にイラク南部サマワを視察
2004年（平成16）	2月10日	第3次党訪中団、出発（～12日）。11日に胡錦濤国家主席と会談
	4月3日	政策提言「元気を延ばそう！ 生涯健康づくり」（介護予防10カ年戦略）を発表

5月26日　総合法律支援法が成立。日本司法支援センター（法テラス）設置など

6月5日　年金制度改革関連法が成立。厚生年金は現役世代の平均手取り収入の50％以上の確保を明記

6月14日　有事関連7法が成立

6月16日　イラク暫定政府樹立後の多国籍軍への自衛隊参加について、公明要求の4点（①多国籍軍の指揮下には入らない②非戦闘地域③これまでの人道復興支援活動の継続④武力行使と一体化しない）が、政府側がまとめた基本的考え方に盛り込まれたことを受け、党中央幹事会で了承

6月16日　党憲法調査会、これまでの党内論議をもとに憲法問題に関する論点整理を取りまとめ

7月11日　第20回参院選。選挙区3人全員（埼玉、東京、大阪）、比例区8人の計11人当選。参院選比例区で過去最高の862万票獲得

9月27日　第2次小泉改造内閣発足。公明党から国土交通相に北側一雄氏

10月31日　第5回党全国大会（結党40周年記念）

2005年（平成17）

1月20日　党少子社会総合対策本部を設置

4月25日　兵庫県尼崎市でJR福知山線脱線事故

5月9日　女性専用車両が首都圏の鉄道9社で一斉導入

5月27日　北側国交相が全国2400カ所の線路カーブを対象に自動列車停止装置の設置義務付けを発表

6月1日　夏の軽装「クールビズ」開始

7月3日　第17回都議選。23人全員当選

7月22日　文字・活字文化振興法が成立

8月3日　預貯金者保護法が成立

8月8日　「郵政解散」で通常国会閉幕

9月11日　第44回衆院選。31人当選（小選挙区8人、比例区23人）。衆院選比例区で過去最高の898万票獲得

10月14日　郵政民営化法が成立。持ち株会社の下で郵便、窓口、郵便貯金、郵便保険に4分社化

2006年（平成18）

1月1日　月刊「公明」復刊。1995年3月の休刊以来、10年ぶり

4月27日　党政調全体会議で、党少子社会総合対策本部がまとめたチャイルドファースト（子ども優先）社会の構築をめざす「少子社会トータルプラン」を決定

5月26日　行政改革推進法が成立。国の歳出削減と効率化をめざし、数値目標、実施時期など明記

6月14日　医療制度改革関連法が成立。治療重点から予防重視への転換図る

6月15日　新バリアフリー法が成立。従来の「交通バリアフリー法」と「ハートビル法」を統合し、地域の一体的な整備を促進

6月15日　自殺対策基本法が成立

6月16日　がん対策基本法が成立。放射線治療医の育成や緩和ケア（緩和医療）の充実などが前進

9月26日　安倍晋三内閣発足。公明党から国土交通相に冬柴鉄三氏

9月30日　第6回党全国大会。太田昭宏代表、浜四津敏子代表代行、北側一雄幹事長の体制に

10月24日　「番号ポータビリティー」制度がスタート

11月14日　ドミニカ移住者救済法が成立。日本人移住者と遺族に最大200万円の特別一時金を支給

11月21日　党訪ロ団、出発（〜24日）。ロシア連邦の発足後初の党訪問

12月8日　改正官製談合防止法が成立。談合に関与した公務員への罰則を創設

12月13日　改正建築士法が成立。耐震強度偽装事件を受けた建築士制度の改革で、資格区分を見直し
12月15日　改正教育基本法が成立
12月15日　防衛「省」移行関連法が成立

2007年（平成19）

1月7日　第4次党訪中団、出発（〜9日）。8日に胡錦濤国家主席と会談
4月8日　第16回統一地方選前半戦。道府県議選181人、政令市議選169人が全員当選
4月22日　第16回統一地方選後半戦。一般市議選974人、東京特別区議選178人、町村議選222人（推薦2人含む）が全員当選。2回連続の前・後半戦全員当選
5月14日　憲法改正の手続きを定める国民投票法が成立
6月19日　救急医療用ヘリコプターを用いた救急医療の確保に関する特別措置法（ドクターヘリ法）が成立
6月30日　社会保険庁改革関連法が成立。社会保険庁を廃止して年金業務を非公務員型の新組織・日本年金機構に引き継ぎ
7月29日　第21回参院選。選挙区2人（東京、大阪）、比例区7人の計9人当選。自民党が大敗し、参院で自公両党の与党は過半数割れ。衆参ねじれ状態に
8月7日　衆参両院に憲法審査会が設置
9月26日　福田康夫内閣発足
11月9日　改正被災者生活再建支援法が成立
11月10日　第5回党全国代表者会議
12月14日　振り込め詐欺救済法が成立
12月21日　改正政治資金規正法が成立。人件費を除く政治資金全ての支出の領収書添付を義務付け

2008年（平成20）

1月11日　薬害肝炎被害者救済法が成立。薬害C型肝炎訴訟の被害者に給付金を支給
1月11日　新テロ対策特別措置法（補給支援特措法）が衆院再可決で成立。海上自衛隊によるインド洋上での給油活動が再開へ
4月1日　揮発油（ガソリン）税の暫定税率が期限切れで失効
4月30日　衆院再可決で税制改正法が成立。暫定税率が復活
5月23日　クラスター弾の禁止条約制定に向けて日本が主導的役割を果たすよう政府に申し入れ
5月30日　ダブリンの国際会議でクラスター弾の禁止条約が採択。日本政府も同意。同年12月3日、条約に署名
6月9日　「クールアース・デー」（地球温暖化対策の日＝7月7日）の創設を求める約6万8000人分の署名簿を政府に提出
7月7日　北海道洞爺湖サミット（主要国首脳会議。〜9日）
8月2日　福田改造内閣発足。公明党から環境相に斉藤鉄夫氏
8月29日　政府・与党、緊急経済対策「安心実現のための緊急総合対策」を決定。「定額減税」の年度内実施、老齢福祉年金の受給者などに対する「臨時福祉特別給付金」の支給などが盛り込まれる
9月15日　米大手証券会社リーマン・ブラザーズ経営破綻（リーマン・ショック）
9月23日　第7回党全国大会。青年委員会を新設
9月24日　麻生太郎内閣発足
10月30日　政府・与党、「定額給付金」の実施などを柱とする「生活対策」を発表
12月12日　改正金融機能強化法が成立。国内金融機関への予防的な資金注入が可能に

2009年（平成21）

2月28日　党青年委に学生局を新設

3月10日　日経平均株価7054円（バブル崩壊後の最安値）
7月12日　第18回都議選。23人全員当選
8月30日　第45回衆院選。21人当選（比例区21人）。自民党が惨敗し、民主党中心の政権に政権交代へ
9月8日　党臨時全国代表者会議。山口那津男代表、浜四津敏子代表代行、井上義久幹事長の体制に
9月16日　鳩山由紀夫内閣発足。民主、社民、国民新の連立政権
11月1日　「介護総点検」が全国でスタート
12月2日　党青年委を中心に、若者の雇用に関する緊急総点検運動がスタート

2010年（平成22）
1月15日　若者の雇用に関する緊急総点検の結果を発表
2月24日　介護総点検を踏まえてまとめた政策提言「新・介護公明ビジョン」を政府に提出
6月8日　菅直人内閣発足。民主、国民新の連立政権
7月11日　第22回参院選。選挙区3人全員（埼玉、東京、大阪）、比例区6人の計9人当選。民主党が大敗し、与党が参院過半数割れの衆参ねじれ状態に
10月2日　第8回党全国大会
12月14日　第5次党訪中団、出発（～17日）。15日に習近平国家副主席と会談
12月18日　「新しい福祉社会ビジョン」中間取りまとめを発表

2011年（平成23）
3月11日　東日本大震災が発生
3月22日　被災地調査を踏まえ、復興特別措置法の早期制定や復興庁設置など政府に緊急要請
5月26日　「人間の復興」を基本理念に据えた「東日本大震災復旧復興ビジョン」を発表。政府に申し入れ
6月20日　東日本大震災復興基本法が成立
7月25日　改正災害弔慰金支給法が成立
7月29日　原子力事故被害緊急措置法（仮払い法）が成立
8月26日　放射性物質汚染対処特別措置法が成立
9月2日　野田佳彦内閣発足
11月24日　党女性防災会議、女性の視点からの防災行政総点検を踏まえ、「女性の視点を生かした災害対策についての第1次提言」を政府に提出
12月7日　復興特区法が成立
12月9日　復興庁設置法が成立
12月15日　党離島振興対策本部、「離島振興ビジョン2011」を発表
12月20日　党青年委、「若者雇用実態調査」結果を踏まえ、政策提言「若年雇用問題をめぐる『3つのミスマッチ』を打開」を政府に提出

2012年（平成24）
2月10日　復興庁が発足
3月10日　党県代表懇談会（福島県郡山市）。「公明党うつくしま復興宣言」を採択
3月13日　党青年委、「ユースビジョン2030」を発表
3月30日　福島復興再生特別措置法が成立
6月9日　山口代表らが政党として初めて東京電力福島第1原発を視察
6月15日　社会保障と税の一体改革で民主、自民、公明3党が合意
8月10日　社会保障と税の一体改革関連法が成立
9月6日　造血幹細胞移植推進法が成立
9月22日　第9回党全国大会

12月16日　第46回衆院選。31人当選（小選挙区9人全員、比例区22人）。民主党惨敗、自公連立政権に政権交代へ。衆参ねじれ状態に
12月25日　自公連立政権合意。経済再生と東日本大震災の復興を最優先
12月26日　第2次安倍内閣発足。自民、公明の連立政権。公明党から国土交通相に太田昭宏氏

2013年（平成25）

1月22日　第6次党訪中団、出発（～25日）。25日に習近平総書記と会談
2月1日　原発事故からの復興を担当する国の出先機関を一元化した「福島復興再生総局」が発足
2月21日　厚労省、ピロリ菌の感染による慢性胃炎について、除菌治療に用いる複数の薬剤を保険診療の対象に拡大することを承認
3月10日　党東北復興会議（仙台市）。「2013　新生東北復興決議」など採択
5月24日　マイナンバー法が成立
5月27日　改正公職選挙法が成立。成年被後見人に選挙権を一律付与
6月19日　子どもの貧困対策推進法が成立
6月23日　第19回都議選。23人全員当選
7月21日　第23回参院選。選挙区4人全員（埼玉、東京、神奈川、大阪）、比例区7人の計11人が当選。比例獲得票で第2位。衆参のねじれ解消。初めてインターネットによる選挙運動を解禁
12月4日　防災減災基本法（国土強靱化基本法）が成立
12月4日　障害者権利条約の締結が国会で承認
12月6日　特定秘密保護法が成立
12月6日　がん登録推進法が成立
12月6日　生活困窮者自立支援法が成立
12月12日　与党政策責任者会議で2014年度税制改正大綱が決定。軽減税率を消費税率「10％時に導入する」など明記

2014年（平成26）

1月5日　党訪印団、出発（～12日）。7日にシン首相と会談
3月8日　党東北復興会議（宮城県石巻市）
4月1日　消費税率を8％に引き上げ
5月15日　安倍首相の私的諮問機関「安全保障の法的基盤の再構築に関する懇談会」、集団的自衛権に関する報告書を首相に提出
5月20日　安全保障法制整備に関する与党協議会が初会合。与党協議は11回
5月23日　難病関連2法が成立。医療費助成制度を法制化
5月27日　党外交安全保障調査会と憲法調査会の合同会議が初開催。党内論議は15回
6月18日　医療・介護総合確保推進法が成立。在宅で医療と介護のサービスが受けられる環境を整備
6月20日　アレルギー疾患対策基本法が成立
6月28日　党県代表懇談会で安全保障法制整備に関する与党協議や党内議論の状況について各都道府県本部の代表らに説明、意見聴取
7月1日　「国の存立を全うし、国民を守るための切れ目のない安全保障法制の整備について」を閣議決定
7月31日　党地域包括ケアシステム推進本部、政府に政策提言を提出
8月20日　豪雨により広島市北部で大規模な土砂災害
9月21日　第10回党全国大会
11月17日　公明党結党50年

	12月14日	第47回衆院選。35人当選（小選挙区9人全員、比例区26人）。小選挙区比例代表並立制で最多の議席獲得
2015年（平成27）	4月16日	都市農業振興基本法が成立
	5月14日	平和安全法制の関連法案を閣議決定。公明が厳格な歯止めをかける
	6月15日	公明新聞日刊化50年
	9月11日	若者雇用促進法が成立。ブラック企業対策など強化
	9月19日	平和安全法制の関連法が成立
	10月7日	第3次安倍改造内閣発足。公明党から国土交通相に石井啓一氏
	10月7日	党訪韓団、出発（～9日）。8日に朴槿恵大統領と会談
	10月13日	党訪中団、出発（～16日）。15日に習近平国家主席と会談
	12月10日	党青年委のイメージキャラクター「コメ助」が公明党大使に就任
2016年（平成28）	1月19日	党青年委が政策アンケート「ボイス・アクション」の実施を発表
	4月14日	熊本地震（前震。16日に本震）
	5月11日	党青年委、「ボイス・アクション」の集計結果を首相に報告。年初からの回答数が1000万を突破
	5月24日	改正刑事訴訟法が成立。取り調べの可視化を導入
	5月26日	伊勢志摩サミット（主要国首脳会議。～27日）。山口代表、潘基文国連事務総長と会談
	5月27日	オバマ氏、現職米大統領として初めて被爆地・広島を訪問
	6月24日	英国、EU離脱の是非を問う国民投票で離脱支持が過半数を超える
	7月10日	第24回参院選。選挙区7人全員（埼玉、東京、神奈川、愛知、大阪、兵庫、福岡）、比例区7人の計14人当選。非改選と合わせて25議席で参院の1割を超える勢力に。国政選挙で初めて「18歳選挙権」が導入
	8月8日	天皇陛下が退位の意向をにじませたお言葉を公表
	8月30日	党中南米訪問団、出発（～9月8日）。中南米への訪問団派遣は初めて
	9月17日	第11回党全国大会
	11月8日	米大統領選でドナルド・トランプ氏が初当選
	11月16日	無年金者救済法が成立。2017年8月施行で、受給資格期間を25年から10年に短縮
2017年（平成29）	6月15日	改正組織犯罪処罰法（テロ等準備罪法）が成立
	6月16日	改正刑法が成立。110年ぶりの抜本見直しで性犯罪を厳罰化
	6月16日	改正農業災害補償法が成立。収入保険制度を創設
	7月2日	第20回都議選。23人全員当選
	8月24日	党認知症対策推進本部（19年8月22日に「党認知症施策推進本部」と名称を変更）が発足
	9月14日	党訪ロ団、出発（～18日）。24日に旧ソ連のゴルバチョフ元大統領と会談
	10月22日	第48回衆院選。29人当選（小選挙区8人、比例区21人）
	11月22日	党訪韓団、出発（～25日）。23日に文在寅大統領と会談
	11月30日	党訪中団、出発（～12月3日）。12月1日に習近平国家主席と会談

２０１８年（平成30）	1月1日	公明新聞電子版が創刊
	4月1日	「１００万人訪問・調査」運動スタート。子育て、介護、中小企業、防災・減災の４テーマで３カ月にわたり実施
	4月27日	南北首脳会談（韓国・板門店）
	6月12日	米朝首脳会談（シンガポール）
	6月13日	改正民法が成立。成人年齢を20歳から18歳に引き下げ（２０２２年4月施行）
	6月18日	大阪府北部地震。ブロック塀が倒壊し女児が犠牲に
	6月29日	働き方改革関連法が成立。時間外労働の上限規制や同一労働同一賃金の推進など
	7月6日	西日本豪雨。死者２５０人以上と平成最悪の大雨被害
	7月18日	改正健康増進法が成立。受動喫煙防止へ事務所や飲食店など施設の屋内を原則禁煙
	8月30日	「１００万人訪問・調査」の結果を公表
	9月5日	党訪中団、出発（～９日）。６日に汪洋・人民政治協商会議主席と会見
	9月6日	北海道胆振東部地震。道全域で停電（ブラックアウト）が発生
	9月12日	認知症施策推進基本法案の骨子案を党対策本部などが取りまとめ
	9月30日	第12回党全国大会。斉藤鉄夫幹事長が就任。防災・減災・復興を政治、社会の主流にすることなどを掲げる
	12月8日	改正出入国管理法が成立。外国人材の受け入れ拡大に向け、新たな在留資格を創設
	12月30日	日本を含む11カ国による環太平洋連携協定（ＴＰＰ11）が発効
２０１９年（平成31、令和元）	4月24日	旧優生保護法下で不妊手術を強制された被害者に一時金を支給する救済法が成立
	5月1日	元号が「令和」に改元
	5月10日	改正子ども・子育て支援法と大学等修学支援法が成立。幼児教育・保育の無償化、大学など高等教育の無償化を明記
	5月24日	食品ロス削減推進法が成立
	6月19日	児童福祉法等改正法が成立。親などによる体罰の禁止を明記
	6月20日	公明案をベースにした認知症基本法案を自公両党で取りまとめ、衆院に共同提出
	6月30日	米朝首脳会談（韓国・板門店）。トランプ氏、現職米大統領として初めて境界線を越えて北朝鮮に足を踏み入れた
	7月21日	第25回参院選。選挙区７人全員（埼玉、東京、神奈川、愛知、大阪、兵庫、福岡）、比例区７人の計14人当選。非改選と合わせて28議席となり、過去最多議席数と並ぶ。議席占有率11・４％は過去最高
	8月17日	党訪中団、出発（～21日）
	8月28日	横浜市で第７回アフリカ開発会議（ＴＩＣＡＤ７。～30日）。29日の全体会合で山口代表がスピーチ。公明党として国際会議の場で発言する機会を得たのは画期的
	9月11日	第４次安倍再改造内閣発足。公明党から国土交通相に赤羽一嘉氏
	9月22日	党トルコ訪問団、出発（～27日）
	10月1日	消費税率10％に引き上げ。軽減税率が導入。幼児教育・保育の無償化が開始
	11月17日	公明党結党55年

大衆とともに
―公明党50年の歩み　増訂版

2014年11月17日　初版発行
2019年11月17日　増訂版発行
2024年 9 月13日　増訂版第4刷発行

著者　公明党史編纂委員会
発行所　公明党機関紙委員会
〒160-8521
東京都新宿区南元町18
電話：03-3353-0111㈹

印刷　株式会社　精興社
デザイン　㈱カズクリエイティブ

◇定価はカバーに表示してあります。
◇落丁・乱丁がありましたら、お手数ですが公明党業務部にお送り下さい。
送料ともに弊社負担にてお取り換えいたします。
◇978-4-907304-04-1　C0031
◇公明出版サービス　https://komeiss.jp　お問い合わせは0120－959－947へ